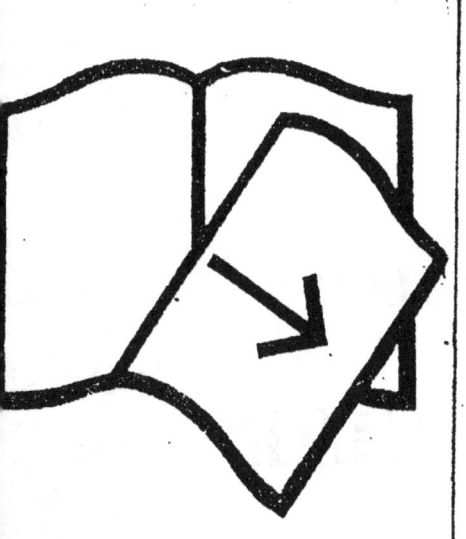

Couvertures supérieure et inférieure manquantes

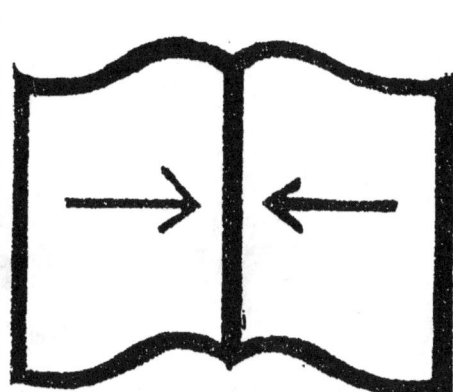

RELIURE SERREE
Absence de marges intérieures

VALABLE POUR TOUT OU PARTIE DU DOCUMENT REPRODUIT

# TRAITÉ ÉLÉMENTAIRE
## DE
# SCIENCE OCCULTE

A

LA MÉMOIRE

DE

**STANISLAS DE GUAITA**

GRAND MAITRE

DE L'ORDRE KABBALISTIQUE DE LA ROSE-CROIX

(1861 — † 19 Déc. 1897)

CE LIVRE

EST AFFECTUEUSEMENT

DÉDIÉ

VÉRITABLE LABORATOIRE D'UN ALCHIMISTE

*(d'après Kunrath)*

# TRAITÉ ÉLÉMENTAIRE
## DE
# SCIENCE OCCULTE

METTANT
CHACUN A MÊME DE COMPRENDRE
ET D'EXPLIQUER LES THÉORIES ET LES SYMBOLES
EMPLOYÉS PAR LES ANCIENS, PAR LES ALCHIMISTES
LES ASTROLOGUES, LES E∴ DE LA V∴ LES KABBALISTES

## 5ᵉ ÉDITION

Augmentée d'une 3ᵉ Partie sur l'Histoire secrète
la Terre et de la Race blanche sur la Constitution de l'Homme
et le Plan astral

**AVEC NOMBREUX TABLEAUX ET FIGURES**

PAR

## PAPUS

*Docteur en Médecine, Docteur en Kabbale*
*Président du Suprême Conseil de l'Ordre Martiniste*
*Délégué général de l'Ordre Kabbalistique de la Rose-Croix*
*Membre de l'H. B. of. L, de la F. T. L., etc.*

## PARIS
## CHAMUEL, ÉDITEUR
### 5, rue de Savoie, 5

1898

# PRÉFACE DE LA CINQUIÈME ÉDITION

Les quatre premières éditions du *Traité élémentaire de Science occulte* sont épuisées depuis plusieurs années et cependant ce petit volume est toujours l'objet de nombreuses demandes. Sorte de préface à notre *Traité méthodique de Science occulte* (1) qui, lui, est un véritable dictionnaire de l'occultisme, le traité élémentaire s'adresse surtout aux étudiants et aux chercheurs peu au courant de toutes les questions techniques de l'hermétisme.

Mais notre premier ouvrage n'était cependant plus assez complet pour servir d'introduction aux grands travaux parus en ces dernières années sous la signature de F. Ch. Barlet, de Stanislas de Guaita, d'Albert Poisson, du D$^r$ Marc Haven et de tous les autres érudits dont la liste est déjà longue.

Aussi avons-nous ajouté toute une partie nou-

---

(1) 1 vol. grand in-8 de 1200 p.

velle en respectant scrupuleusement les chapitres du premier petit traité. Nous espérons que ce travail sera ainsi mieux adapté à sa nouvelle mission et que nos lecteurs l'accueilleront aussi bien que son aîné.

Mars 1897.

Dr Papus.

# PRÉLIMINAIRES

LA TRI-UNITÉ. — LES CORRESPONDANCES ET L'ANALOGIE. — L'ASTRAL.

L'histoire rapporte que les plus grands penseurs de l'antiquité qu'ait vus naître notre Occident allèrent parachever leur instruction dans les mystères égyptiens.

La Science enseignée par les détenteurs de ces mystères est connue sous différents noms : Science occulte, Hermétisme, Magie, Occultisme, Esotérisme, etc., etc.

Partout identique dans ses principes, ce code d'instruction constitue la Science traditionnelle des Mages, que nous appelons généralement : *Occultisme*.

Cette science embrassait la théorie et la pratique d'un grand nombre de phénomènes dont une faible partie seulement constitue de nos jours le domaine du magnétisme ou des évocations dites spirites. Ces pratiques, renfermées dans l'étude de la Psychurgie, ne formaient, notons-le bien, qu'une faible partie de la Science occulte, qui comprenait encore trois grandes divisions : la Théurgie, la Magie, l'Alchimie.

L'étude de l'Occultisme est capitale à deux points de vue : elle éclaire le passé d'un jour tout nouveau et permet à l'historien de reprendre l'antiquité sous une forme encore peu connue. Cette étude présente d'autre part à l'expérimentateur contemporain un système synthétique d'affirmations à contrôler par la science et d'idées sur des forces encore peu connues, forces de la Nature ou de l'Homme à contrôler par l'observation.

L'emploi de l'analogie, méthode caractéristique de l'Occultisme, et son application à nos sciences contemporaines ou à nos conceptions modernes de l'Art et de la Sociologie, permet de jeter un jour tout nouveau sur les problèmes les plus insolubles en apparence.

L'Occultisme ne prétend cependant pas donner la seule solution possible des questions qu'il aborde. C'est un outil de travail, un moyen d'études, et un sot orgueil peut seul faire prétendre à ses adeptes qu'ils possèdent la Vérité absolue, sur quelque point que ce soit. L'Occultisme est un système philosophique qui donne une solution des questions qui se posent le plus souvent à notre esprit. Cette solution est-elle l'expression unique de la Vérité? C'est ce que l'expérimentation et l'observation peuvent seules déterminer.

L'Occultisme doit être divisé, pour éviter toute erreur d'interprétation, en deux grandes parties :

1° Une partie immuable formant la base de la tradition et qu'on peut facilement retrouver dans les écrits de tous les hermétistes, quelle que soit leur époque et quelle que soit leur origine.

2° Une partie personnelle à l'auteur et constituée par des commentaires et des applications spéciales (1).

La partie immuable peut être divisée en trois points :

1° L'existence *de la Tri-Unité* comme loi fondamentale d'action dans tous les plans de l'Univers (2).

---

(1) C'est en confondant avec intention ces deux parties, que les détracteurs de l'Occultisme ont toujours cherché des arguments.

(2) L'homme ne peut concevoir l'Unité qu'après avoir analysé les trois plans de manifestation de cette Unité. De là la Trinité divine de la plupart des Cosmogonies, la Trinité humaine (Esprit-Ame-Corps) de l'hermétisme, Trinités synthétisées dans la conception unitaire de Dieu et de l'Homme.

2° L'existence de *Correspondances* unissant intimement toutes les portions de l'Univers visible et invisible (1).

3° L'existence d'un *monde invisible*, double exact et perpétuel facteur du monde visible (2).

La possibilité donnée à chaque intelligence de manifester ses potentialités dans les applications de détails est la cause efficiente du Progrès des études, l'origine des diverses écoles et la preuve de la possibilité qu'a chaque auteur de conserver entière sa personnalité, quel que soit le champ d'action abordé par lui.

(1) C'est par là qu'on remonte, par l'emploi de l'analogie, des faits aux lois et des lois aux principes. La doctrine des correspondances implique l'analogie et nécessite son emploi.

(2) Ici prennent place les enseignements ésotériques sur le monde astral, les forces occultes de la nature et de l'homme et les êtres invisibles qui peuplent l'Espace.

# PREMIÈRE PARTIE

## Théorie

---

### CHAPITRE PREMIER

LA SCIENCE DE L'ANTIQUITÉ. — LA VISIBLE MANIFESTATION DE L'INVISIBLE. — DÉFINITION DE LA SCIENCE OCCULTE.

On a peut-être aujourd'hui trop de tendances à confondre la Science avec les Sciences. Autant l'une est immuable dans ses principes, autant les autres varient suivant le caprice des hommes; ce qui était scientifique il y a un siècle, en physique par exemple, est bien près de passer maintenant dans le domaine de la fable (1), car ces connaissances sur des sujets particuliers constituent le domaine des sciences, domaine dans lequel, je le répète, les seigneurs changent à chaque instant.

Nul n'ignore que ces sujets particuliers sont justement ceux sur qui s'est portée l'étude des savants modernes, si bien qu'on applique à la Science les progrès réels accomplis dans une foule de branches spéciales. Le défaut de cette conception

---

(1) Le phlogistique, par exemple.

apparaît cependant quand il s'agit de tout rattacher, de constituer réellement la Science dans une synthèse, expression totale de l'éternelle Vérité.

Cette idée d'une synthèse embrassant dans quelques lois immuables la masse énorme des connaissances de détail accumulées depuis deux siècles, paraît aux chercheurs de notre époque se perdre dans un avenir tellement éloigné que chacun souhaite à ses descendants d'en voir poindre le lever à l'horizon des connaissances humaines.

Nous allons paraître bien audacieux en affirmant que cette synthèse a existé, que ses lois sont tellement vraies qu'elles s'appliquent exactement aux découvertes modernes, théoriquement parlant, et que les Egyptiens initiés, contemporains de Moïse et d'Orphée, la possédaient dans son entier.

Dire que la Science a existé dans l'antiquité, c'est passer auprès de la plupart des esprits sérieux pour un sophiste ou un naïf, et cependant je vais tâcher de prouver ma paradoxale prétention et je prie mes contradicteurs de me prêter encore quelque attention.

Tout d'abord, me demandera-t-on, où pouvons-nous trouver quelque trace de cette prétendue science antique ? Quelles connaissances embrassait-elle ? Quelles découvertes pratiques a-t-elle produites ? Comment apprenait-on cette fameuse synthèse dont vous parlez ?

Tout bien considéré, ce ne sont pas les matériaux qui nous font défaut pour reconstituer cette antique science. Les débris de vieux monuments, les symboles, les hiéroglyphes, les rites des initiations diverses, les manuscrits se pressent en foule pour aider nos recherches.

Mais les uns sont indéchiffrables sans une clef qu'on se soucie fort peu de posséder, l'antiquité des autres (rites et manuscrits) est loin d'être admise par les savants contemporains qui les font remonter tout au plus à l'Ecole d'Alexandrie.

Il nous faut donc chercher des bases plus solides et nous allons les trouver dans les œuvres des écrivains antérieurs de beaucoup à l'Ecole d'Alexandrie, Pythagore, Platon, Aristote, Pline, Tite-Live, etc., etc. Cette fois il n'y aura plus à chicaner sur l'antiquité des textes.

Ce n'était certes pas une chose facile que de rechercher cette science antique pièce à pièce dans les auteurs anciens, et nous devons toute notre reconnaissance à ceux qui ont entrepris et mené à bonne fin cette œuvre colossale.

Parmi les plus estimables il faut citer Dutens (1), Fabre d'Olivet (2), Saint-Yves d'Alveydre (3).

Ouvrons le livre de Dutens et nous allons voir les effets produits par la science antique; lisons Fabre d'Olivet et Saint-Yves d'Alveydre et nous allons pénétrer dans les temples d'où rayonne une civilisation dont les productions étonneraient les prétendus civilisés modernes.

Je ne puis dans ce chapitre que résumer ces auteurs et c'est eux qu'il faudra consulter pour véri-

(1) Dutens, *Origine des Découvertes attrib. aux Modernes*, 1825, 2 vol. in-8.
(2) Fabre d'Olivet, *Vers Dorés de Pythagore. Histoire philosophique de l'humanité.*
(3) Saint-Yves d'Alveydre, *Mission des Juifs*, ch. IV.

fier les affirmations que je vais produire et dont ils fournissent les preuves nécessaires.

En Astronomie les anciens connaissaient la marche de la Terre autour du Soleil (1), la théorie de la pluralité des mondes (2), de l'attraction universelle (3), des marées produites par l'attraction lunaire (4), de la constitution de la voie lactée et surtout la loi redécouverte par Newton. A ce propos, je ne puis résister au plaisir de citer deux passages très significatifs tirés de Dutens. L'un, sur l'attraction universelle, est de Plutarque; l'autre, sur la loi des carrés, est de Pythagore :

« Plutarque, qui a connu presque toutes les vérités brillantes de l'astronomie, a aussi entrevu la force réciproque qui fait graviter les planètes les unes sur les autres, « et, après avoir entrepris d'expliquer la raison de la tendance des corps terrestres vers la terre, il en cherche l'origine dans une attraction réciproque entre tous les corps qui est cause que la terre fait graviter vers elle les corps terrestres, de même que le soleil et la lune font graviter vers leurs corps toutes les parties qui leur appartiennent et, par une force attractive, les retiennent dans leur sphère particulière ». Il applique ensuite ces phénomènes particuliers à d'autres plus généraux et, de ce qui arrive sur notre globe, il déduit, en posant le même principe, tout ce qui doit arriver dans les corps célestes respectivement à

---

(1) Dutens, chap. IX.
(2) Dutens, ch. VII.
(3) *Id.*, chap. VI.
(4) *Id.*, ch. XV.

chacun en particulier, et les considère ensuite dans le rapport qu'ils doivent avoir, suivant ce principe, les uns relativement aux autres.

« Il parle encore dans un autre endroit de cette force inhérente dans les corps, c'est-à-dire dans la terre et dans les autres planètes pour attirer sur elles tous les corps qui leur sont subordonnés (1). »

« Une corde de musique, dit Pythagore, donne les mêmes sons qu'une autre corde dont la longueur est double, lorsque la tension ou la force avec laquelle la dernière est tendue est quadruple; et la gravité d'une planète est quadruple de la gravité d'une autre qui est à une distance double. En général, pour qu'une corde de musique puisse devenir à l'unisson d'une corde plus courte de même espèce, sa tension doit être augmentée dans la même proportion que le carré de sa longueur est plus grand et, afin que la gravité d'une planète devienne égale à celle d'une autre planète plus proche du soleil, elle doit être augmentée à proportion que le carré de sa distance au soleil est plus grand. Si donc nous supposons des cordes de musique tendues du soleil à chaque planète, pour que ces cordes devinssent à l'unisson, il faudrait augmenter ou diminuer leur tension dans les mêmes proportions qui seraient nécessaires pour rendre les gravités des planètes égales. » C'est de la similitude de ces rapports que Pythagore a tiré sa doctrine de l'harmonie des sphères (2).

Ce sont là des découvertes générales que la force

---

(1) Dutens, I, p. 160, *De facie in orbe lunæ* (Plutarque).
(2) Dutens, pp. 167-168, *Loi du Carré des distances* (Pythagore).

de l'esprit pouvait suffire à faire atteindre ; mais peut-on montrer chez les anciens les découvertes expérimentales, les gloires du xix° siècle et les preuves du Progrès qui nous entraîne ?

Puisque nous sommes dans l'Astronomie, consultez Aristote, Archimède, Ovide et surtout Strabon cité par Dutens (1) et vous allez voir apparaître le Télescope, les Miroirs concaves (2), les verres grossissants servant de Microscopes (3), la réfraction de la lumière, la découverte de l'Isochronisme des vibrations du Pendule (4), etc.

Vous serez sans doute étonné de voir ces instruments, qu'on croit vulgairement si modernes, connus des anciens ; mais vous m'accorderez encore cela.

Je n'ai pas encore parlé des questions les plus importantes :

La Vapeur, l'Électricité, la Photographie et toute notre Chimie où sont-elles dans la science antique ?

Agathias vivait au vi° siècle de notre ère. Il a écrit à cette époque un livre qui fut réimprimé en 1660 (5). Vous trouverez aux pages 150 et 151 de son livre la description complète de la façon dont Anthème de Tralle se servit de la vapeur comme force motrice pour déplacer un toit tout entier. Tout y est : la manière de placer l'eau, de boucher les issues pour produire la vapeur à haute pression, de gouverner le feu, etc., etc.

(1) Chap. x.
(2) Chap. viii, t. II.
(3) Chap. ix, t. II.
(4) Chap. vi, t. II.
(5) Agathias, *De rebus justinis*, Paris, 1660, in-fol.

Saint-Yves d'Alveydre cite aussi le fait dans son ouvrage (1) où il nous montre que la science était connue depuis bien longtemps à cette époque.

« Nos électriciens feraient bien triste mine devant ces prêtres égyptiens et leurs initiés (grecs et romains) qui maniaient la foudre comme nous employons la chaleur et la faisaient descendre et tomber à leur gré. C'est Saint-Yves qui va nous montrer la mise en œuvre de ce secret qui constituait une des pratiques les plus occultes du sanctuaire.

« Dans l'*Histoire ecclésiastique de Sozomène* (liv. IX, ch. VI) on peut voir la corporation sacerdotale des Etrusques défendant à coups de tonnerre, contre Alaric, la ville de Narnia qui ne fut pas prise (2). »

Tite-Live (liv. I, chap. XXXI) et Pline *(Hist. nat.,* liv. II, chap. LIII, et liv. XXVIII, chap. IV), nous décrivent la mort de Tullus Hostilius voulant évoquer la force électrique d'après les rites d'un manuscrit de Numa et mourant foudroyé pour n'avoir pas su prévoir le choc en retour.

On sait que la plupart des mystères parmi les prêtres égyptiens n'étaient que le voile dont ils couvraient les sciences et qu'être initié dans leurs mystères était être instruit dans ces sciences qu'ils cultivaient. De là on donnait à Jupiter le nom d'Elicius ou Jupiter électrique, le considérant comme la foudre personnifiée, et qui se laissait attirer sur la terre par la vertu de certaines formules et pratiques mystérieuses ; car *Jupiter Elicius* ne signifie autre

---

(1) Chap. IV.
(2) *Miss. des Juifs*, chap. IV.

chose que Jupiter susceptible d'attraction, Elicius venant d'*elicere*, suivant Ovide et Varron (1).

> Eliciunt cœlo te, Jupiter ; unde minores
> Nunc quoque te celebrant, Eliciumque vocant.
>
> (Ovid., *Fast.*, liv. III, v. 327 et 328).

Est-ce assez clair ?

Le chapitre iv de la *Mission des Juifs* nous apprend encore que :

« Le manuscrit d'un moine de l'Athos, Panselenus, révèle, d'après d'anciens auteurs ioniens, l'application de la chimie à la photographie. Ce fait a été mis en lumière à propos du procès de Niepce et de Daguerre. La chambre noire, les appareils d'optique, la sensibilisation des plaques métalliques y sont décrits tout au long. »

Quant à la Chimie des anciens, j'ai de fortes raisons de croire, d'après mes quelques connaissances alchimiques, qu'elle était de beaucoup supérieure théoriquement et pratiquement à notre Chimie moderne. Mais comme il faut citer des faits et non des opinions, écoutez encore Dutens (chap. iii du tome II).

« Les anciens égyptiens connaissaient la façon de travailler les métaux, la dorure, la teinture de la soie en couleurs, la verrerie, la manière de faire artificiellement éclore des œufs, d'extraire les huiles médicinales des plantes et de préparer l'opium, de faire la Bière, le Sucre de canne, qu'ils appelaient Miel des Roseaux, et beaucoup d'onguents ; ils savaient distiller et connaissaient les alcalis et les acides. »

---

(1) Dutens, t. I, p. 275.

« Dans Plutarque (*Vie d'Alexandre*, chap. XXIX), dans Hérodote, dans Sénèque (*Questions naturelles*, liv. III, chap. XXV), dans Quinte-Curce (liv. X, chap. dernier), dans Pline (*Histoire naturelle*, liv. XXX, chap. XVI), dans Pausanias (*Arcad.*, chap. XXV) on peut retrouver nos acides, nos bases, nos sels, l'alcool, l'éther, en un mot les traces certaines d'une chimie organique et inorganique dont ces auteurs n'avaient plus ou ne voulaient pas livrer la clef. »

Telle est l'opinion de Saint-Yves venant renforcer celle de Dutens.

Mais il reste encore une question : c'est celle des Canons et de la Poudre.

« Porphyre, dans son livre sur *l'Administration de l'Empire*, décrit l'artillerie de Constantin Porphyrogénète.

« Valerianus, dans sa *Vie d'Alexandre*, nous montre les canons de bronze des Indiens.

« Dans Ctésias on retrouve le fameux feu grégeois, mélange de salpêtre, de soufre et d'un hydrocarbure employé bien avant Ninus en Chaldée, dans l'Iran, dans les Indes sous le nom de Feu de Bharawa. Ce nom qui fait allusion au sacerdoce de la race rouge, premier législateur des noirs de l'Inde, dénote à lui seul une immense antiquité.

« Hérodote, Justin, Pausanias parlent des mines qui engloutissent sous une pluie de pierres et de projectiles sillonnés de flammes, les Perses et les Gaulois envahisseurs de Delphes.

« Servius, Valérius Flaccus, Jules l'Africain, Marcus Græcus décrivent la poudre d'après les anciennes traditions; le dernier donne même nos proportions d'aujourd'hui. » (Saint-Yves d'Alveydre.)

Dans une autre branche de connaissances, nous voyons les prétendues découvertes médicinales modernes, entre autres la circulation du sang, l'anthropologie et la biologie générale, parfaitement connues de l'antiquité (1), et surtout d'Hippocrate.

On peut à la rigueur admettre ce que vous avancez, me direz-vous, car à chacune de nos nouvelles découvertes, il se trouvera toujours quelqu'un pour montrer que tel vieil auteur en parlait plus ou moins; mais y a-t-il quelque expérience que nous ne possédions plus, quelque phénomène physique ou chimique dont la production nous serait impossible?

Là encore il y aurait une foule de choses à citer; mais, pour ne pas vous fatiguer plus longtemps, je vous nommerai seulement Démocrite et ses découvertes perdues pour nous; entre autres la production artificielle de pierres précieuses; la découverte égyptienne de l'art de rendre le verre malléable, celle de conserver les momies, de peindre d'une manière inaltérable en trempant une toile enduite de divers vernis dans une seule solution d'où elle ressortait revêtue de couleurs variées, sans parler des produits employés par les Romains pour leur architecture.

Pourquoi tout cela est-il si peu connu?

Peut-être à cause de l'habitude qu'ont les auteurs

(1) Dutens, t. II, chap. I; Saint-Yves, chap. IV.

classiques d'histoire de se copier mutuellement sans se préoccuper des travaux étrangers à la question qui les intéresse ; peut-être par l'habitude du public de ne croire qu'en ses journaux qui ne croient qu'aux encyclopédies faites Dieu sait comme ; peut-être... mais pourquoi perdre le temps à chercher des causes dont la connaissance n'avance à rien ? Le fait existe, et cela nous suffit, la science de l'antiquité a donné de son existence des preuves multiples et il faut y croire ou nier à tout jamais le témoignage des hommes.

Il nous faut maintenant savoir où l'on apprenait cette science et pour cela la *Mission des Juifs* va derechef nous être utile (page 79) :

« L'éducation et l'instruction élémentaires étaient, après la callipédie, données par la Famille.

« Celle-ci était religieusement constituée selon les rites de l'ancien culte des Ancêtres et des Sexes au foyer, et bien d'autres sciences qu'il est inutile de nommer ici.

« L'éducation et l'instruction professionnelles étaient données par ce que les anciens Italiens appelaient la *gens* et les Chinois la *jin*, en un mot par la tribu, dans le sens antique et très peu connu de cette expression.

« Des études plus complètes, analogues à notre Instruction secondaire, étaient le partage de l'adulte, l'œuvre des temples, et se nommaient Petits Mystères.

« Ceux qui avaient acquis, au bout d'années quelquefois longues, les connaissances naturelles et humaines des Petits Mystères prenaient le titre de

Fils de la Femme, de Héros, de Fils de l'Homme et possédaient certains pouvoirs sociaux, tels que la Thérapeutique dans toutes ses branches, la Médiation auprès des gouvernants, la Magistrature arbitrale, etc..., etc...

« Les Grands Mystères ne complétaient ces enseignements par toute une autre hiérarchie de sciences et d'arts, dont la possession donnait à l'initié le titre de Fils des Dieux, de Fils de Dieu, selon que le temple n'était pas ou était métropolitain et, en outre, certains Pouvoirs sociaux, appelés sacerdotaux et royaux. »

C'est donc dans le Temple que se trouvait renfermée cette science dont nous avons d'abord cherché l'existence et que nous allons maintenant poursuivre de plus en plus près. Nous sommes parvenus à ces mystères dont tous parlent et que si peu connaissent.

Mais pour être admis à subir ces initiations fallait-il être d'une classe spéciale, une partie de la nation était-elle forcée de croupir dans une ignorance exploitée par les initiés recrutés dans une caste fermée ?

Pas le moins du monde : tout homme, de quelque rang qu'il fût, pouvait se présenter à l'initiation et, comme mon affirmation ne pourrait pas suffire à quelques-uns, je renvoie à l'ouvrage de Saint-Yves pour le développement général et je cite un auteur instruit entre tous dans ces questions, Fabre d'Olivet, pour élucider ce point particulier :

« Les religions antiques, et celle des Égyptiens surtout, étaient pleines de mystères. Une foule d'images et de symboles en composaient le tissu : admirable tissu ! ouvrage sacré d'une suite non interrompue d'hommes divins, qui, lisant tour à tour, et dans le livre de la Nature et dans celui de la Divinité, en traduisaient en langage humain le langage ineffable. Ceux dont le regard stupide, se fixant sur ces images, sur ces symboles, sur ces allégories saintes, ne voyaient rien au delà, croupissaient, il est vrai, dans l'ignorance ; mais leur ignorance était volontaire. Dès le moment qu'ils en voulaient sortir, ils n'avaient qu'à parler. Tous les sanctuaires leur étaient ouverts ; et s'ils avaient la constance et la vertu nécessaire, rien ne les empêchait de marcher de connaissance en connaissance, de révélation en révélation, jusqu'aux plus sublimes découvertes. Ils pouvaient, vivants et humains, et suivant la force de leur volonté, descendre chez les morts, s'élever jusqu'aux Dieux, et tout pénétrer dans la nature élémentaire. Car la religion embrassait toutes ces choses ; et rien de ce qui composait la religion ne restait inconnu au souverain pontife. Celui de la fameuse Thèbes égyptienne, par exemple, n'arrivait à ce point culminant de la doctrine sacrée, qu'après avoir parcouru tous les grades inférieurs, avoir alternativement épuisé la dose de science dévolue à chaque grade, et s'être montré digne d'arriver au plus élevé.

. . . . . . . . . . . . . . .

« On ne prodiguait pas les mystères parce que les mystères étaient quelque chose ; on ne profanait pas la connaissance de la Divinité, parce que cette connaissance existait ; et pour conserver la vérité à plusieurs, on ne la donnait pas vainement à tous (1). »

Quelle était donc l'antiquité de ces mystères ?

Quelle était leur origine ?

On les retrouve à la base de toutes les grandes civilisations antiques, à quelque race qu'elles appartiennent. Pour l'Égypte seule dont l'initiation a formé les plus grands hommes hébreux, grecs et romains, nous pouvons remonter à plus de dix mille ans, ce qui montre assez combien sont fausses les chronologies classiques.

Voici les preuves de cette assertion :

« S'agit-il de l'Égypte (2) ?

« Platon, initié à ses mystères, a beau nous dire que dix mille ans avant Menès a existé une civilisation complète, dont il a eu la preuve sous les yeux ;

« Hérodote a beau nous affirmer le même fait tout en ajoutant, lorsqu'il s'agit d'Osiris (Dieu de l'ancienne Synthèse et de l'ancienne Alliance Universelle), que des serments scellent ses lèvres et qu'il tremble de dire mot ;

« Diodore a beau nous certifier qu'il tient des prêtres d'Égypte que, bien avant Menès, ils ont les preuves d'un état social complet, ayant duré jusqu'à Horus dix-huit mille ans ;

« Manethon, prêtre égyptien, a beau nous tracer, rien qu'à partir du seul Menès, une chronologie consciencieuse nous reportant six mille huit cent

---

(1) Fabre d'Olivet, *la Langue hébraïque restituée*, p. 7, 2ᵉ vol.
(2) Saint-Yves d'Alveydre, *Mission des Juifs*, p. 95.

quatre-vingt-trois ans en arrière de la présente année ;

« Il a beau nous prévenir qu'avant ce souverain vice-roi indien plusieurs cycles immenses de civilisation s'étaient succédé sur la terre et en Égypte même ;

« Tous ces augustes témoignages, auxquels on peut ajouter ceux de Bérose et de toutes les bibliothèque de l'Inde, du Thibet et de la Chine, sont nuls et non avenus pour le déplorable esprit de sectarisme et d'obscurantisme qui prend le masque de la Théologie ».

Arrivés en cet endroit de nos recherches, jetons un coup d'œil d'ensemble sur les points que nous avons abordés et voyons les conclusions auxquelles il nous est permis de nous arrêter.

Nous avons d'abord déterminé l'existence dans l'antiquité d'une science aussi puissante dans ses effets que la nôtre et nous avons montré que l'ignorance des modernes à son égard provenait de la nonchalance avec laquelle ils abordaient l'étude des anciens.

Nous avons ensuite vu que cette science était enfermée dans les temples, centres de haute instruction et de civilisation.

Enfin nous avons pu savoir que personne n'était exclu de cette initiation dont l'origine se perdait dans la nuit des cycles primitifs.

Trois genres d'épreuves étaient placées au début de toute instruction : des épreuves physiques, des épreuves morales et des épreuves intellectuelles.

Jamblique, Porphyre et Apulée parmi les anciens, Lenoir (1), Christian (2), Delaage (3) parmi les modernes, décrivent tout au long ces épreuves sur lesquelles je crois inutile d'insister davantage. Ce qui ressort de tout cela, c'est qu'avant tout la science était la science cachée.

Une étude même superficielle des écrits scientifiques que nous ont laissés les anciens permet de constater que si leurs connaissancs atteignaient la production des mêmes effets que les nôtres, elles en différaient cependant beaucoup quant à la méthode et à la théorie.

Pour savoir ce qu'on apprenait dans les temples, il nous faut chercher les restes de ces enseignements dans les matériaux que nous possédons et qui nous ont été en grande partie conservés par les alchimistes. Nous ne nous inquiéterons pas de l'origine plus ou moins apocryphe (d'après les savants modernes) de ces écrits. Ils existent et cela doit nous suffire. Si nous parvenons à découvrir une méthode qui explique le langage symbolique des alchimistes et en même temps les histoires symboliques anciennes de la Toison d'Or, de la Guerre de Troie, du Sphinx, nous pourrons sans crainte affirmer que nous tenons un morceau de la science antique.

Voyons tout d'abord la façon dont les modernes traitent un phénomène naturel pour mieux connaître par opposition la méthode antique.

---

(1) *La Franc-Maçonnerie rendue à sa véritable origine* (1814).
(2) *Histoire de la Magie* (1863).
(3) *La Science du vrai* (Dentu, 1884).

Que diriez-vous d'un homme qui vous décrirait un livre ainsi :

« Le livre que vous m'avez donné à étudier est « placé sur la cheminée à deux mètres quarante- « neuf centimètres de la table où je suis, il pèse cinq- « cent quarante-cinq grammes huit décigrammes, il « est formé de trois cent quarante-deux petites feuilles « de papier sur lesquelles existent deux cent dix-huit « mille cent quatre-vingts caractères d'imprimerie, « qui ont usé cent quatre-vingt-dix grammes d'encre « noire. »

Voilà la description expérimentale du phénomène.

Si cet exemple vous choque, ouvrez les livres de science moderne et voyez s'ils ne répondent pas exactement comme méthode à la description du Soleil ou de Saturne par l'astronome qui décrit la place, le poids, le volume et la densité des astres, ou à la description du spectre solaire par le physicien qui compte le nombre des raies !

Ce qui vous intéresse dans le livre ce n'est pas le côté matériel, physique, mais bien ce que l'auteur a voulu exprimer par ces signes, ce qu'il y a de caché sous leur forme, le côté métaphysique pour ainsi dire.

Cet exemple suffit à montrer la différence entre les méthodes anciennes et les méthodes modernes. Les premières, dans l'étude du phénomène, s'occupent toujours du côté général de la question, les autres restent *a priori* cantonnées dans le domaine du fait.

Pour montrer que tel est bien l'esprit de la méthode antique, je rapporte un passage très significatif de Fabre d'Olivet sur les deux façons d'écrire l'histoire (1).

« Car il faut bien se souvenir que l'histoire allégorique de ces temps écoulés, écrite dans un autre esprit que l'histoire positive qui lui a succédé, ne lui ressemblait en aucune manière et que c'est pour les avoir confondues qu'on on est tombé dans de si graves erreurs. C'est une observation très importante que je fais ici de nouveau. Cette histoire, confiée à la mémoire des hommes, ou conservée parmi les archives sacerdotales des temples en morceaux détachés de poésie, ne considérait les choses que du côté moral, ne s'occupait jamais des individus, et voyait agir les masses ; c'est-à-dire les peuples, les corporations, les sectes, les doctrines, les arts même et les sciences, comme autant d'êtres particuliers qu'elle désignait par un nom générique.

« Ce n'est pas, sans doute, que ces masses ne pussent avoir un chef qui en dirigeait les mouvements. Mais ce chef, regardé comme l'instrument d'un esprit quelconque, était négligé par l'histoire qui ne s'attachait jamais qu'à l'esprit. Un chef succédait à un autre chef, sans que l'histoire allégorique en fît la moindre mention. Les aventures de tous étaient accumulées sur la tête d'un seul. C'était la chose morale dont on examinait la marche, dont on décrivait

---

(1) Je fais mes excuses au lecteur pour les citations dont je surcharge ce traité ; mais je suis obligé de m'appuyer à chaque pas sur des bases solides. Ce que j'avance paraît si improbable à beaucoup, et j'ignore pourquoi, que le nombre de preuves servira à peine à combattre une incrédulité de parti pris.

la naissance, les progrès ou la chute. La succession des choses remplaçait celle des individus. L'histoire positive, qui est devenue la nôtre, suit une méthode entièrement différente, les individus sont tout pour elle : elle note avec une exactitude scrupuleuse les dates, les faits que l'autre dédaignait. Les modernes se moqueraient de cette manière allégorique des anciens, s'ils la croyaient possible, comme je suis persuadé que les anciens se seraient moqués de la méthode des modernes, s'ils avaient pu en entrevoir la possibilité dans l'avenir. Comment approuverait-on ce qu'on ne connaît pas ? On n'approuve que ce qu'on aime ; on croit toujours connaître tout ce qu'on doit aimer (1).

Reprenons maintenant ce livre imprimé qui nous a servi à établir notre première comparaison en notant bien qu'il y a deux façons de le considérer :

Par ce que nous voyons, les caractères, le papier, l'encre, c'est-à-dire par les signes matériels qui ne sont que la représentation de quelque chose de plus élevé, et par ce quelque chose que nous ne pouvons pas voir physiquement : les idées de l'auteur.

Ce que nous voyons manifeste ce que nous ne voyons pas.

Le visible est la manifestation de l'invisible. Ce principe, vrai pour ce phénomène particulier, l'est aussi pour tous les autres de la nature, comme nous le verrons par la suite.

Nous voyons encore plus clairement la différence

---

(1) Favre d'Olivet, *Vers dorés de Pythagore*, pp. 26 et 27.

fondamentale entre la science des anciens et la science des modernes.

La première s'occupe du visible uniquement pour découvrir l'invisible qu'il représente.

La seconde s'occupe du phénomène pour lui-même sans s'inquiéter de ses rapports métaphysiques.

La science des anciens, c'est la science du caché, de l'ésotérique.

La science des modernes, c'est la science du visible, de l'exotérique.

Rapprochons de ces données l'obscurité voulue dont les anciens ont couvert leurs symboles scientifiques et nous pourrons établir une définition acceptable de la science de l'antiquité qui est :

La science cachée — *Scientia occulta.*
La science du caché — *Scientia occultati.*
La science qui cache
  ce qu'elle a dé-
  couvert        — *Scientia occultans.*

Telle est la triple définition de la :

**SCIENCE OCCULTE**

# CHAPITRE II

LA MÉTHODE DANS LA SCIENCE ANTIQUE. — L'ANALOGIE. — LES TROIS MONDES. — LE TERNAIRE. — LES OPÉRATIONS THÉOSOPHIQUES. — LES LOIS CYCLIQUES.

Après avoir déterminé l'existence dans l'antiquité d'une science réelle, son mode de transmission, les sujets généraux sur lesquels elle portait de préférence son étude, essayons de pousser notre analyse plus avant en déterminant les méthodes employées dans la science antique que nous avons vue être la Science occulte *(Scientia occulta)*.

Le but poursuivi était, comme nous le savons, la détermination de l'invisible par le visible, du noumène par le phénomène, de l'idée par la forme.

La première question qu'il nous faut résoudre, c'est de savoir si ce rapport de l'invisible au visible existe vraiment et si cette idée n'est pas l'expression d'un pur mysticisme.

Je crois avoir assez fait sentir par l'exemple du livre, énoncé précédemment, ce qu'était une étude du visible, du phénomène, comparée à une étude de l'invisible, du noumène.

Comment pouvons-nous savoir ce que l'auteur a voulu dire en voyant les signes dont il s'est servi pour exprimer ses idées ?

Parce que nous savons qu'il existe un rapport

constant entre le signe et l'idée qu'il représente, c'est-à-dire entre le visible et l'invisible.

De même que nous pouvons, en voyant le signe, déduire sur-le-champ l'idée, de même nous pouvons en voyant le visible en déduire immédiatement l'invisible. Mais pour découvrir l'idée cachée dans le caractère d'imprimerie, il nous a fallu apprendre à lire, c'est-à-dire employer une méthode spéciale. Pour découvrir l'invisible, l'occulte d'un phénomène, il faut apprendre aussi à lire par une méthode spéciale.

La méthode principale de la Science occulte c'est l'Analogie. Par l'analogie on détermine les rapports qui existent entre les phénomènes.

Etant donné l'étude de l'homme, trois méthodes principales peuvent conduire au but :

On pourra étudier l'homme dans ses organes, dans leurs fonctions : c'est l'étude du visible, l'étude par induction.

On pourra étudier l'homme dans sa vie dans son intelligence, dans ce qu'on appelle son âme : c'est l'étude de l'invisible, l'étude par déduction.

On pourra enfin, réunissant ces deux méthodes, considérer le rapport qui existe entre les organes et la fonction, ou entre deux fonctions, ou entre deux organes : c'est l'étude par analogie.

Ainsi si nous considérons le poumon, la science du détail nous apprendra que cet organe reçoit de l'extérieur l'air qui subit en lui une certaine transformation.

Si nous considérons l'estomac, la même science nous apprendra que cet organe est chargé de transformer les aliments qu'il reçoit du dehors.

La science du phénomène s'arrête là, elle ne peut aller plus loin que la constatation du Fait.

L'analogie, s'emparant de ces données et les traitant par la généralisation, c'est-à-dire par la méthode opposée à la méthode du détail, formule ainsi les phénomènes :

Le poumon reçoit du dehors quelque chose qu'il transforme.

L'estomac reçoit du dehors quelque chose qu'il transforme.

Donc le poumon et l'estomac exerçant une fonction analogue sont analogues entre eux.

Ces conclusions paraîtront plus que bizarres aux hommes voués à l'étude du détail ; mais qu'ils se souviennent de cette nouvelle branche de l'anatomie qu'on appelle Anatomie philosophique (1), qu'ils se rappellent l'analogie parfaitement établie entre le bras et la jambe, la main et le pied, et ils verront que la méthode qui m'a conduit aux conclusions ci-dessus n'est que le développement de celle qui a présidé à la naissance de l'anatomie philosophique.

Si j'ai choisi comme exemple l'analogie entre le poumon et l'estomac, c'est pour mettre en garde contre une erreur qu'on fait très souvent et qui ferme à tout jamais la connaissance des textes hermétiques, celle de croire que deux choses analogues sont *semblables*.

C'est entièrement faux : deux choses analogues ne sont pas plus semblables que le poumon et l'estomac,

(1) Voy. D' Gérard Encausse, *L'Anatomie philosophique et ses divisions*, 1 vol. in-8°.

ou la main et le pied. Je répète que cette remarque est on ne peut plus importante pour l'étude des sciences occultes.

La méthode analogique n'est donc ni la déduction, ni l'induction ; c'est l'usage de la clarté qui résulte de l'union de ces deux méthodes.

Si vous voulez connaître un monument, deux moyens vous sont fournis :

1° Tourner ou plutôt ramper (1) autour du monument en étudiant ses moindres détails. Vous connaîtrez ainsi la composition de ses plus petites parties, les rapports qu'elles affectent entre elles, etc., etc. ; mais vous n'aurez aucune idée de l'ensemble de l'édifice. Tel est l'usage de l'induction ;

2° Monter sur une hauteur et regarder votre monument le mieux qu'il vous sera possible. Vous aurez ainsi une idée générable de son ensemble ; mais sans la moindre idée de détail.

Tel est l'usage de la méthode de déduction.

Le défaut de ces deux méthodes saute aux yeux sans qu'il soit besoin de nombreux commentaires. A chacune d'elles il manque ce que possède l'autre ; réunissez-les et la vérité se produira, éclatante ; étudiez les détails puis montez sur la hauteur et recommencez tant qu'il le faudra, vous connaîtrez parfaitement votre édifice ; unissez la méthode du physicien à celle du métaphysicien et vous donnerez naissance à la méthode analogique, véritable expression de la synthèse antique.

Faire de la métaphysique seule comme le théolo-

---

(1) Voyez Edg. Poë, *Eureka*, pp. 10 à 29 (Traduction Baudelaire).

gien, c'est aussi faux que de faire de la physique seule comme le physicien ; édifiez le noumène sur le phénomène et la vérité apparaîtra !

« Que conclure de tout cela ?

« Il faut en conclure que le livre de Kant, dans sa partie critique, démontre à tout jamais la vanité des méthodes philosophiques en ce qui concerne l'explication des phénomènes de haute physique, et laisse voir la nécessité où l'on se trouve de *faire constamment marcher de front l'abstraction avec l'observation des phénomènes*, condamnant irrévocablement d'avance tout ce qui resterait dans le phénoménalisme ou le rationalisme purs (1). »

Nous venons de faire un nouveau pas dans l'étude de la science antique en déterminant l'existence de cette méthode absolument spéciale ; mais cela ne doit pas encore nous suffire. N'oublions pas en effet que le but que nous poursuivons est l'explication, quelque rudimentaire qu'elle soit d'ailleurs, de tous ces symboles et de toutes ces histoires allégoriques réputées si mystérieuses.

Quand, en parlant de l'analogie entre le poumon et l'estomac, nous avons généralisé les faits découverts par la science expérimentale ou inductive, nous avons fait monter ces faits d'un degré.

Il existe donc des degrés entre les phénomènes et les noumènes, va-t-on me demander ?

Il suffit d'un peu d'observation pour s'apercevoir qu'une très grande quantité de faits sont gouvernés par un petit nombre de lois. C'est sur l'étude de ces

---

(1) Louis Lucas, *Chimie nouvelle*, p. 21.

lois considérées sous le nom de *causes secondes* que portent les travaux des sciences.

Mais ces causes secondes sont elles-mêmes gouvernées par un nombre très restreint de *causes premières*. L'étude de ces dernières est du reste parfaitement dédaignée par les sciences contemporaines qui, reléguées dans le domaine des *vérités sensibles*, abandonnent aux rêveurs de toute école et de toute religion leur recherche. Et pourtant c'est là que réside la Science.

Nous n'avons pas à discuter pour l'instant qui a raison ou qui a tort, il nous suffit de constater l'existence de cette triple gradation :

1° Domaine infini des FAITS ;

2° Domaine plus restreint des LOIS ou des causes secondes ;

3° Domaine plus restreint des PRINCIPES ou des causes premières.

Résumons tout ceci dans une figure (1) :

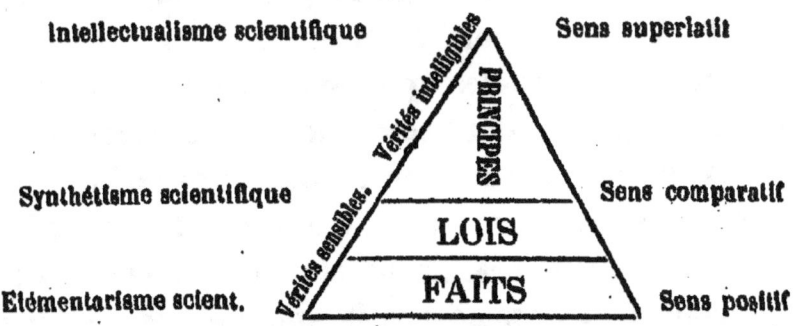

Cette gradation basée sur le nombre Trois joue un rôle considérable dans la science antique. C'est sur elle qu'est en grande partie fondé le domaine de

---

(1) Tirée de la *Mission des Juifs*, p. 321.

l'analogie. Aussi devons-nous prêter quelque attention à ses développements.

Ces trois termes se retrouvent dans l'homme, dans le corps, la vie et la volonté.

Une partie quelconque du corps, un doigt, par exemple, peut être soustrait à l'influence de la volonté sans qu'il cesse pour cela de vivre (paralysie radiale ou cubitale) ; il peut de même être, par la gangrène, soustrait à l'influence de la vie sans cesser de se mouvoir.

Voilà donc trois domaines distincts : le domaine du corps ; le domaine de la vie exerçant son action au moyen d'une série de conducteurs spéciaux (le grand sympathique, les nerfs vaso-moteurs) et localisée dans le globule sanguin ; le domaine de la volonté agissant par des conducteurs spéciaux (nerfs volontaires) et n'ayant pas d'influence sur les organes essentiels à l'entretien de la vie.

Nous pouvons, avant d'aller plus loin, voir l'utilité de la méthode analogique pour éclairer certains points obscurs et voici comment :

Si une chose quelconque est analogue à une autre, toutes les parties dont cette chose est composée sont analogues aux parties correspondantes de l'autre.

Ainsi les anciens avaient établi que l'homme était analogue à l'Univers. Ils appelaient pour cette raison l'homme microcosme (petit monde) et l'Univers macrocosme (grand monde). Il s'ensuit que, pour connaître la circulation de la vie dans l'Univers, il suffit d'étudier la circulation vitale chez l'homme, et réciproquement, pour connaître les détails de la naissance, de l'accroissement et de la mort d'un homme, il faut étudier les mêmes phénomènes dans un monde.

Tout ceci paraîtra bien mystique à quelques-uns, bien obscur à quelques autres; aussi je les prie de prendre patience et de se reporter au chapitre suivant où ils trouveront toutes les explications nécessaires à ce sujet.

Cependant, comme il faut prouver ce qu'on avance, surtout dans des questions comme celles-ci, écoutez deux citations intéressantes, l'une sur les trois hiérarchies (FAITS-LOIS-PRINCIPES) désignées par les anciens sous le nom de LES TROIS MONDES; l'autre sur le microcosme et le macrocosme: Elles sont tirées de la doctrine de Pythagore exposée par Fabre d'Olivet:

« Cette application (du nombre 12) à l'Univers n'était point une invention arbitraire de Pythagore, elle était commune aux Chaldéens, aux Egyptiens, de qui il l'avait reçue, et aux principaux peuples de la Terre; elle avait donné lieu à l'institution du zodiaque dont la division en douze astérismes a été trouvée partout existante de temps immémorial.

« La distinction des trois mondes et leur développement en un nombre plus ou moins grand de sphères concentriques, habitées par les Intelligences d'une pureté différente, étaient également connues avant Pythagore qui ne faisait en cela que répandre la doctrine qu'il avait reçue à Tyr, à Memphis et à Babylone. Cette doctrine était celle des Indiens.

Pythagore envisageait l'homme sous trois modifications principales, comme l'Univers; et voilà pourquoi il donnait à l'homme le nom de microcosme ou de petit monde.

Rien de plus commun chez les nations anciennes que de comparer l'Univers à un grand homme et l'homme à un petit univers.

L'Univers considéré comme un grand Tout animé, composé d'intelligence, d'âme et de corps, était appelé Pan ou Phanès. L'homme ou le microcosme était composé de même, mais d'une manière inverse, de corps, d'âme et d'intelligence; et chacune de ces trois parties était à son tour envisagée sous trois modifications, en sorte que le ternaire, régnant dans le tout, régnait également dans la moindre de ses subdivisions. Chaque ternaire, depuis celui qui embrassait l'immensité jusqu'à celui qui constituait le plus faible individu, était, selon Pythagore, compris dans une unité absolue ou relative et formait ainsi le quaternaire ou la tétrade sacrée des pythagoriciens. Ce quaternaire était universel ou particulier.

Pythagore n'était point, au reste, l'inventeur de cette doctrine : elle était répandue depuis la Chine jusqu'au fond de la Scandinavie. On la trouve élégamment exprimée dans les oracles de Zoroastre :

> Le Ternaire partout brille dans l'Univers
> Et la Monade est son principe (1).

Ainsi, selon cette doctrine, l'homme, considéré comme une Unité relative contenue dans l'Unité absolue du grand Tout, s'offrait, comme le Ternaire universel, sous les trois modifications principales de corps, d'âme et d'esprit ou d'intelligence. L'âme,

---

(1) Fabre d'Olivet, *Vers dorés*, p. 239.

en tant que siège des passions, se présentait à son tour sous les trois facultés d'âme raisonnable, irascible et appétante. Or, suivant Pythagore, le vice de la faculté appétante de l'âme, c'était l'intempérance ou l'avarice; celui de la faculté irascible, c'était la lâcheté; et celui de la faculté raisonnable, c'était la folie. Le vice qui s'étendait sur ces trois facultés, c'était l'injustice. Pour éviter ces vices, le philosophe recommandait quatre vertus principales à ses disciples, la tempérance pour la faculté appétante, le courage pour la faculté irascible, la prudence pour la faculté raisonnable, et pour ces trois facultés ensemble, la justice, qu'il regardait comme la plus parfaite des vertus de l'âme. Je dis de l'âme, car le corps et l'intelligence, se développant également au moyen des trois facultés instinctives ou spirituelles, étaient, ainsi que l'âme, susceptible de vice et de vertus qui leur étaient propres. »

De nouvelles difficultés viennent de naître sous nos pas. A peine avons-nous traité l'analogie que l'étude des trois mondes venait s'imposer, maintenant ce sont les nombres qui demandent des éclaircissements.

D'où vient donc cet usage du Trois si répandu dans l'antiquité ?

Cet usage qui s'étendait depuis le sens de leurs écritures (1) jusqu'à leur métaphysique (2) et qui,

---

(1) Les prêtres égyptiens avaient *trois* manières d'exprimer leur pensée. La première était claire et simple, la seconde symbolique et figurée, la troisième sacrée ou hiéroglyphique. Ils se servaient, à cet effet, de trois sortes de caractères, mais non pas de trois dialectes, comme on pourrait le penser. (Fabre d'Olivet, *la Lang. héb. rest.*, p. 24.)

(2) Les anciens Mages ayant observé que l'équilibre est

franchissant les siècles, vient se retrouver dans un de nos plus célèbres écrivains : Balzac (1) ?

Il vient de l'emploi d'une langue spéciale qui est complètement perdue pour la science actuelle : la langue des nombres.

« Platon, qui voyait dans la musique d'autres choses que les musiciens de nos jours, voyait aussi dans les nombres un sens que nos algébristes n'y voient plus. Il avait appris à y voir ce sens d'après Pythagore, qui l'avait reçu des Egyptiens. Or, les Egyptiens ne s'accordaient pas seuls à donner aux nombres une signification mystérieuse. Il suffit d'ouvrir un livre antique pour voir que, depuis les limites orientales de l'Asie jusqu'aux bornes occidentales de l'Europe, une même idée régnait sur ce sujet (2). »

Nous ne pouvons peut-être pas reconstituer dans son entier cette langue des nombres, mais nous pouvons en connaître quelques-uns, ce qui nous sera d'un grand secours par la suite. Etudions d'abord un phénomène quelconque de la Nature dans lequel nous devons retrouver le nombre Trois et connaître sa signification.

---

en physique la loi universelle et qu'il résulte de l'opposition apparente de deux forces, concluant de l'équilibre physique à l'équilibre métaphysique, déclarèrent qu'en Dieu, c'est-à-dire dans la première cause vivante et active, on devait reconnaître deux propriétés nécessaires l'une à l'autre, la stabilité et le mouvement, équilibrées par la couronne, la force suprême. (Eliphas Levi, *Dogme et Rituel*, p. 79.)

(1) Il existe trois mondes : le Naturel, le Spirituel, le Divin. Il existe donc nécessairement un culte matériel, un culte spirituel, un culte divin, trois formes qui s'expriment par l'action, par la parole, par la prière, autrement dit, le fait, l'entendement et l'amour. (Balzac, *Louis Lambert*.)

(2) Fabre d'Olivet, *Lang. héb. rest.*, p. 30, 2e vol.

Puis nous étudierons les opérations inconnues des modernes et pratiquées par toute l'antiquité sur les nombres.

Enfin, nous verrons si nous pouvons découvrir quelque chose de leur génération.

Voyons si la formule des anciens alchimistes, εν το παν (tout est dans tout), est vraie dans ses applications.

Prenons le premier phénomène venu, la lumière du jour par exemple, et cherchons à retrouver en lui des lois assez générales pour s'appliquer exactement à des phénomènes d'ordre entièrement différent.

Le jour s'oppose à la nuit pour constituer les périodes d'activité et de repos que nous retrouvons dans la nature entière. Ce qui frappe surtout dans ce phénomène, c'est l'opposition entre la Lumière et l'Ombre qui s'y manifeste.

Mais cette opposition est-elle vraiment si absolue ?

Regardons de plus près et nous remarquerons qu'entre la Lumière et l'Ombre, qui semblaient à tout jamais séparées, existe quelque chose qui n'est ni de la Lumière, ni de l'Ombre, et qu'on désigne en physique sous le nom de pénombre. La pénombre participe et de la Lumière et de l'Ombre.

Quand la Lumière diminue, l'Ombre augmente. L'Ombre dépend de la plus ou moins grande quantité de la Lumière; l'Ombre est une modification de la Lumière.

Tels sont les FAITS que nous pouvons constater. Résumons-les :

La Lumière et l'Ombre ne sont pas complètement séparées l'une de l'autre. Entre elles deux existe un intermédiaire : la pénombre qui participe des deux.

L'Ombre, c'est de la Lumière en moins.

Pour découvrir les LOIS cachées sous ces FAITS il nous faut sortir du particulier (étude de la Lumière) et aborder le général ; il nous faut *généraliser* les termes qui sont ici *particularisés*. Pour cela, employons un des termes les plus généraux de la langue française : le mot chose, et disons :

Deux choses opposées en apparence ont toujours un point commun intermédiaire entre elles. Cet intermédiaire résulte de l'action des deux opposés l'un sur l'autre et participe des deux.

Deux choses opposées en apparence ne sont que des degrés différents d'une seule et même chose.

Si ces LOIS sont vraiment *générales*, elles doivent s'appliquer à beaucoup de phénomènes ; car nous avons vu que ce qui caractérise une loi c'est d'expliquer seule beaucoup de FAITS.

Prenons des opposés d'ordres divers et voyons si nos lois s'y appliquent.

Dans l'ordre des sexes, deux opposés bien caractérisés : ce sont le mâle et la femelle.

Dans l'ordre physique nous pourrions prendre les opposés dans les forces (chaud-froid, positif-négatif, etc.); mais comme c'est une force qui nous a servi d'exemple, considérons les deux états opposés de la matière, état solide, état gazeux.

## LOI :

*Deux opposés ont entre eux un intermédiaire résultant des deux.*

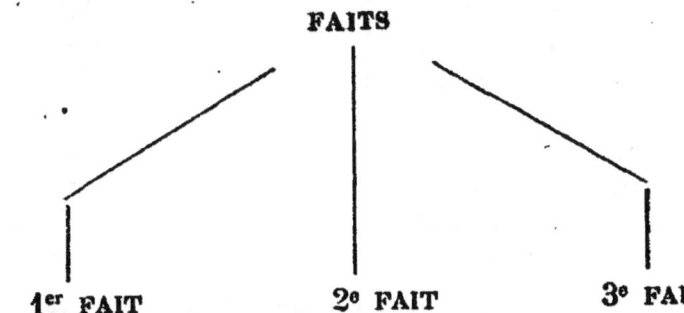

| 1ᵉʳ FAIT | 2ᵉ FAIT | 3ᵉ FAIT |
|---|---|---|
| Mâle-Femelle intermédiaire résultant des deux : Enfant | État solide-État gazeux intermédiaire : État liquide | Père-Fils, intermédiaire : Saint-Esprit |

J'ai ajouté un phénomène d'ordre intellectuel, conception de Dieu d'après les Chrétiens, pour montrer l'application de la Loi dans ses sphères les plus étendues.

## AUTRE LOI :

*Les opposés ne sont que la conception à degrés différents d'une seule chose.*

**FAITS**

Mâle, Femelle, Enfant } Conception à divers degrés de la Famille | Solide, Gaz, Liquide } La Matière | Père, Fils, St-Esprit } DIEU

Si, reprenant notre exemple de la Lumière et de l'Ombre, nous l'étudions encore, nous pourrons voir que la Lumière agit, l'Ombre s'oppose, tandis que la Pénombre, neutre, flotte entre les deux.

Résumons notre loi d'après ces données.

*L'Actif et le Passif.*
(Lumière) (Ombre)
*produisent par leur action réciproque le Neutre qui participe des Deux.* (Pénombre)

Pour présenter dans un ensemble clair les trois FAITS énoncés ci-dessus, nous dirons :

| | | produisent par leur action réciproque | |
|---|---|---|---|
| L'ACTIF | LE PASSIF | | LE NEUTRE |
| Mâle | Femelle | — | Enfant |
| Etat gazeux | Etat solide | — | Etat liquide |
| LE PÈRE | LE FILS | — | LES-ESPRIT |
| La Lumière | L'Ombre | — | La Pénombre |
| Le Chaud | Le Froid | — | Le Tiède |
| Le Positif | Le Négatif | — | Le Neutre |
| L'Attraction | La Répulsion | — | L'Equilibre |
| L'Acide | La Base | — | Le Sel |

J'ai allongé la liste en citant de nouveaux FAITS pour montrer la vérité de la LOI.

Cette Loi forme, sous le nom de Loi de la Série, la base des travaux de Louis Lucas (1) qui l'applique à presque tous les phénomènes chimiques, physiques et même biologiques de la science contemporaine.

Nous n'en finirions pas si nous voulions citer tous les auteurs anciens et modernes qui en ont parlé sous le nom des TROIS termes qui la constituent :

## LOI DU TERNAIRE

Il suffit de se reporter aux exemples ci-dessus pour voir que les trois termes qui constituent le ternaire sont :

1° Un terme actif ;
2° Un terme passif ;
3° Un terme neutre résultant de l'action des deux premiers l'un sur l'autre.

Comme cette loi doit s'appliquer partout, cher-

(1) Voy. *Traité méthodique de Science occulte.*

chons les nombres qui, agissant l'un sur l'autre, produisent 3.

Ces nombres sont 1 et 2, car $1 + 2 = 3$.

Nous pouvons du même coup comprendre le sens des trois premiers nombres.

Le nombre 1 représente l'Actif,
Le nombre 2    —    le Passif,
Le nombre 3    —    la Réaction de l'Actif sur le Passif.

Vous pouvez remplacer le mot ACTIF par tel terme que vous voudrez des tableaux ci-dessus placés sous ce mot et vous voyez de suite que, d'après la méthode analogique, le chiffre 1 représente toutes les idées gouvernées par ce principe l'Actif, c'est-à-dire l'Homme, le Père divin, la Lumière, la Chaleur, etc., etc., suivant qu'on le considère dans tel ou tel des 3 mondes.

|  | 1 |
|---|---|
| Monde Matériel : | La Lumière, l'Etat gazeux. |
| Monde Moral ou Naturel : | L'Homme. |
| Monde Métaphysique ou Archétype : | Dieu le Père. |

Il en est de même des mots : PASSIF que vous pouvez remplacer par 2 et NEUTRE par 3.

Vous voyez que les calculs appliqués aux chiffres s'appliquent mathématiquement aux idées dans la science antique, ce qui rend ses méthodes si générales et par là même si différentes des méthodes modernes.

Je viens de donner là les éléments de l'explication de la ROTA de Guillaume Postel (1).

---

(1) Voir pour l'explication de ce terme les œuvres de Postel, de Christian et surtout d'Eliphas Levi.

Il s'agit maintenant de montrer que ce que j'ai dit jusqu'ici sur les nombres était vraiment appliqué dans l'antiquité et n'est pas tiré totalement de mon imagination.

Nous retrouverons d'abord ces applications dans un livre hébraïque dont M. Franck lui-même ne conteste pas l'antiquité (1), *le Sepher Jesirah*, dont j'ai fait la première traduction française (2). Mais comme ce livre est surtout kabbalistique, je préfère citer des philosophes anciens :

« L'essence divine étant inaccessible aux sens, employons pour la caractériser, non le langage des sens, mais celui de l'esprit ; donnons à l'intelligence ou au principe *actif* de l'Univers le nom de monade ou d'unité, parce qu'il est toujours le même ; à la matière ou au principe *passif* celui de dyade ou de multiplicité, parce qu'il est sujet à toutes sortes de changements ; au monde enfin celui de triade, parce qu'il est le résultat de l'intelligence et de la matière. » (*Doctrine des Pythagoriciens — Voyage d'Anacharsis*, t. III, p. 181 (édition de 1809.)

« Qu'il me suffise de dire que comme Pythagore désignait Dieu par 1, la matière par 2, il exprimait l'Univers par 12, qui résulte de la réunion des deux autres. » (Fabre d'Olivet, *les Vers dorés de Pythagore*.)

On a vu ci-dessus dans maint passage que la doctrine de Pythagore résume celles des Égyptiens, ses maîtres, des Hébreux et des Indiens ; par suite, de l'antiquité tout entière ; c'est pourquoi je cite ce

---

(1) Franck, *la Kabbale*, 1863.
(2) Voy. *Traité méth. de Science occulte*.

philosophe de préférence chaque fois qu'il s'agit d'élucider un point de la Science antique.

Nous connaissons le sens que les anciens donnaient aux nombres 1, 2 et 3; voyons maintenant quelques-uns des autres nombres.

Comme on a pu le voir dans la note de Fabre d'Olivet sur le Microcosme et le Macrocosme, le Quaternaire ramenait dans l'unité les termes 1, 2, 3, dont nous venons de parler.

J'aurais l'air d'écrire en chinois si je n'élucidais pas ceci par un exemple.

Le Père, la Mère et l'Enfant forment trois termes dans lesquels le Père est actif et répond au nombre 1, la Mère est passive et répond au nombre 2, l'Enfant n'a pas de sexe, est neutre, et répond à 1 plus 2, c'est-à-dire au nombre 3.

Quelle est l'Unité qui renferme en elle les trois termes?

C'est la Famille.

$$\left.\begin{array}{l}\text{Père}\\ \text{Mère}\\ \text{Enfant}\end{array}\right\}\text{Famille.}$$

Voilà la composition du Quaternaire : un ternaire et l'Unité qui le renferme.

Quand nous disons une Famille, nous énonçons en un seul mot les trois termes dont elle est composée, c'est pourquoi la Famille ramène le 3 à 1 ou, pour parler le langage de la science occulte, le Ternaire à l'Unité.

L'explication que je viens de donner est, je crois, facile à comprendre. Cependant Dieu sait combien il y a peu de gens qui auraient pu comprendre avant cet exemple la phrase suivante tirée d'un vieux livre hermétique : *afin de réduire le Ternaire par le moyen du Quaternaire à la simplicité de l'Unité* (1).

Si l'on comprend bien ce qui précède, on verra que 4 est une répétition de l'unité, et qu'il doit agir comme agit l'unité.

Ainsi dans la formation de 3 par 1 plus 2, comment est formé le deux ?

Par l'unité qui s'oppose à elle-même ainsi $\frac{1}{1} = 2$

Nous voyons donc dans la progression 1, 2, 3, 4 :
D'abord l'unité 1

Puis une opposition $\frac{1}{1} = 2$

Puis l'action de cette opposition sur l'unité
$$1 + 2 = 3$$

Puis le retour à une unité d'ordre différent, d'une autre octave, si j'ose m'exprimer ainsi. $\frac{\overparen{1.2.3}}{4}$

Ce que je développe me semble compréhensible ; cependant comme la connaissance de cette progression est un des points les plus obscurs de la science occulte, je vais répéter l'exemple de la famille.

Le premier principe qui apparaît dans la famille, c'est le Père, l'unité active. = 1

Le deuxième principe, c'est la Mère, qui représente l'unité passive. = 2

L'action réciproque, l'opposition produit le troisième terme, l'Enfant. = 3

---

(1) *L'Ombre idéale de la sagesse universelle*, par le R. P. Esprit Sabathier (1679).

Enfin tout revient dans une unité active
d'ordre supérieur, la Famille.          = 4

Cette famille va agir comme un père, un principe actif sur une autre famille, non pas pour donner naissance à un enfant, mais pour donner naissance à la caste d'où se formera la tribu, unité d'ordre supérieur (1).

La genèse des nombres se réduirait donc à ces quatre conditions, et comme, d'après la méthode analogique, les nombres expriment exactement des idées, cette loi est applicable aux idées.

Voici quels sont ces quatre termes :

| Unité ou Retour à l'Unité | Opposition Antagonisme | Action de l'opposition sur l'unité |
|---|---|---|
| 1 | 2 | 3 |
| 4 | — | — |
| — | 5 | 6 |
| 7 | 8 | 9 |
| 10 | 11 | 12 |
| — | — | — |
| (1) | (2) | (3) etc. |

J'ai séparé la première série des autres pour montrer qu'elle est complète en quatre termes et que tous les termes suivants ne font que répéter *dans une autre octave* la même loi.

Comme nous allons découvrir dans cette loi une des meilleures clefs pour ouvrir les mystères antiques, je vais l'expliquer davantage en l'appliquant à un cas particulier quelconque, le développement social de l'homme par exemple :

---

(1) Voyez le chapitre suivant et relisez ceci ensuite.

| Unité ou Retour à l'Unité | Opposition Antagonisme | Résultat de cette opposition Distinction |
|---|---|---|
| 1 La première molécule sociale.— L'Homme. | 2 Opposition à cette molécule. — Femme. | 3 Résultat. Enfant. |
| 4 Unité d'ordre supérieur.— La Famille, résumant les trois termes précédents. | 5 Opposition entre les familles. — Rivalités de familles. | 6 Distinction entre les familles. — Castes. |
| 7 Unité d'ordre supérieur.— La Tribu, résumant les trois termes précédents. | 8 Opposition entre les Tribus. | 9 Distinction entre les Tribus. — Nationalités. |
| $\frac{10}{1}$ La Nation. | | |

Cette loi que j'ai donnée en chiffres, c'est-à-dire en formule générale, peut s'appliquer à une foule de cas particuliers. Le chapitre suivant le montrera, du reste.

Mais ne remarquons-nous pas quelque chose de particulier dans ces chiffres? Que signifient les signes $\frac{10}{1} \frac{11}{2} \frac{12}{3}$ placés à la fin de mon premier exemple?

Pour le savoir, il nous faut dire quelques mots des opérations employées par les anciens sur les chiffres.

Deux de ces opérations sont indispensables à connaître :

      1° La *Réduction théosophique*;
      2° L'*Addition théosophique*.

1° La *Réduction théosophique* consiste à réduire

tous les nombres formés de deux ou plusieurs chiffres en nombres d'un seul chiffre, et cela en additionnant les chiffres qui composent le nombre jusqu'à ce qu'il n'en reste plus qu'un.

Ainsi : $10 = 1 + 0 = 1$
$11 = 1 + 1 = 2$
$12 = 1 + 2 = 3$

et pour des nombres plus composés, comme par exemple $3{,}221 = 3 + 2 + 2 + 1 = 8$, ou $666 = 6 + 6 + 6 = 18$ et comme $18 = 1 + 8 = 9$, le nombre 666 égale neuf.

De ceci découle une considération très importante, c'est que tous les nombres, quels qu'ils soient, ne sont que des représentations des neuf premiers chiffres.

Comme les neuf premiers chiffres, ainsi qu'on peut le voir par l'exemple précédent, ne sont que des représentations des quatre premiers, tous les nombres sont représentés par les quatre premiers.

Or ces quatre premiers chiffres ne sont que des états divers de l'Unité. Tous les nombres, quels qu'ils soient, ne sont que des manifestations diverses de l'Unité.

2° *Addition théosophique* :

Cette opération consiste, pour connaître la valeur théosophique d'un nombre, à additionner arithmétiquement tous les chiffres depuis l'unité jusqu'à lui.

Ainsi le chiffre 4 égale en addition théosophique $1 + 2 + 3 + 4 = 10$

Le chiffre 7 égale $1 + 2 + 3 + 4 + 5 + 6 + 7 = 28$.

28 se réduit immédiatement en $2 + 8 = 10$.

Si vous voulez remplir d'étonnement un algébriste, présentez-lui l'opération théosophique suivante :

$$4 = 10$$
$$7 = 10$$
$$\text{Donc } 4 = 7$$

Ces deux opérations, réduction et addition théosophiques, ne sont pas difficiles à apprendre. Elles sont indispensables à connaître pour comprendre les écrits hermétiques et représentent d'après les plus grands maîtres la marche que suit la nature dans ses productions.

Vérifions mathématiquement la phrase que nous avons citée précédemment.

Réduire le ternaire par le moyen du quaternaire à la simplicité de l'unité.

$$\text{Ternaire} = 3 \quad \text{Quaternaire} = 4$$
$$3 + 4 = 7$$

par réduction théosophique ;

$$7 = 1 + 2 + 3 + 4 + 5 + 6 + 7 = 28 = 10$$

par addition théosophique, et réduction du total ;

Enfin : $\quad 10 = 1 + 0 = 1$

L'opération s'écrira donc ainsi :

$$4 + 3 = 7 = 28 = 10 = 1$$
$$4 + 3 = 1$$

Reprenons maintenant l'exemple chiffré donné en premier lieu :

$$
\begin{array}{ccc}
1. & 2. & 3. \\
4. & 5. & 6. \\
7. & 8. & 9. \\
10. & 11. & 12. \\
\hline
(1) & (2) & (3)
\end{array}
$$

et faisons quelques remarques à son sujet en nous servant des calculs théosophiques.

Nous remarquons d'abord que l'unité reparaît, c'est-à-dire que le cycle recommence après trois progressions $\frac{10}{1} \frac{11}{2}$; 10, 11, 12, etc., réduits théosophiquement donnent naissance de nouveau à 1, 2, 3, etc. (1).

Ces trois progressions représentent LES TROIS MONDES dans lesquels tout est renfermé.

Nous remarquons ensuite que la première ligne verticale 1, 4, 7, 10, que j'ai considérée comme représentant l'Unité à diverses Octaves, la représente en effet, car :

$$1 = 1$$
$$4 = 1+2+3+4 = 10 = 1$$
$$7 = 1+2+3+4+5+6+7 = 28 = 10 = 1$$
$$10 = 1$$
$$13 = 4 = 10 = 1$$
$$16 \_ 7 = 28 = 10 = 1$$

On peut ainsi continuer la progression jusqu'à l'infini et vérifier ces fameuses lois mathématiques qu'on va traiter, je n'en doute pas, de mystiques, faute d'en comprendre la portée.

Je conseille à ceux qui croiraient que ce sont là de nébuleuses rêveries la lecture des ouvrages sur la physique et la chimie de Louis Lucas (2), où ils trouveront la loi précédente désignée sous le nom

---

(1) Voir, pour l'application de cette loi dans Moïse, Fabre d'Olivet, *la Langue héb. rest.*

(2) Voir la liste de ses ouvrages dans *le Traité méthodique de Science occulte*.

de *série* et appliquée à des démonstrations expérimentales de chimie et de biologie.

Je leur conseille encore, si la Chimie et la Physique ne leur paraissent pas assez positives, de lire les ouvrages mathématiques de Wronski (1) sur lesquels l'Institut fit un rapport très favorable, ouvrage dont les principes sont entièrement tirés de la Science antique ou Science occulte. Voici un tableau de la *génération des nombres* qui peut parfaitement expliquer le système de Wronski :

```
1      (3+1) 4              (9+4=13)—4   (13+9=22)—4

(1+2) 3    (4+3)7  (7 15 8)6   (4+5) 9
           (5+3)8

2      (3+2) 5              (5+9=14)—5   (14+9=23)—5
```

On voit dans ce tableau l'application de la loi chiffrée 1, 2, 3, 4, etc., dont j'ai déjà tant parlé.

Un et deux donnent naissance à trois et de ces trois nombres sortent tous les autres jusqu'à 9 d'après les mêmes principes. A partir de 9 tous les nombres, quels qu'ils soient, se réduisent, par réduction théosophique, aux nombres d'un seul chiffre.

Les nombres sont du reste disposés par colonnes dont trois principales et deux secondaires, je les indique par des chiffres de grosseurs différentes.

Colonne principale 1 —— 4 — (13) 4 — (22) 4 — (31) 4
   +
       Colonne secondaire 7 (16) = 7 (25) = 7 (34) = 7

---

(1) Voir la liste de ses ouvrages dans le *Traité Méthodique de Science occulte*.

Colonne principale     3————6————9—
∞
    Colonne secondaire 8 (17) = 8 (26) = 8 (35) = 8
Colonne principale 2—5—(14)=5—(23)=5—(32)=5

Poursuivant et étendant considérablement l'étude que nous esquissons ici, notre ami et maître F.-Ch. Barlet, a pu établir le tableau suivant, qui peut être considéré comme une *clef définitive* du système numéral.

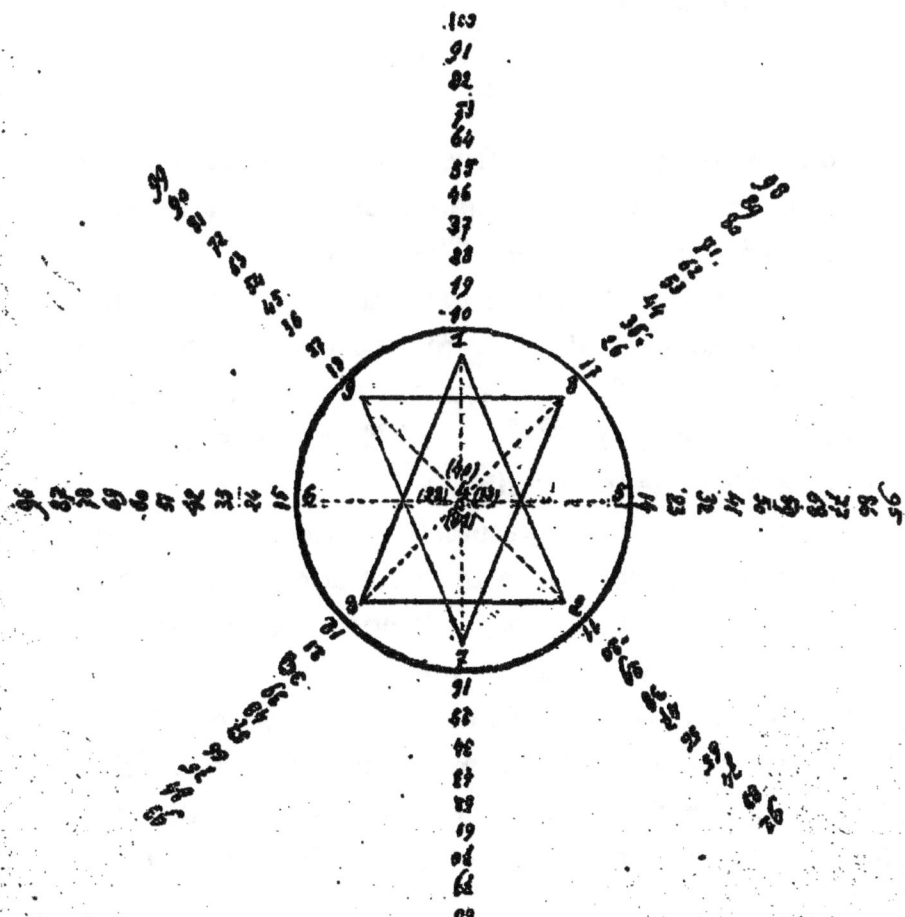

La connaissance de ces tableaux n'est du reste d'aucune importance pour la compréhension de ce qui suit ; aussi je prie ceux que cet amas de chiffres effrayerait de ne pas s'en occuper davantage et de passer outre.

Avant de terminer ce chapitre, déjà fort long, je tiens à signaler une chose d'une extrême importance pour comprendre le tétragramme sacré des Hébreux dont nous parlerons par la suite.

La progression : 1. 2. 3
4. 5. 6
7. etc.

est formée de quatre chiffres disposés seulement en 3 colonnes parce que le quatrième chiffre n'est que la répétition du premier. C'est comme s'il y avait 1. 2. 3. 1, etc. Les Hébreux expriment le nom le plus auguste de la divinité par quatre lettres dont une est répétée deux fois, ce qui réduit le nom divin à trois lettres ainsi : IEVE = IVE. Cette remarque aura sa place dans la suite.

Arrivés en ce point jetons un rapide coup d'œil sur le chemin parcouru, afin de nous rendre compte des aspects sous lesquels la Science antique se présente maintenant à notre esprit.

Après avoir déterminé l'existence de cette science renfermée dans les sanctuaires, nous avons vu qu'elle employait pour parvenir à ses conclusions une méthode spéciale que nous avons appelée méthode par analogie.

Puis nous avons découvert que cette méthode reposait sur une hiérarchie naturelle comprenant trois grandes divisions, celle des phénomènes, celle des causes secondes et celle des causes premières, on, d'après Saint-Yves d'Alveydre, celle des FAITS, celle des LOIS et celle des PRINCIPES, divisions désignées par les anciens sous le terme de : LES TROIS MONDES.

L'emploi de ce nombre trois nous a forcément conduit à l'étude de la conception spéciale sous laquelle la science primitive envisageait les nombres et, par la façon dont se forme le Ternaire, nous avons découvert une Loi cyclique présidant à l'évolution des nombres et par suite à celle de la nature entière.

L'analyse de cette loi nous a fait étudier deux procédés de calcul inconnus des algébristes modernes, procédés employés par toute l'antiquité depuis Homère jusqu'aux alchimistes en passant par Moïse, Pythagore et l'École d'Alexandrie : la réduction et l'addition théosophiques.

Nous sommes maintenant en possession de méthodes qui vont peut-être nous permettre d'aller plus loin; aussi n'hésitons-nous pas à pénétrer avec elles dans les mystères antiques pour savoir le grand secret que les initiés conservaient couvert d'un triple voile.

# CHAPITRE III

LA VIE UNIVERSELLE. — LE GRAND SECRET DU SANCTUAIRE. — LA LUMIÈRE ASTRALE (FORCE UNIVERSELLE). — L'INVOLUTION ET L'ÉVOLUTION. — L'HOMME D'APRÈS PYTHAGORE.

En dernière analyse le corps humain se réduit à la cellule, l'humanité se réduit à la molécule sociale qui est l'homme, le monde se réduit à l'astre et l'Univers au Monde.

Mais cellule, humanité, astre, monde, Univers, ne sont que des *octaves* de l'Unité toujours la même.

N'allons-nous pas voir les cellules se grouper pour former un organe, les organes se grouper hiérarchiquement pour former les appareils et ceux-ci se grouper pour former l'individu?

Cellule,
Organe,
Appareil,
Individu,

telle est la progression qui constitue l'homme physiquement parlant.

Mais cet individu, qu'est-ce, sinon une cellule de l'humanité?

La loi que suit la nature est si vraie que partout

nous la retrouvons identique, quelle que soit l'étendue des objets considérés.

L'homme se groupe pour former la famille, la famille se groupe pour former la tribu, les tribus établissent le groupement hiérarchique pour constituer la nation, reflet de l'Humanité.

    Homme,
    Famille,
    Tribu,
    Nation-Humanité.

Mais qu'est-ce donc que l'humanité sinon une cellule de l'animalité ? Cette animalité n'exprime qu'un des degrés des règnes existant sur la planète.

Voyez les satellites se ranger autour des planètes, les planètes autour des Soleils pour constituer les Mondes ; les Mondes qui ne sont eux-mêmes que des cellules de l'Univers marquent en traits de feu dans l'infini les lois éternelles de la Nature.

Partout éclate cette mystérieuse progression, cet arrangement des unités inférieures devant l'Unité supérieure, cette sériation (1) universelle qui part de l'atome pour monter d'astre en Monde jusqu'à cette UNITÉ PREMIÈRE autour de qui gravitent les Univers.

Tout est analogue, la loi qui régit les Mondes régit la vie de l'insecte.

Étudier la façon dont les cellules se groupent pour former un organe, c'est étudier la façon dont les Règnes de la Nature se groupent pour former la Terre, cet organe de notre Monde ; c'est étudier la

---

(1) Terme employé par Louis Lucas.

façon dont les individus se groupent pour constituer une famille, cet organe de l'Humanité.

Étudier la formation d'un appareil par les organes, c'est apprendre la formation d'un monde par les planètes, d'une nation par les familles.

Apprendre enfin la constitution d'un homme par les appareils, c'est connaître la constitution de l'Univers par les Mondes et de l'Humanité par les Nations.

Tout est analogue : connaître le secret de la cellule c'est connaître le secret de Dieu.

L'absolu est partout. — Tout est dans tout.

La méthode analogique éclate ici dans toute sa splendeur.

Pourquoi, si l'homme est une cellule de l'humanité, l'humanité ne serait-elle pas l'appareil supérieur d'un être animé qui s'appelle la Terre?

Pourquoi la Terre ne serait-elle pas un organe d'un être supérieur nommé le Monde dont le Soleil est le cerveau?

Pourquoi ce monde lui-même ne constituerait-il pas la série inférieure de l'Être des Êtres, du Macrocosme dont les Univers sont les appareils?

Telles sont les questions qui se sont dressées comme autant de sphinx devant les investigations de toute l'antiquité. Et quand le Postulant n'avait pas atteint les connaissances suffisantes pour plonger de toute la force de son intuition au centre des centres de l'Univers, quand il ne savait pas suivre ce conseil de Pythagore :

« Afin que t'élevant dans l'éther radieux
« Au sein des immortels tu sois un Dieu toi-même. »

alors il s'emparait du seul instrument solide qu'il connût encore, et fort de sa méthode, s'élançait dans l'étude de l'Infini.

Mais la vie circule dans la cellule, la vie circule dans l'homme, d'où vient-elle ?

La cellule humaine est immobilisée dans l'organe, mais voici que le courant vital porté par le sang passe rapide au-devant d'elle ; elle prend de ce courant ce qu'il lui faut et accomplit sa fonction ; le courant est le même partout et chaque cellule le transforme différemment.

Ici c'est la cellule d'une glande qui va puiser sa force dans la vie que le sang lui apporte, et la salive, le suc gastrique ou la bile vont être sécrétés.

Là c'est la cellule musculaire qui va emprunter le moyen de se contracter à ce même courant qui a fourni tout à l'heure des sécrétions diverses.

Là enfin c'est la cellule nerveuse qui va transformer en Intelligence ce même agent producteur de phénomènes si différents.

Est-il possible qu'une même force : la vie, soit transformée en forces d'ordres si différents et cela par la forme différente des organes ?

A cette question l'Égyptien se renferme dans le laboratoire du temple et voit un faisceau de lumière blanche venir se briser contre un prisme et se transformer en couleurs variées.

Les couleurs dépendent de l'épaisseur du verre traversé. Cet essai suffit. — Il comprend.

La vie toujours la même qui circule dans l'homme peut être comparée à la lumière blanche, chacun des organes à un morceau différent du prisme. Le courant de lumière blanche passe et chacun des organes agit en lui : Ici, c'est un organe où la matière est grossière, il représente la base du prisme, les couleurs inférieures vont apparaître ou plutôt les sécrétions les plus grossières.

Là, c'est un organe où la matière est à son maximum de perfection, il représente le sommet du prisme, les couleurs supérieures se forment, l'intelligence va naître.

Telles sont les bases de la Médecine occulte (1). Mais ce courant vital, d'où vient-il encore ?

De l'air où le globule sanguin va le chercher pour le charrier à travers l'organisme.

Mais l'Unité magnifique des productions d'Osiris-Isis apparaît encore plus éclatante.

Un même courant circule à travers la Planète et chacun des Individus qui est sur elle y prend sa vie.

L'homme aspire et transforme la Vie terrestre en Vie humaine, comme dans lui le cerveau transformera cette Vie humaine en Vie cérébrale, le foie en Vie hépathique, etc.

L'Animal transforme la Vie terrestre en la sienne propre, selon son espèce.

Le Végétal puise aussi à pleines feuilles sa vie spéciale dans celle de la mère commune la Terre.

Le Minéral et tous les êtres tranforment en force personnelle cette force terrestre.

Toujours l'analogie mathématiquement exacte, avec la lumière blanche et le prisme dont chaque être représente un morceau.

(1) Voy. pour développement *la Médecine nouvelle*, de Louis Lucas.

Mais la Terre ne prend-elle pas sa vie et par suite celle de tout ce qu'elle porte dans ce courant lumineux et vital dans lequel elle plonge ?

Le Soleil déverse à pleins flots sa Vie solaire sur les planètes de son système et chacune d'elles transforme la Vie solaire en sa vie propre. La Terre en fait la Vie terrestre ; Saturne, la Vie saturnienne, triste et froide ; Jupiter, sa vie propre, et ainsi pour chacune des autres planètes et de leurs satellites.

Mais le Soleil lui-même ne tire-t-il pas sa Vie solaire, cette lumière-chaleur-électricité qu'il déverse, de l'Univers dont il fait partie ?

Alors, le prêtre égyptien, saisissant dans son auguste ensemble la Synthèse de la vie, se prosterne et adore.

Il adore la Vie qui est en lui, cette Vie que la Terre lui a donnée, cette vie que le Soleil a donnée à notre Monde, que celui-ci a tirée de l'Univers et que l'Univers a tirée du centre mystérieux et ineffable où l'Être des Êtres, l'Univers des Univers, l'UNITÉ VIE, OSIRIS-ISIS, réside dans son éternelle union.

Il se prosterne et il adore DIEU en lui, DIEU dans le monde, DIEU dans l'Univers, DIEU en DIEU.

La vie que nous avons trouvée partout saurait-elle échapper aux lois communes ?

Le phénomène, quel qu'il soit, révèle toujours et partout son origine trinitaire. Les séries pour aussi grandes qu'elles apparaissent se rangent toutes suivant la mystérieuse loi :

| Actif | Passif | Neutre |
|---|---|---|
| Positif | Négatif | Équilibré |
| + | — | ∞ |

# Chapitre 3

**Diagramme de la Vie Universelle**

Cet homme qui commande en maître dans la famille où il représente le positif va se courber devant la loi de la tribu, et, par là, devenir négatif.

La Terre qui attire à elle, qui réunit dans son absorbante unité, tous les êtres et les objets situés à sa surface, agissant ainsi comme active, obéit *passivement* à l'attraction du Soleil, son supérieur.

Nous voyons par là apparaître l'absorption des séries inférieures par les séries supérieures et de celles-ci, considérées comme séries inférieures, par une série supérieure, etc., à l'infini (1).

La chaleur apparaît positive dans le Chaud, négative dans le Froid, équilibrée dans le Tempéré.

La Lumière apparaît positive dans la Clarté, négative dans l'Ombre, équilibrée dans la Pénombre.

L'électricité se montre positive dans le Positif, négative dans le Négatif, équilibrée dans le Neutre.

Mais la Chaleur, la Lumière et l'Electricité ne représentent-elles pas trois phases d'une chose plus élevée (2) ?

Cette chose dont la Chaleur représente le Positif, la Lumière l'Équilibre, l'Électricité le Négatif, c'est la Force de notre Monde.

Remontons expérimentalement à travers les phénomènes ; après la physique traversons la chimie, voyons dans une expérience connue : L'oxygène se

---

(1) Louis Lucas, 3ᵉ loi du *Mouvement*.
(2) Dans la nature, l'électricité n'est qu'un détail comme dans le spectre solaire le rouge n'est qu'une nuance.
Electricité, Chaleur, Lumière sont trois *phases générales* du mouvement dont les nuances intermédiaires sont infinies (Louis Lucas).

rendra au pôle du Mouvement, l'hydrogène au pôle de la Résistance et l'azote tantôt à l'un, tantôt à l'autre de ces deux pôles, suivant le rôle qu'il joue dans les combinaisons. Voyons qu'il en est de même absolument des autres corps métalloïdes et métalliques ; retrouvons partout le mouvement acidifiant, le repos alcalinisant et l'équilibre entre les deux, représenté par l'azote et ses nuances (1). Quand de progression en progression, d'Univers en Univers nous aurons remonté à la plus haute abstraction, nous verrons une force unique s'opposant à elle-même pour créer, dans son activité, le Mouvement, dans sa passivité la Matière (2) et dans son équilibre tout ce qui est compris entre la divisibilité et l'unité, les échelons infinis par lesquels la force remonte depuis l'état solide (3) jusqu'aux formes les plus élevées de l'intelligence, du génie, et enfin jusqu'à son origine Dieu, dont l'activité s'appelle le Père ou Osiris, la passivité le Fils ou Isis, et l'équilibre, cause de Tout, image de la TRI-UNITÉ qu'il constitue, se nomme Saint-Esprit (4) ou Horus.

Nous tenons maintenant un des plus grands

---

(1) Louis Lucas, *Chimie nouvelle*, p. 282.

(2) La matière présente une résistance; une résistance, c'est-à-dire une force. Car les forces seules sont capables de résistance, et, par cette considération, la matière décèle son origine UNITAIRE identique avec le mouvement initial et élémentaire. Le mot Matière exprime la passivité du mouvement comme le mot Force en désigne l'activité (Louis Lucas).

(3) La matière révèle son origine par ses trois principales nuances : Matière positive ou Etat gazeux, Matière négative ou Etat solide, Matière équilibrée ou Etat liquide.

(4) Voy. les œuvres de Christian, Eliphas Levi et surtout Lacuria citées dans le *Traité Méthodique de Science occulte*.

secrets du Sanctuaire, la clef de tous les miracles passés, présents et futurs, la connaissance de cet agent toujours le même et toujours diversement désigné, le Telesma d'Hermès, le Serpent de Moïse et des Indous, l'Azoth des alchimistes, la Lumière astrale des Martinistes et d'Eliphas Levi, enfin le Magnétisme de Mesmer et le Mouvement de Louis Lucas, qui a découvert les trois lois qui le dirigent et en a montré l'application aux sciences positives contemporaines.

Déjà nous connaissons les modifications diverses par suite desquelles cet agent universel devient la vie de chaque être. Etudions maintenant son évolution.

Cette émanation suivra universellement trois phases de développement :

Dans une première phase, le passif l'emportera sur l'actif et le résultat sera une passivité, une matérialisation, un éloignement de l'Unité vers la Multiplicité (1).

Dans une seconde phase, l'actif et le passif s'équilibreront ; la hiérarchie, la série, apparaîtra, les inférieurs graviteront autour du terme supérieur.

Dans une troisième phase, enfin, l'actif l'emportera sur le passif, l'évolution de la Multiplicité sur l'Unité s'effectuera.

Involution ou Matérialisation progressive.
Equilibre.
Evolution ou spiritualisation progressive.

---

(1) Voy. *Eureka* d'Edgar Poë et *Chimie nouvelle* de L. Lucas.

Telles sont les trois lois du Mouvement.

Du centre mystérieux dans lequel se tient l'ineffable, l'inconcevable En Suph-Parabrahm, une force émane dans l'Infini.

Cette force constituée active-passive, comme ce qui lui a donné naissance, va produire un résultat différent suivant que l'actif ou le passif dominera dans l'action.

La force s'éloigne de l'Unité pour gagner le Multiple, la Division ; aussi le passif, créateur du Multiple, domine-t-il à ce moment. La production est surtout passive, matérielle ; la force se matérialise.

L'intelligence s'écorcifie peu à peu, se revêt d'enveloppes qui représentent d'abord l'état de la matière le plus proche des essences : la matière radiante.

A ce moment une masse, énorme pour les conceptions humaines, infime aux yeux de l'Infini, traverse l'Espace. Sur les planètes inférieures des Mondes qu'elle fend dans sa course, les instruments se dressent et du haut des observatoires les mortels annoncent : Une comète traverse notre système.

Sur les planètes supérieures de ces Mondes les immortels se prosternent et adorent religieusement la divine lumière qui accomplit le sacrifice d'où doit naître son retour à l'Unité. Ils s'inclinent et s'écrient : L'Esprit de Dieu traverse notre Monde.

Cependant, plus la masse s'éloigne de l'Unité, plus la matérialisation s'accentue. La Matière à l'Etat gazeux apparaît, remplissant en grande partie la masse qui ralentit sa course en un point de l'espace. Le savant qui l'aperçoit annonce aux mortels une nébuleuse, la Naissance d'un système planétaire ; l'Immortel conçoit la Naissance d'un Dieu.

L'état le plus passif a pris naissance, les agglomérations solides sont nées ; mais en même temps la force active se dégage peu à peu et vient équilibrer la force passive. La vie se concentre au centre du système dans un Soleil et les planètes reçoivent d'autant plus son influence qu'elles en sont plus proches, qu'elles sont moins matérielles, de même que le Soleil reçoit une influence d'autant plus active qu'il est plus près de la VIE-PRINCIPE d'où il est émané.

C'est alors que la force active l'emporte définitivement sur la force passive, les planètes se sont groupées autour du centre prépondérant ; l'être vivant qu'on appelle un Monde a pris naissance il est organisé et lentement il évolue vers l'Unité d'où il était parti.

Sur chacune des planètes la loi qui a donné naissance au Monde se répète, identique. Le Soleil agit vis-à-vis des planètes comme l'UNITÉ-VIE agissait vis-à-vis du Soleil. La planète est d'autant plus matérielle qu'elle est plus éloignée de lui.

D'abord en ignition, puis gazeuse, puis liquide, quelques agglomérations solides apparaissent au sein de cette masse liquide, les continents prennent naissance.

Puis l'évolution de la planète vers son Soleil commence et la Vie planétaire s'organise. La force active l'emporte ici encore sur la force matérielle, passive.

Les productions qui vont naître sur la planète suivront les mêmes phases que celle-ci a subies vis-à-vis du Soleil.

Les continents, en se solidifiant, condensent dans leur sein la force en ignition qui formait primitivement la planète. Cette force vitale terrestre, qui n'est qu'une émanation de force vitale solaire, agit sur la Terre et les rudiments vitaux se développent en constituant les métaux plus inférieurs (1).

De même que ce Monde évolue vers la Vie de son Univers en se créant une âme (2), ensemble de toutes les âmes planétaires renfermées en lui ; de même que chaque planète évolue vers l'âme de son monde en créant son âme planétaire, ensemble des âmes que cette planète renferme ; de même le métal, premier terme de la vie sur la planète, évolue à travers ses divers âges une âme vers l'âme de la terre. Ce métal d'abord inférieur se perfectionne de plus en plus, devient capable de fixer plus de force active et en quelques centaines d'années la vie qui circulait jadis dans le plomb circule maintenant dans une masse d'or (3), le Soleil des métaux, agissant vis-à-vis d'eux comme le Soleil vis-à-vis de la terre.

La vie progresse de même à travers le végétal et, quelques milliers d'années après, la production la plus élevée du continent apparaît, l'homme qui représente le Soleil de l'animalité comme l'Or représentait le soleil de la minéralité.

---

(1) Ici commence l'évolution conçue d'après les modernes qui n'ont pas vu son *côté descendant* connu parfaitement des anciens.

(2) Voir pour éclaircissement de cette assertion la création de l'âme humaine.

(3) Fondement de la doctrine alchimique. Voy. pour cette idée d'évolution de la même vie dans des corps de plus en plus parfaits la loi indoue du KARMA.

La loi progressive va se retrouver dans l'homme comme dans tout le reste de la nature ; mais ici quelques considérations sont nécessaires à propos de la similitude des progressions.

Reportons-nous en arrière et nous nous rappellerons qu'au moment de la Naissance d'un Monde d'autres existaient déjà qui avaient accompli à des degrés différents l'évolution vers l'Unité. Si bien qu'il y avait des Mondes plus ou moins vieux.

Il y a de même différents âges dans les planètes, différents âges dans leurs productions. Quand une planète évolue pour la première fois le premier vestige du règne Minéral, une autre plus âgée dans ses productions vitales a déjà évolué le premier règne animal, une autre enfin plus âgée encore a déjà évolué le premier règne de l'homme.

De même qu'il y a des planètes de plusieurs âges, de même il y a des continents plus ou moins âgés sur une même planète.

Chaque continent est couronné par une race d'hommes comme chaque monde est couronné par un Soleil.

Comme la progression existe aussi parmi les hommes, il s'ensuit qu'au moment où la deuxième race d'hommes apparaît sur le second continent évolué par la planète, la première race d'hommes évoluée sur le premier continent y est en plein développement intellectuel, tandis que la dernière venue est sauvage et abrutie (1).

(1) Voy. *la Mission des Juifs* et les doctrines philosophiques de la Science ésotérique.

Le même fait se retrouve éclatant de vérité dans la famille où nous voyons le fondateur, l'aïeul, rempli d'expérience, mais abattu par la vieillesse, tandis que le dernier né est aussi ignorant que plein de de vie. Entre eux deux existent toutes les gradations et le père représente la virilité dans tout son développement tandis que le grand-père établit la transition entre lui et l'aïeul.

Enfant, Père, Grand-Père, Aïeul

représentent donc dans la famille cette évolution que nous retrouvons dans la nature entière.

Les Êtres, quels qu'ils soient, sont formés en dernière analyse de trois parties constituantes : le corps, la vie ou l'esprit, et l'âme.

L'évolution d'un corps produit une vie, l'évolution d'une vie produit une âme.

Vérifions ces données en les appliquant à l'homme.

Chaque continent se couronne, je le répète, d'une race différente d'hommes représentant le terme supérieur de l'évolution matérielle sur la planète.

Dans chaque homme trois parties se montrent : le ventre, la poitrine, la tête. A chacune de ces parties sont attachés des membres. Le ventre sert à fabriquer le corps, la poitrine sert à fabriquer la vie, la tête sert à fabriquer l'âme.

Le but de chaque être que la nature crée est de donner naissance à une force d'ordre supérieure à celle qu'il reçoit. Le minéral reçoit la vie terrestre et doit la transformer en vie végétale par son évolution ; le végétal donner naissance à la vie animale et celle-ci à la vie humaine.

La vie est donnée à l'homme pour qu'il la transforme en une force plus élevée : l'âme. — L'âme est une résultante (1).

Le but de l'homme est donc avant tout de développer en lui cette âme qui ne s'y trouve qu'en germe et, si une existence ne suffit pas, plusieurs seront nécessaires (2).

Cette idée, cachée par les initiations aux profanes, se retrouve dans tous les auteurs qui ont pénétré profondément dans la connaissance des lois de la nature. C'est une des principales divulguées par l'étude du Boudhisme ésotérique dans les temps modernes ; mais l'antiquité ainsi que quelques écrivains occidentaux ne l'ont jamais ignorée.

« C'est ainsi en effet que Dieu lui-même, par la connaissance intime de l'absolu qui est son essence, identifie perpétuellement avec son savoir l'être qui lui correspond dans son essence absolue ; et c'est

---

(1) L'âme est une création originale nous appartenant en propre et présentant à l'éternité le flanc de sa responsabilité (Louis Lucas, *Médecine nouvelle*, p. 33.)
Le son représentant la force vitale produit autre chose dans sa diversité extrême : il produit la TONALITÉ, d'où naît l'effet général ou l'âme ; avec sa valeur spéciale et relative. Un orchestre est un organe matériel, avec tous ses appareils composés ; les sons, leurs HARMONIES, leurs combinaisons immenses ; c'est le jeu des forces vitales ; c'est l'étoffe du corps d'où l'âme se crée et s'élève, comme de la tonalité se crée un sentiment général, définitif et résultantiel. Ainsi la tonalité GÉNÉRALE qui est étrangère et à l'instrument inerte par lui-même, et aux harmonies croisées qui sont en jeu : voilà l'AME du concert, etc. (*Id*).

(2) En lisant les divers auteurs qui traitent de l'âme, il faut bien prendre garde du sens qu'ils attribuent à ce mot. Les uns appellent âme ce que j'appelle ici *vie et esprit*, et esprit le troisième terme que j'appelle âme. L'idée est la même partout, l'emploi des termes seul varie.

ainsi manifestement que Dieu opère sans cesse sa création propre ou son immortalité. Et par conséquent, puisque l'homme est créé à l'image de Dieu, c'est par le même moyen qu'il doit conquérir son immortalité, en opérant ainsi sa création propre par la découverte de l'essence de l'absolu, c'est-à-dire des conditions elles-mêmes de la vérité (1). »

Fabre d'Olivet, dans l'admirable résumé qu'il a fait de la doctrine de Pythagore, nous montre en quelques pages le résumé de la psychologie antique. Il suffit de le lire et de le comparer aux doctrines du Boudhisme ésotérique pour connaître un des plus grands secrets renfermés dans les sanctuaires.

Voici ce résumé :

« Pythagore admettait deux mobiles des actions humaines, la puissance de la Volonté et la nécessité du Destin ; il les soumettait l'un et l'autre à une loi fondamentale appelée la Providence, de laquelle ils émanaient également.

« Le premier de ces mobiles était libre et le second contraint : en sorte que l'homme se trouvait placé entre deux natures opposées, mais non pas contraires, indifféremment bonnes ou mauvaises, suivant l'usage qu'il savait en faire. La puissance de la Volonté s'exerçait sur les choses à faire ou sur l'avenir ; la nécessité du Destin, sur les choses faites ou sur le passé ; et l'une alimentait sans cesse l'autre, en travaillant sur les matériaux qu'elles se fournissaient réciproquement.

---

(1) Wronski, *Lettre au pape*. — Voir la liste des œuvres de Wronski dans *l'Occultisme contemporain*.

« Car, selon cet admirable philosophe, c'est du passé que naît l'avenir, de l'avenir que se forme le passé et de la réunion de l'un et de l'autre que s'engendre le présent toujours existant, duquel ils tirent également leur origine : idée très profonde que les stoïciens avaient adoptée. Ainsi, d'après cette doctrine, la Liberté règne dans l'avenir, la Nécessité dans le passé, et la Providence sur le présent. Rien de ce qui existe, n'arrive par hasard, mais par l'union de la loi fondamentale et providentielle avec la volonté humaine qui la suit ou la transgresse, en opérant sur la Nécessité.

« L'accord de la Volonté et de la Providence constitue le bien, le mal naît de leur opposition. L'homme a reçu, pour se conduire dans la carrière qu'il doit parcourir sur la terre, trois forces appropriées à chacune des trois modifications de son être, et toutes trois enchaînées à sa volonté.

« La première, attachée au corps, est l'instinct ; la seconde, dévouée à l'âme, est la vertu ; la troisième, appartenant à l'intelligence est la science ou la sagesse. Ces trois forces, indifférentes par elles-mêmes, ne prennent ce nom que par le bon usage que la volonté en fait, car, dans le mauvais usage, elles dégénèrent en abrutissement, en vice et en ignorance. L'instinct perçoit le bien ou le mal physiques résultant de la sensation ; la vertu connaît le bien et le mal moraux existant dans le sentiment ; la science juge le bien ou le mal intelligibles qui naissent de l'assentiment. Dans la sensation le bien et le mal s'appellent plaisir ou douleur ; dans le sentiment, amour ou haine ; dans l'assentiment, vérité ou erreur.

« La sensation, le sentiment résidant dans le corps, dans l'âme et dans l'esprit, forment un ternaire qui, se développant à la faveur d'une unité relative, constitue le quarternaire humain ou l'Homme considéré abstractivement.

« Les trois affections qui composent ce ternaire agissent et réagissent les unes sur les autres, et s'éclairent ou s'obscurcissent mutuellement; et l'unité qui les lie, c'est-à-dire l'Homme, se perfectionne ou se déprave, selon qu'elle tend à se confondre avec l'Unité universelle ou à s'en distinguer.

« Le moyen qu'elle a de s'y confondre ou de s'en distinguer, de s'en rapprocher ou de s'en éloigner, réside tout entier dans sa volonté, qui, par l'usage qu'elle fait des instruments que lui fournissent le corps, l'âme et l'esprit, s'instinctifie ou s'abrutit, se rend vertueuse ou vicieuse, sage ou ignorante et se met en état de percevoir avec plus ou moins d'énergie, de connaître ou de juger avec plus ou moins de rectitude ce qu'il y a de bon, de beau et de juste dans la sensation, le sentiment ou l'assentiment; de distinguer avec plus ou moins de force et de lumière le bien et le mal; et de ne point se tromper enfin dans ce qui est réellement plaisir ou douleur, amour ou haine, vérité ou erreur.

« L'Homme tel que je viens de le dépeindre, d'après l'idée que Pythagore en avait conçue, placé sous la domination de la Providence, entre le passé et l'avenir, doué d'une volonté libre par son essence et se portant à la vertu ou au vice de son propre mouvement, l'Homme, dis-je, doit connaître la source des malheurs qu'il éprouve nécessairement et, loin d'en accuser cette même Providence qui dispense les biens et les maux à chacun selon son mérite et ses actions antérieures, ne s'en prendre qu'à lui-même s'il souffre par une suite inévitable de ses fautes passées ; car Pythagore admettait plusieurs existences successives et soutenait que le présent qui nous frappe, et l'avenir qui nous menace ne sont que l'expression du passé qui a été notre ouvrage dans les temps antérieurs. Il disait que la plupart des hommes perdent, en revenant à la vie, le souvenir de ces existences passées ; mais que, pour lui, il devait à une faveur particulière des Dieux d'en conserver la mémoire.

« Ainsi, suivant sa doctrine, cette nécessité fatale dont l'Homme ne cesse de se plaindre, c'est lui-même qui l'a créée par l'emploi de sa volonté ; il parcourt, à mesure qu'il avance dans le temps, la route qu'il s'est déjà tracée à lui-même et suivant qu'il la modifie en bien ou en mal, qu'il y sème, pour ainsi dire, ses vertus et ses vices, il la retrouvera plus douce ou plus pénible lorsque le temps sera venu de la parcourir de nouveau (1). »

Je joins à cette importante citation un tableau qui permettra de voir le système dans son ensemble. J'ai fait mon possible pour être clair ; si quelque erreur s'est glissée dans ce travail, il sera facile d'y remédier en se reportant au texte.

La partie gauche du tableau représente les principes positifs désignés par le signe (+).

---

(1) Fabre d'Olivet, *Vers dorés*, pp. 249 et 251.

La partie droite, les signes négatifs désignés par le signe (—).

Enfin la partie médiane, les signes équilibrés ou supérieurs désignés par le signe ( ∞ ).

En bas et à gauche du tableau est le résumé du ternaire humain : AME, — INTELLIGENCE — CORPS, indiqué par les signes ci-dessus.

## DE SCIENCE OCCULTE

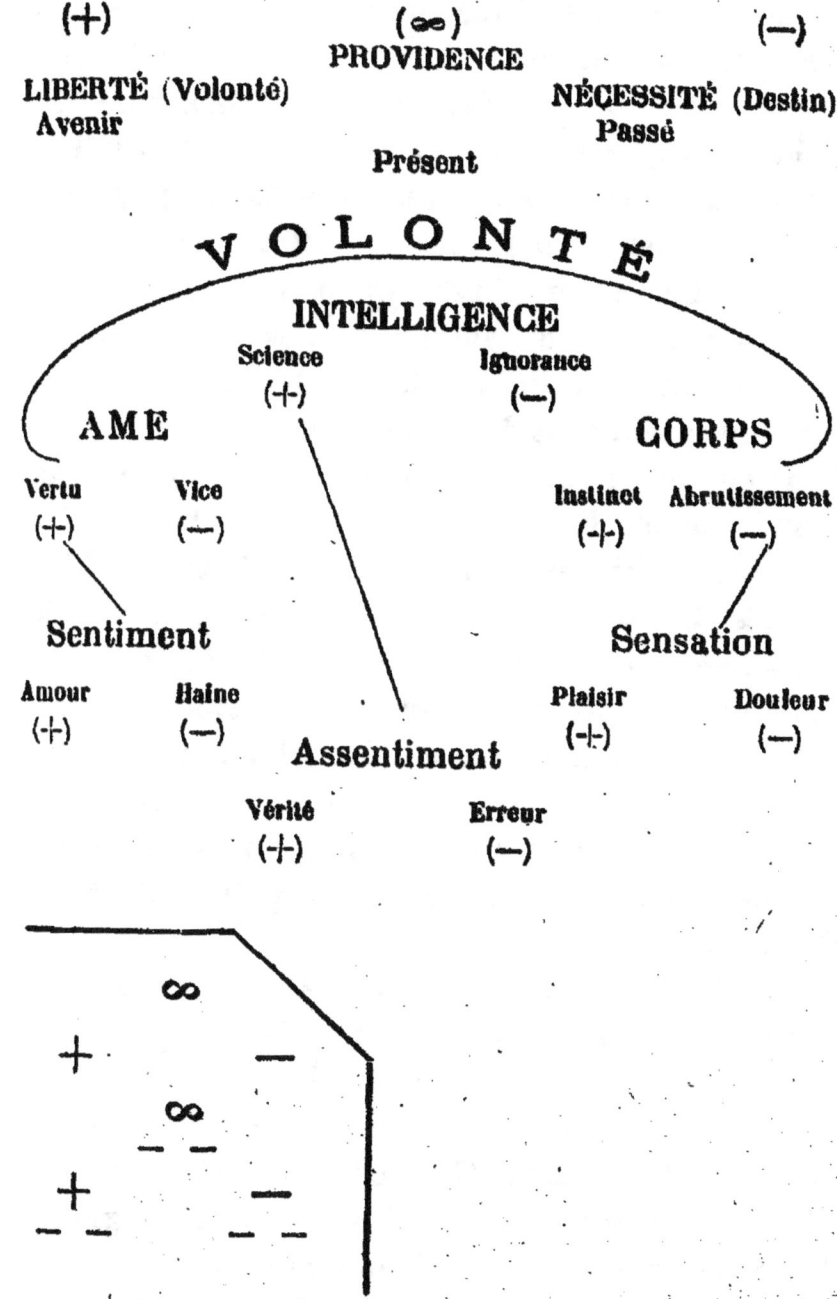

L'enseignement du Temple se réduisait uniquement à l'étude de la force universelle dans ses diverses manifestations.

Etudiant d'abord la Nature naturée, la nature des phénomènes, des effets, l'aspirant à l'initiation apprenait les sciences physiques et naturelles. Quand il avait constaté que tous ces effets dépendaient d'une même série de causes, quand il avait réduit la multiplicité des faits dans l'unité des Lois, l'initiation ouvrait pour lui le Monde des Causes. C'est alors qu'il pénétrait dans l'étude de la Nature naturante en apprenant les Lois de la Vie toujours la même dans ses diverses manifestations ; la connaissance de la Vie des Mondes et des Univers lui donnait les clefs de l'Astrologie, la connaissance de la Vie terrestre lui donnait les clefs de l'Alchimie.

Montant encore d'un degré dans l'échelle de l'initiation l'aspirant retrouvait dans l'homme la réunion des deux natures, naturante et naturée, et pouvait de là s'élever à la conception d'une force unique dont ces deux natures représentaient les deux pôles.

Peu d'entre les hommes atteignaient la pratique et la connaissance des sciences supérieures qui conféraient des pouvoirs presque divins. Parmi ces sciences, qui traitaient de l'essence divine et de sa mise en action dans la Nature par son alliance avec l'homme, se trouvaient la Théurgie, la Magie, la Thérapeutique sacrée et l'Alchimie dont l'aspirant avait entrevu l'existence au 2º degré de son initiation.

« Il n'y a pas eu qu'un seul ordre, l'ordre naturel,

d'étudié dans la science antique ; il y en a eu quatre, comme je l'ai indiqué dans les chapitres précédents.

« Trois d'entre eux embrassaient la Nature naturante, la Nature naturée et enfin la Nature humaine qui leur sert de lien ; et leur hiérogramme était ÉVÈ, la Vie.

« Le quatrième, représenté dans la tradition moïsiaque par la première lettre du nom de IEVE, correspondait à une tout autre hiérarchie de connaissances, marquée du nombre dix (1). »

« Un fait certain, c'est que dans ce cycle de civilisation, l'Unité du Genre humain dans l'Univers, l'Unité de l'Univers en Dieu, l'Unité de Dieu en Lui-Même étaient enseignées non pas comme une superstition primaire, obscure et obscurantiste, mais comme le couronnement lumineux, éblouissant, d'une quadruple hiérarchie de sciences, animant un culte biologique, dont le Sabéisme était la forme.

« Le nom du Dieu suprême de ce cycle, Iswara, Epoux de la Sagesse vivante, de la Nature naturante, Pracriti, est le même que Moïse tira, près de cinquante siècles ensuite, de la Tradition Kaldéenne des Abramides et des sanctuaires de Thèbes pour en faire le symbole cyclique de son mouvement : Iswara-El, ou, par contraction, Israël, Intelligence ou Esprit royal de Dieu (2). »

D'après ce qui précède on voit que l'enseignement

---

(1) Saint-Yves, p. 121.
(2) Saint-Yves d'Alveydre, p. 99.

de la science antique se réduisait aux quatre degrés suivants :

1° Étude de la force universelle dans ses manifestations vitales.  Sciences physiogoniques ה

2° Étude de cette force dans ses manifestations humaines.  Sciences androgoniques י

3° Étude de cette force dans ses manifestations astrales.  Sciences cosmogoniques ה

4° Étude de cette force dans son essence et mise en pratique des principes découverts.  Sciences théogoniques י

# DEUXIEME PARTIE

## Réalisation

---

## CHAPITRE IV

DE L'EXPRESSION DES IDÉES. — LES SIGNES. — ORIGINE DU LANGAGE. — LES HISTOIRES SYMBOLIQUES ET LEUR INTERPRÉTATION. — LA TABLE D'ÉMERAUDE D'HERMÈS ET SON EXPLICATION. — LE TELESME. — L'ALCHIMIE. — EXPLICATION DES TEXTES HERMÉTIQUES. — LA GÉOMÉTRIE QUALITATIVE. — LES NOMS PROPRES ET LEUR UTILITÉ.

Poursuivant jusqu'au fond du sanctuaire notre étude de la science antique nous avons successivement abordé les idées les plus générales qu'elle renfermait.

Mais là ne doit point se borner notre œuvre.

L'idée, tant qu'elle reste dans le cerveau de son créateur, est invisible pour le reste des hommes.

Ceux-ci ne pouvant, en général, communiquer entre eux que par les sens ne percevront cette idée qu'une fois sensibilisée.

L'idée, c'est l'invisible. Pour rendre visible cet invisible, il faut employer un signe.

J'entends par Signe tout moyen extérieur dont l'homme se sert pour manifester ses idées.

Les éléments du Signe sont : la voix, le geste et les caractères tracés.

Ses matériaux : le son, le mouvement et la lumière (1).

C'est l'étude des Signes qu'il nous faut maintenant entreprendre afin de voir la façon dont le prêtre égyptien exprimait les idées qu'il avait reçues de l'initiation.

Quel plus beau sujet de recherches pour le penseur que celui de l'origine des langues humaines?

Il est curieux de voir deux hommes d'une pénétration et d'une érudition remarquables, Claude de Saint-Martin, le philosophe inconnu, et Fabre d'Olivet, arriver, par des voies différentes, à des conclusions presque identiques au sujet de cette importante question.

Tous deux se révoltent contre le système des sensualistes, repris dans ces derniers temps par les positivistes, affirmant que les langues sont le résultat arbitraire des caprices humains, et tous deux ont été conduits dans leur étude par la connaissance profonde de la langue hébraïque.

Qui faut-il croire? Ceux qui ne savent à peine qu'une ou deux langues modernes sans connaître leurs origines, ou ceux qui se sont élevés par l'étude de toutes les langues antiques jusqu'à la connaissance des trois langues mères, le Chinois, le Sans-

---

(1) Fabre d'Olivet, *Lang. héb. rest.* Voy. aussi Claude de Saint-Martin, *le Crocodile.*

crit et l'Hébreu (1), ceux qui de l'origine des races humaines proclament l'existence d'une RAISON élevée ?

« De quelque manière que l'on envisage l'origine du genre humain, le germe radical de la pensée n'a pu lui être transmis que par un signe et ce signe suppose une idée mère (2).

« Oui, si je suis point trompé par la faiblesse de mon talent, je ferai voir que les mots qui composent les langues, en général, et ceux de la langue hébraïque en particulier, loin d'être jetés au hasard et formés par l'explosion d'un caprice arbitraire, comme on l'a prétendu, sont, au contraire, produits par une raison profonde ; je prouverai qu'il n'en est pas un seul qu'on ne puisse, au moyen d'une analyse grammaticale bien faite, ramener à des éléments fixes, d'une nature immuable pour le fond, quoique variable à l'infini pour la forme.

« Ces éléments, tels que nous pouvons les examiner ici, constituent cette partie du discours à laquelle j'ai donné le nom de *Signe*. Ils comprennent, je l'ai dit, la voix, le geste et les caractères tracés (3).

« Remontons encore plus haut et nous allons voir l'origine de ces Signes :

« J'ai désigné comme éléments de la Parole, la voix, le geste et les caractères tracés ; comme moyens, le son, le mouvement et la lumière ; mais

---

(1) Fabre d'Olivet, *Lang. héb. rest.*, Dissertation, introduct.
(2) Saint-Martin, *les Signes et les Idées* (dans *le Crocodile*).
(3) Fabre d'Olivet, *la Lang. héb. restituée*.

ces éléments et ces moyens existeraient vainement, s'il n'existait pas en même temps une puissance créatrice, indépendante d'eux, qui se trouve intéressée à s'en emparer et capable de les mettre en œuvre. Cette puissance, c'est la Volonté.

« Je m'abstiens de nommer son principe ; car outre qu'il serait difficilement conçu, ce n'est pas ici le lieu d'en parler. Mais l'existence de la Volonté ne saurait être niée, même par le sceptique le plus déterminé, puisqu'il ne pourrait la révoquer en doute sans le vouloir, et par conséquent sans la reconnaître.

« Or, la voix articulée, et le geste affirmatif ou négatif, ne sont et ne peuvent être que l'expression de la Volonté. C'est elle, c'est la Volonté, qui, s'emparant du son et du mouvement, les force à devenir ses interprètes, et à réfléchir au dehors ses affections intérieures.

« Cependant si la Volonté est une, toutes ses affections quoique diverses doivent être identiques, c'est-à-dire être respectivement les mêmes pour tous les individus qui les éprouvent. Ainsi, un homme voulant, et affirmant sa volonté par le geste, ou par l'inflexion vocale, n'éprouve pas une autre affection que tout homme qui veut et affirme la même chose. Le geste et le son de voix qui accompagnent l'affirmation ne sont point ceux destinés à peindre la négation ; et il n'est pas un seul homme sur la terre auquel on ne puisse faire entendre par le geste, ou par l'inflexion de la voix, qu'on l'aime ou qu'on le hait, qu'on veut ou qu'on ne veut pas une chose qu'il présente. Il ne saurait là y avoir de convention. C'est une puissance identique, qui se manifeste spontanément, et qui, rayonnant d'un foyer volitif, va se réfléchir sur l'autre.

« Je voudrais qu'il fût aussi facile de démontrer que c'est également sans convention, et par la seule force de la Volonté, que le geste ou l'inflexion vocale affectés à l'affirmation ou à la négation se transforment en des mots divers ; et comment il arrive, par exemple, que les mots oui et non (1) ayant le même sens et entraînant la même inflexion et le même geste, n'ont pourtant pas le même son ; mais si cela était aussi facile, comment l'origine de la Parole serait-elle restée jusqu'à présent inconnue ?

« Comment tant de savants, armés tour à tour de la synthèse et de l'analyse, n'auraient-ils pas résolus une question aussi importante pour l'homme ? Il n'y a rien de conventionnel dans la Parole, j'espère le faire sentir à ceux de mes lecteurs qui voudront me suivre avec attention ; mais je ne promets pas de leur prouver une vérité de cette nature à la manière des géomètres ; sa possession est d'une trop haute importance pour qu'on doive la renfermer dans une équation algébrique.

« Revenons. Le son et le mouvement mis à la disposition de la Volonté sont modifiés par elle ; c'est-à-dire qu'à la faveur de certains organes appropriés à cet effet le son est articulé et changé en voix ; le mouvement est déterminé et changé en geste. Mais la voix et le geste n'ont qu'une durée instantanée, fugitive. S'il importe à la volonté de l'homme de

---

(1) כה et לא.

faire que le souvenir des affections qu'elle manifeste au dehors survive aux affections elles-mêmes, et cela lui importe presque toujours, alors, ne trouvant aucune ressource pour fixer ni peindre le son, elle s'empare du mouvement, et à l'aide de la main, son organe le plus expressif, trouve, à force d'efforts, le secret de dessiner sur l'écorce des arbres, ou de graver sur la pierre, le geste qu'elle a d'abord déterminé.

« Voilà l'origine des caractères tracés, qui, comme image du geste et symbole de l'inflexion vocale, deviennent l'un des éléments les plus féconds du langage, étendent rapidement son empire et présentent à l'homme un moyen inépuisable de combinaison. Il n'y a rien de conventionnel dans leur principe, car *non* est toujours non et *oui* est toujours oui : un homme est un homme. Mais comme leur forme dépend beaucoup du dessinateur, qui éprouve le premier la volonté de peindre ses affections, il peut s'y glisser assez d'arbitraire, et elle peut varier assez pour qu'il soit besoin d'une convention pour assurer leur authenticité et autoriser leur usage. Aussi n'est-ce jamais qu'au sein d'une peuplade avancée dans la civilisation et soumise aux lois d'un gouvernement régulier qu'on rencontre l'usage d'une écriture quelconque. On peut être sûr que là où sont les caractères tracés, là sont aussi les formes civiles. Tous les hommes parlent et se communiquent leurs idées, tels sauvages qu'ils puissent être, pourvu qu'ils soient des hommes ; mais tous n'écrivent pas, parce qu'il n'est nullement besoin de convention pour l'établissement d'un langage, tandis qu'il en est toujours besoin pour celui d'une écriture.

« Cependant quoique les caractères tracés supposent une convention, ainsi que je viens de le dire, il ne faut point oublier qu'ils sont le symbole de deux choses qui n'en supposent pas, l'inflexion vocale et le geste. Celles-ci naissent de l'explosion spontanée de la Volonté. Les autres sont le fruit de la réflexion (1).

En possession des signes capables d'exprimer son idée, l'initié devait encore se plier à une autre considération : le choix de son lecteur futur.

Il fallait créer une langue s'adaptant d'avance à l'intelligence de celui à qui elle était destinée, une langue telle qu'un mot, ne présentant au vulgaire qu'un ensemble de signes bizarres, devînt pour le voyant une révélation :

« Bien autrement faisaient, au temps jadis, les sages d'Égypte quand ils écrivaient par lettres qu'ils appelaient hiéroglyphes lesquelles nul n'entendait qui n'entendît, et un chacun entendait qui entendît la VERTU, PROPRIÉTÉ et NATURE des choses par icelles figurées.

« Desquelles Orus Apollon a en grec composé deux livres et Polyphile au songe d'amour en a davantage exposé. » (Rabelais, livre I, chap. IX.)

L'idée théorique qui présida au choix de cette langue fut celle de la gradation hiérarchique Ternaire les TROIS MONDES indiqués par Rabelais dans la citation ci-dessus.

Cette idée d'enfermer certaines connaissances dans un cercle spécial est tellement commune à

---

(1) Fabre d'Olivet, *Lang. héb. rest.*, chap. IV, § 1.

toutes les époques que nous voyons, en ce siècle de divulgation et de diffusion à outrance, les sciences communes, mathématiques, histoire naturelle, médecine, s'entourer d'un rempart de mots spéciaux. Pourquoi s'étonner de retrouver le même usage en action parmi les anciens ?

Reportons-nous au triangle des trois mondes FAITS-LOIS-PRINCIPES, et nous allons voir l'initié en possession de trois moyens différents d'exprimer une idée par le *sens positif*, le *sens comparatif* ou le *sens superlatif*.

1° — L'initié peut se servir de mots compris par tous en changeant simplement la valeur des mots suivant la classe d'intelligences qu'il veut instruire.

Prenons un exemple simple tel que l'idée suivante :

*Un enfant nécessite un père et une mère.*

S'adressant à tous, sans distinction aucune de classe, l'écrivain parlera au sens positif et dira :

*Un enfant nécessite un père et une mère.*

S'il veut retrancher de la compréhension de cette idée les gens à l'intelligence matérielle, ceux qu'on désigne sous le terme collectif de : le Vulgaire, il parlera au sens comparatif, montant du domaine des FAITS dans le domaine des LOIS en disant :

*Le Neutre nécessite un positif et un négatif ;*
*L'Équilibre nécessite un actif et un passif.*

Les gens qui sont versés dans l'étude des Lois de la nature, ceux qu'on désigne en général à notre époque sous le nom de *savants*, comprendront parfaitement le sens de ces Lois inintelligibles pour le paysan.

Mais faut-il retrancher de la connaissance d'une vérité ces savants devenus théologiens ou persécuteurs, l'écrivain s'élève encore d'un degré, il pénètre de plain-pied dans le domaine de la symbolique en entrant dans le MONDE des PRINCIPES et dit :

*La Couronne nécessite la Sagesse et l'Intelligence.*

Le Savant, habitué à résoudre les problèmes qui se présentent à lui, comprend les mots isolément, mais ne peut saisir le rapport qui les lie. Il est capable de donner un sens à cette phrase ; mais la base solide lui manque ; il n'est pas sûr d'interpréter exactement ; aussi hausse-t-il les épaules quand des phrases analogues à celle-là lui apparaissent dans les livres hermétiques et passe-t-il outre en s'écriant : Mysticisme et Fourberie !

N'était-ce pas là le désir de l'écrivain ?

2° — L'initié peut employer des signes différents suivant ceux à qui il veut s'adresser.

C'était cette méthode qu'employaient de préférence les prêtres égyptiens qui écrivaient en hiéroglyphes, en langue phonétique ou en langue idéographique suivant le cas (1).

Mais éclairons encore ceci par des exemples en employant, pour plus de clarté, la même idée que dans le premier cas :

*Un enfant nécessite un père et une mère.*

S'adressant à la masse, le prêtre dessinera tout

---

(1) Voir Fabre d'Olivet et Saint-Yves d'Alveydre.

simplement un enfant entre son père et sa mère ou dira la phrase textuelle.

S'il veut restreindre le nombre des lecteurs, il abordera le Monde des Lois et les signes algébriques compris du savant viendront s'aligner ainsi :

Soit le signe ∞ désignant le neutre, l'enfant, on écrira :

∞ nécessite + et − ou (+) + (−) = (∞)

S'il veut encore restreindre le domaine de la compréhension, il abordera les signes idéographiques correspondant aux principes et dira :

astrologiquement : ☉ + ☽ = ☿
ou géométriquement : | + — = ×

Nous verrons tout à l'heure que ces signes, qui ont encore le don d'exaspérer les curieux, ne sont pas pris arbitrairement ; mais qu'au contraire une raison profonde préside à leur choix.

3° — L'emploi de la géométrie qualitative permet encore une autre méthode : c'est l'emploi d'un seul et même signe qui peut être pris dans des sens différents suivant l'entendement du lecteur.

Ainsi le signe suivant : ☉
ne représentera pour l'illettré qu'un point dans un rond.

Le savant comprendra que ce signe représente une circonférence et son centre ou, astronomiquement, le Soleil et par extension la vérité (il est rare que le savant dépasse ce degré).

L'initié y verra le Principe et son développement, l'Idée dans sa cause, Dieu dans l'Éternité outre les sens précédents. Tout à l'heure nous verrons l'origine de ces interprétations.

Les méthodes dont je viens de parler ont surtout servi à traiter les sujets les plus cachés de l'initiation, on en retrouve l'emploi dans les livres hermétiques et dans les rites de Magie. Il existe un autre moyen employé par toute l'antiquité pour transmettre les vérités découvertes dans les sanctuaires, je veux parler des histoires symboliques.

Quel meilleur moyen pour transmettre une vérité que d'intéresser l'imagination au lieu de la mémoire? Racontez une histoire au paysan, il la retiendra et, de veillée en veillée, les aventures de Vulcain et de Vénus gagneront la postérité. En sera-t-il de même des Lois de Kepler?

J'ai peine, je l'avoue, à me figurer une brave paysanne assise au coin du feu et énumérant les lois astronomiques. L'histoire symbolique contient cependant des vérités autrement importantes.

Le paysan n'y voit qu'un exercice agréable d'imagination; le savant y découvre avec étonnement les lois de la marche du Soleil, et l'initié décomposant les noms propres y voit la clef du grand œuvre et par là comprend les trois sens que cette histoire renferme (1).

---

(1) « La tradition alchimiste veut que l'initiateur ne parle que par paraboles ou au moyen de fables allégoriques, mais non pas de fables inventées à plaisir. Dans le grand œuvre, il n'y a qu'un fait majeur : c'est la transmutation qui se fait suivant des phases admises. Or, comment ne peut-on pas comprendre que la description de ces phases va être abordée avec des sujets différents par tel ou tel auteur? Remarquez que le nouveau venu se piquera toujours d'être plus fort en imagination que son devancier. Les Indous racontent l'incar-

J'ai tenu à donner ces méthodes dans un certain ensemble afin de mettre le lecteur à même de les connaître d'un coup d'œil.

Il nous faut maintenant revenir sur chacune d'elles en fournissant certains développements qui permettent d'en voir clairement la mise en œuvre.

## I

A la première méthode se rattache un résumé admirable de la Science occulte théoriquement et pratiquement, une synthèse lumineuse devant laquelle les initiés se sont toujours inclinés avec respect, je veux parler de la Table d'Émeraude attribuée à Hermès Trismégiste.

Analysons cette page et nous allons y retrouver les idées abordées dans les chapitres précédents; mais auparavant donnons-en l'ensemble.

## TABLE D'ÉMERAUDE D'HERMÈS

« Il est vrai, sans mensonge, très véritable.

« Ce qui est en bas est comme ce qui est en haut et ce qui est en haut est comme ce qui est en bas pour faire les miracles d'une seule chose.

« Et comme toutes choses ont été et sont venues d'Un, ainsi toutes choses sont nées dans cette chose unique par adaptation.

nation de Vichnou; les Egyptiens le voyage d'Osiris; les Grecs la navigation de Jason; les Druides les mystères de Thot; les chrétiens, d'après Jean Dée, la passion de Jésus-Christ; les Arabes les péripéties d'Aladin et de la lampe merveilleuse. » (Louis Lucas, *Roman alchimique*, p. 171.)

« Le soleil en est le père, la lune en est la mère, le vent l'a porté dans son ventre, la terre est sa nourrice ; le père de tout, le Thélème de tout le monde est ici ; sa force est entière si elle est convertie en terre.

« Tu sépareras la terre du feu, le subtil de l'épais, doucement, avec grande industrie. Il monte de la terre au ciel et derechef il descend en terre et il reçoit la force des choses supérieures et inférieures. Tu auras par ce moyen toute la gloire du monde et toute obscurité s'éloignera de toi.

« C'est la force forte de toute force, car elle vaincra toute chose subtile et pénètrera toute chose solide.

« Ainsi le monde a été créé.

« De ceci seront et sortiront d'innombrables adaptations desquelles le moyen est ici.

« C'est pourquoi j'ai été appelé Hermès Trismégiste ayant les trois parties de la philosophie du monde.

« Ce que j'ai dit de l'opération du Soleil est accompli et parachevé. »

*Il est vrai*
*Sans Mensonge*
*Très véritable*

La table d'Émeraude débute par une trinité. Hermès affirme ainsi dès le premier mot la Loi qui régit la Nature entière. Nous savons que le Ternaire se réduit à une hiérarchie désignée sous le nom de : *les Trois Mondes*. C'est donc une même chose considérée sous trois aspects différents que ces mots nous présentent à considérer.

Cette chose, c'est la vérité et sa triple manifestation dans les Trois Mondes :

*Il est vrai.* — Vérité sensible correspondant au Monde physique. — C'est l'aspect étudié par la Science contemporaine.

*Sans Mensonge.* — Opposition de l'aspect précédent. Vérité philosophique, certitude correspondant au Monde métaphysique ou moral.

*Très Véritable.* — Union des deux aspects précédents, la thèse et l'antithèse pour constituer la synthèse. — Vérité intelligible correspondant au Monde divin.

On peut voir que l'explication que j'ai donnée précédemment du nombre Trois trouve ici son application éclatante.

Mais continuons :

| Ce qui est en haut est comme ce qui est en bas | et | Ce qui est en bas est comme ce qui est en haut |

pour faire les miracles d'une seule chose

En disposant ainsi cette phrase nous retrouvons d'abord deux Ternaires ou plutôt un Ternaire considéré sous deux aspects *positif* et *négatif* :

| positif | { haut analogue à bas | négatif | { bas analogue à haut |

Nous retrouvons ensuite l'application de la méthode de la Science occulte, l'analogie. — Hermès dit que le positif (haut) est *analogue* au négatif (bas), il se garde bien de dire qu'ils sont semblables.

Enfin nous voyons la constitution du quatre par la réduction du trois à l'unité (1) :

*Pour faire les miracles d'une seule chose.*

(1) Voyez la fin du chapitre II.

Ou du *sept*, par la réduction du six (les deux Ternaires) à l'unité.

Le quatre et le sept exprimant la même chose (1), on peut prendre avec certitude l'une quelconque des deux applications.

Rapprochons l'explication de la seconde phrase de l'explication de la première, et nous verrons :

*Qu'il faut considérer une Vérité dans son triple aspect physique, métaphysique et spirituel avant tout.*

*C'est alors seulement qu'on peut appliquer à cette connaissance la méthode analogique qui permettra d'apprendre les Lois.*

*Enfin qu'il faut réduire la multitude des Lois à l'unité par la découverte du Principe ou de la Cause première.*

Hermès aborde ensuite l'étude des rapports du multiple à l'unité, ou de la Création au Créateur, en disant :

*Et comme toutes choses ont été et sont venues d'UN, ainsi toutes choses sont nées dans cette chose unique par adaptation.*

Voilà dans quelques mots tout l'enseignement du sanctuaire sur la création du Monde. La création par adaptation ou par le quaternaire développée dans le *Sepher Jesirah* (2) et dans les dix premiers chapitres du *Bœreschit* de Moïse (3).

Cette chose unique d'où tout dérive, c'est la

---

(1) Voyez la fin du chapitre II.
(2) Voy. la Traduction que j'ai faite de ce livre si important dans le n° 7 du *Lotus* (octobre 1887).
(3) Voy. Fabre d'Olivet, *la Langue hébraïque restituée*.

Force universelle dont Hermès décrit la génération :

| | | |
|---|---|---|
| Le Soleil | (positif) | en est le Père |
| La Lune | (négatif) | en est la Mère |
| Le Vent | (récepteur) | l'a porté dans son ventre |
| La Terre | (matérialisation / accroissement) | est sa nourrice. |

Cette chose qu'il appelle Thélème (Volonté) est d'une telle importance qu'au risque d'allonger démesurément cette explication, je vais montrer l'opinion de plusieurs auteurs à son sujet :

« Il existe un agent mixte, un agent naturel et divin, corporel et spirituel, un médiateur plastique universel, un réceptacle commun des vibrations du mouvement et des images de la forme, un fluide et une force qu'on pourrait appeler en quelque manière l'imagination de la nature.

« Par cette force tous les appareils nerveux communiquent secrètement ensemble ; de là naissent la sympathie et l'antipathie ; de là viennent les rêves ; par là se produisent les phénomènes de seconde vue et de vision surnaturelle. Cet agent universel des œuvres de la nature c'est *l'od* des Hébreux et du chevalier de Reichembach, c'est la lumière astrale des Martinistes.

« L'existence et l'usage possible de cette force sont le grand arcane de la magie pratique.

« La lumière astrale aimante, échauffe ; éclaire, magnétise ; attire, repousse ; vivifie, détruit ; coagule, sépare ; brise, rassemble toutes choses sous l'impulsion de volontés puissantes. » (E. Levi, *H. de la M.*, 19.)

« Les quatre fluides impondérables ne sont que les manifestations diverses d'un même agent universel qui est la lumière. » (E. Levi, *C. des G. M.*, 207.)

« Nous avons parlé d'une substance répandue dans l'infini.

« La substance une qui est ciel et terre, c'est-à-dire, suivant ses degrés de polarisation, subtile ou fixe.

« Cette substance est ce qu'Hermès Trismégiste appelle le grand *Telesma*. Lorsqu'elle produit la splendeur, elle se nomme lumière.

« Elle est à la fois substance et mouvement. C'est un fluide et une vibration perpétuelle. » (E. Levi, *C. des G. M.*, 117.)

« Le grand agent magique se révèle par quatre sortes de phénomènes, et a été soumis au tâtonnement des sciences profanes sous quatre noms : calorique, lumière, électricité, magnétisme.

« Le grand agent magique est la quatrième émanation de la vie-principe dont le soleil est la troisième forme. » (E. Levi, D. 152.)

« Cet agent solaire est vivant par deux forces contraires ; une force d'attraction et une force de projection, ce qui fait dire à Hermès que toujours il remonte et redescend. » (E. Levi, 153.)

נ ח ש

« Le mot employé par Moïse, lu cabalistiquement, nous donne donc la définition et la description de cet agent magique universel, figuré dans toutes les théogonies par le serpent, et auquel les Hébreux donnèrent aussi le nom :

$$d'OD = +$$
$$OB = -$$
$$Aour = \infty$$

א י ו

« La lumière universelle, lorsqu'elle aimante les mondes, s'appelle lumière astrale ; lorsqu'elle forme les métaux, on la nomme azoth ou mercure du sage ; lorsqu'elle donne la vie aux animaux, elle doit s'appeler magnétisme animal. » (E. Levi.)

« Le Mouvement c'est le souffle du Dieu en action parmi les choses créées ; c'est ce principe tout-puissant qui, un et uniforme dans sa nature et dans son origine peut-être, n'en est pas moins la cause et le promoteur de la variété infinie des phénomènes qui composent les catégories indicibles des mondes ; comme Dieu, il anime ou flétrit, organise ou désorganise, suivant des lois secondaires qui sont la cause de toutes les combinaisons et permutations que nous pouvons observer autour de nous. » (L. Lucas, *C. N.*, p. 34.)

« Le Mouvement c'est l'état NON DÉFINI de la force générale qui anime la nature ; le mouvement est une force élémentaire, la seule que je comprenne et dont je trouve qu'on doive se servir pour expliquer *tous* les phénomènes de la nature. Car le mouvement est susceptible de *plus* et de *moins*, c'est-à-dire de condensation et de dilatation, électricité, chaleur, lumière.

« Il est susceptible encore de COMBINAISON de

condensations. Enfin on retrouve chez lui l'ORGANISATION de ces combinaisons.

« Le mouvement supposé ACTIF *matériellement* et *intellectuellement* nous donne la clef de tous les phénomènes. » (Louis Lucas, *Médecine nouvelle*, p. 25).

« Le mouvement supposé non défini est susceptible de *se condenser*, de *s'organiser*, de se concentrer ou *tonaliser*.

« En se *condensant* il fournit une *force* d'un pouvoir *relatif*.

« En *s'organisant* il devient apte à conduire, à *diriger* des *organes* spéciaux, même des faisceaux d'organes.

« Enfin en se *concentrant*, en se *tonalisant*, il lui est possible de réfléchir sur toute la machine et de diriger l'ensemble de l'organisme. » (Louis Lucas, *Médecine nouvelle*, p. 45.)

« Dans l'âme du Monde fluide ambiant qui pénètre toutes choses, il y a un courant d'amour ou d'attraction et un courant de colère ou de répulsion.

« Cet éther électro-magnétique dont nous sommes aimantés, ce corps igné du Saint-Esprit qui renouvelle sans cesse la face de la Terre est fixé par le poids de notre atmosphère et par la force d'attraction du globe.

« La force d'attraction se fixe au centre des corps et la force de projection dans leur contour. Cette double force agit par spirales de mouvements contraires qui ne se rencontrent jamais. C'est le même mouvement que celui du Soleil qui attire et repousse sans cesse les astres de son système. Toute manifestation de la vie dans l'ordre moral comme dans l'ordre physique est produite par la tension extrême de ces deux forces. » (Christian, *l'Homme rouge des Tuileries*.)

Le lecteur curieux d'apprendre ne m'en voudra pas, j'espère, de ces notes, qui éclaircissent le sujet mieux que les plus belles dissertations du monde.

A la suite de l'affirmation de cette force universelle, Hermès aborde l'Occultisme pratique, la régénération de l'Homme par lui-même et de la Matière par l'Homme régénéré.

On trouvera sur ce point des détails suffisants dans *l'Elixir de Vie* publié par un Chéla indou (1) et dans les ouvrages de M$^{me}$ Blavatsky (2), ainsi que dans le Rituel d'Eliphas Levi.

Il est un point cependant que je suis forcé d'aborder pour l'explication de certaines histoires, c'est la Philosophie hermétique.

## DE L'ALCHIMIE

C'est grâce aux alchimistes que les données de la science antique sont, en grande partie, parvenues jusqu'à nous. Aussi ne puis-je m'occuper des principes qui guidaient ces chercheurs sans étudier la Science occulte tout entière. Je me bornerai donc dans ce court aperçu à donner une idée générale de

---

(1) N° 3 du *Lotus*.
(2) *Isis Unveiled*.

la pratique sur laquelle sont basées les histoires symboliques (1).

Certaines personnes pensent qu'il est impossible de connaître la pratique du grand œuvre sans pouvoir fabriquer la pierre philosophale : c'est une erreur. Les alchimistes ont parfaitement décrit les opérations qu'ils exécutaient. Ils ne sont universellement obscurs que sur un point, c'est la matière employée dans les opérations.

Cependant avant d'aborder ce sujet, il faut résoudre deux questions :

1º Qu'est-ce que la pierre philosophale ?

2º Est-ce une fourberie ou a-t-on de son existence des preuves irréfutables ?

Depuis longtemps je cherchais des preuves convaincantes de l'existence de la transmutation sans pouvoir en découvrir. Les faits ne manquent certainement pas, tant s'en faut, mais comme ils avaient été exécutés par des alchimistes, on pouvait les taxer de fourberie et ils n'étaient de nulle valeur pour la critique scientifique.

En feuilletant l'ouvrage remarquable de M. Figuier (2), ouvrage dans lequel cet auteur veut prouver que la transmutation n'a jamais existé, je découvris trois faits constituant des preuves scientifiques, irréfutables, du changement des métaux impurs en or. L'opération avait été exécutée loin de la présence de l'alchimiste qui n'avait touché à aucun instrument et l'opérateur était dans chaque

---

(1) Voy. la Note de Louis Lucas, quelques pages avant celle-ci.

(2) *L'Alchimie et les Alchimistes*.

cas un ennemi déclaré de l'alchimie, ne croyant pas à l'existence de la pierre philosophale.

J'ai du reste publié la critique de ces faits dans le numéro 3 du *Lotus* (1) auquel je renvoie le lecteur curieux. Je prie donc toute personne qui voudrait nier la transmutation de me fournir auparavant une réfutation scientifique de ces expériences que je persiste encore à croire irréfutables.

La pierre philosophale est une poudre qui peut affecter plusieurs couleurs différentes suivant son degré de perfection mais qui, pratiquement, n'en possède que deux, blanche ou rouge.

La véritable pierre philosophale est *rouge*. Cette poudre rouge possède trois vertus :

1º Elle transforme en or le mercure ou le plomb en fusion sur lesquels on en dépose une pincée ; je dis en *or* et non en un métal qui s'en rapproche plus ou moins comme l'a cru, je ne sais pourquoi, un savant contemporain (2).

2º Elle constitue un dépuratif énergique pour le sang et guérit rapidement, prise à l'intérieur, quelque maladie que ce soit ;

3º Elle agit de même sur les plantes en les faisant croître, mûrir et fructifier en quelques heures.

Voilà trois points qui paraîtront bien fabuleux à beaucoup de gens, mais les alchimistes sont tous d'accord à ce sujet.

Il suffit du reste de réfléchir pour voir que ces trois propriétés n'en constituent qu'une seule : renforcement de l'activité vitale.

(1) *La Pierre philosophale prouvée par des faits.*
(2) M. Berthelot.

La pierre philosophale est donc tout simplement une condensation énergique de la Vie (1) dans une petite quantité de matière et elle agit comme un ferment sur le corps en présence desquels on la met. Il suffit d'un peu de ferment pour faire « *lever* » une grande masse de pain ; de même, il suffit d'un peu de pierre philosophale pour développer la vie contenue dans une matière quelconque, minérale, végétale ou animale. Voilà pourquoi les alchimistes appelent leur pierre : médecine des trois règnes.

Nous savons maintenant ce qu'est cette pierre philosophale, assez pour en reconnaître la description dans une histoire symbolique, et là doivent se borner nos ambitions.

Voyons maintenant sa fabrication.

Voici quelles sont les opérations essentielles :

Tirer du Mercure vulgaire un ferment spécial appelé par les alchimistes *Mercure des philosophes*.

Faire agir ce ferment sur l'argent pour en tirer également un ferment.

Faire agir le ferment du Mercure sur l'or pour en tirer aussi du ferment.

Combiner le ferment tiré de l'or avec le ferment tiré de l'argent et le ferment mercuriel dans un matras de verre vert très solide et en forme d'œuf, boucher hermétiquement ce matras et le mettre à cuire dans un fourneau particulier appelé par les alchimistes *athanor*. L'athanor ne diffère des autres fourneaux que par une combinaison qui permet de

---

(1) Voy., dans le chapitre III, l'*Étude sur la Vie universelle*.

chauffer très longtemps et d'une façon spéciale l'œuf susdit.

C'est alors (pendant cette cuisson) et alors seulement que se produisent certaines couleurs sur lesquelles sont basées toutes les histoires alchimiques. La matière contenue dans l'œuf devient d'abord noire, tout semble putréfié, cet état est désigné par le nom de *tête de corbeau*. Tout à coup à cette couleur noire succède une blancheur éclatante. Ce passage du noir au blanc, de l'obscurité à la lumière, est une excellente pierre de touche pour reconnaître une histoire symbolique qui traite de l'alchimie. La matière ainsi fixée au blanc sert à transmuer les métaux impurs (plomb, mercure) en argent.

Si on continue le feu on voit cette couleur blanche disparaître peu à peu, la matière prend des teintes diverses, depuis les couleurs inférieures du spectre (bleu, vert) jusqu'aux couleurs supérieures (jaune, orangé), et enfin arrive au rouge rubis. La pierre philosophale est alors presque terminée.

Je dis presque terminée, car à cet état dix grammes de pierre philosophale ne transmuent pas plus de vingt grammes de métal. Pour parfaire la pierre il faut la remettre dans un œuf avec un peu de mercure des philosophes et recommencer à chauffer. L'opération qui avait demandé un an ne demande plus que trois mois et les couleurs reparaissent dans le même ordre que la première fois.

A cet état la pierre transmue en or dix fois son poids.

On recommence encore l'opération. Elle ne dure qu'un mois, la pierre transmue mille fois son poids de métal.

Enfin on la fait une dernière fois et on obtient la véritable pierre philosophale parfaite, qui transmue dix mille fois son poids de métal en or pur.

Ces opérations sont désignées sous le nom de *multiplication de la pierre*.

Quand on lit un alchimiste il faut donc voir de quelle opération il parle :

1° S'il parle de la fabrication du mercure des philosophes, auquel cas il sera sûrement inintelligible pour le profane.

2° S'il parle de la fabrication de la pierre proprement dite, auquel cas il parlera clairement.

3° S'il parle de la multiplication, et alors il sera tout à fait clair.

Muni de ces données, le lecteur peut ouvrir le livre de M. Figuier et, s'il n'est pas ennemi d'une douce gaieté, lire de la page 8 à la page 52. Il déchiffrera aisément le sens des histoires symboliques qui sont si obscures pour M. Figuier et lui font hasarder de si joyeuses explications.

Témoin l'histoire suivante qu'il traite de grimoire (p. 41) :

| | |
|---|---|
| « Il faut commencer au soleil couchant, lorsque le mari Rouge et l'épouse Blanche s'unissent dans l'esprit de vie pour vivre dans l'amour et dans la tranquillité dans la proportion exacte d'eau et de terre. | Mise dans le matras en forme d'œuf des deux ferments, actif ou Rouge, passif ou Blanc. |
| « De l'Occident avance-toi à travers les ténèbres vers le Septentrion. | Divers degrés du feu. |
| « Altère et dissous le mari entre l'hiver et le printemps, change l'eau en une terre noire et élève-toi à travers les couleurs variées vers l'Orient où se montre la pleine Lune. Après le purgatoire apparaît le soleil blanc et radieux. » (Riplée.) | Tête de corbeau, couleurs de l'œuvre. Blanc. |

En considérant une histoire symbolique il faut toujours chercher le sens hermétique qui était le plus caché et qui s'y trouve presque sûrement. Comme la nature est partout identique, la même histoire qui exprime les mystères du grand œuvre, pourra signifier également le cours du Soleil (mythes solaires) ou la vie d'un héros fabuleux. L'initié seul sera donc en état de saisir le troisième sens (hermétique) des mythes anciens (1), tandis que le savant n'y verra que les premier et deuxième sens (physique et naturel, cours du Soleil, Zodiaque, etc.) et le paysan n'en comprendra que le premier sens (histoire du héros).

Les aventures de Vénus, de Vulcain et de Mars sont célèbres à ce point de vue parmi les alchimistes (2).

D'après tout cela on voit que pour faire la pierre philosophale il faut avoir le temps et la patience. Celui qui n'a pas tué en lui le désir (3) de l'or ne sera jamais riche, alchimiquement parlant. Il suffit pour s'en convaincre de lire les biographies de deux alchimistes du XIXe siècle, Cyliani (4) et Cambriel (5).

## II

Nous avons assez développé la première manière qu'avait l'initié pour rendre ses idées.

---

(1) Voy. Ragon, *Fastes initiatiques*. — *La Maçonnerie occulte*.
(2) *Id., id.*
(3) Voy. l'admirable traité intitulé *Lumière sur le sentier* (chez Carré).
(4) *Hermès dévoilé*.
(5) *Cours d'Alchimie en dix-neuf leçons*.

Revenons maintenant sur la seconde façon et développons, comme nous l'avons promis, l'emploi des signes géométriques ou astrologiques.

Rien n'est plus fastidieux que la liste des rapports entre les figures géométriques et les nombres qu'on trouve un peu partout dans les auteurs qui s'occupent de la Science occulte. Cette sécheresse vient de ce qu'ils n'ont pas jugé à propos de donner la raison de ces rapports.

Pour établir l'alliance des idées aux figures géométriques, il nous faut une base de développement solide, connue déjà de nous. Le point de départ d'où nous allons partir ce sont les nombres.

Il suffit de se reporter à la fin du chapitre II pour comprendre les développements qui vont suivre.

C'est de l'Unité que partent tous les nombres et tous ne sont que des aspects différents de l'Unité toujours identique à elle-même.

C'est du Point que naissent toutes les figures géométriques et toutes ces figures ne sont que des aspects différents du Point (1).

L'*unité* [1] sera analogiquement représentée par le point •

Le premier nombre auquel donne naissance 1, c'est 2. La première figure à laquelle donne naissance le point, c'est la ligne.

Le *deux* [2] sera représenté par la ligne ——
simple ou double                                  — —

---

(1) *La kabbale* est fondée sur la même idée. Toutes les lettres naissent d'une seule, י, *iod*, dont elles expriment tous les aspects comme la nature exprime les divers aspects du Créateur. (Voyez le *Sepher Jésirah*.)

Avec la ligne une autre considération entre en jeu, c'est la direction.

Les nombres se divisent en pairs ou impairs, de même les lignes affectent deux directions principales.

La direction verticale | représente l'Actif.

La direction horizontale — le Passif.

Le premier nombre qui réunit les opposés 1 et 2, c'est le Ternaire 3. La première figure complète, fermée, c'est le triangle.

Le *trois* [3] sera représenté analogiquement par

A partir du nombre 3 nous savons que les chiffres recommencent la série universelle, 4 c'est une octave différente de 1 (1).

Les figures suivantes sont donc des combinaisons des termes précédents, et rien de plus.

Le *quaternaire* [4] sera représenté par des forces opposées deux à deux, c'est-à-dire par des Lignes opposées dans leur direction deux à deux.

$$4 \begin{cases} 2 \text{ forces actives} \\ 2 \text{ forces passives} \end{cases}$$

Quand on veut exprimer une production produite par le 4, on fait croiser les lignes actives et passives de manière à determiner un point central de convergence ; c'est la figure de la croix, image de l'Absolu.

---

(1) Voy. chap II.

« Au chiffre *cinq* [5] répondra l'étoile à cinq pointes symbolisant l'intelligence (la tête humaine) dirigeant les quatre forces élémentaires (les quatre membres).

*Six* (6) = 3 + 3 = △ ▽ = ✡

Les deux ternaires, l'un positif, l'autre négatif.

*Sept* (7) = 4 + 3 = □ △

*Huit* (8) = 4 + 4 = □ □ , ou ✳

*Neuf* (9) = 3 + 3 + 3 = △ △ △

*Dix* (10) = Le cycle éternel = ○

Chaque nombre, avons-nous dit, représente une idée et une forme. Nous sommes à présent capables d'établir ces rapports :

| NOMBRE | IDÉE | FORME |
|---|---|---|
| 1 | Le Principe | • |
| 2 | L'Antagonisme | — — |
| 3 | L'idée | △ |
| 4 | La forme. L'Adaptation | ☐  ┼ |
| 5 | Le Pentagramme | ☆ |
| 6 | L'Equilibre des idées | △ ▽ |
| 7 | La Réalisation. Alliance de l'idée et de la Forme | △ sur ☐ |
| 8 | L'équilibre des formes | ☐ sur ☐   ✳ |
| 9 | Perfection des idées | △ sur ✡ |
| 10 | Le Cycle éternel | ◯ |

D'autres signes sont employés par les initiés et par cela même indispensables à connaître; ce sont les signes qui désignent les planètes. Ils sont d'autant plus importants que chacun d'eux peut s'expliquer par la géométrie qualitative dont nous venons de parler (1). Je n'aborderai point ici cette étude qui nous conduirait loin sans résultat immédiat pour m'occuper uniquement de leur génération.

L'actif et le passif sont représentés dans les planètes par le Soleil() et la Lune (☽).

Leur action réciproque donne naissance aux quatre éléments figurés par la croix (†).

♄ Saturne c'est la lune dominée par les éléments.

♃ Jupiter ce sont les éléments dominés par la Lune.

♂ Mars c'est la partie ignée du signe zodiacal du Bélier agissant sur le Soleil.

♀ Vénus c'est le Soleil dominant les éléments.

Enfin la synthèse de tous les signes précédents c'est Mercure contenant en lui le Soleil, la Lune et les éléments.

☿

Nous reviendrons dans le chapitre VI sur le grand pantacle alchimique.

Si l'utilité de ces signes n'apparaît pas de prime abord, nous en verrons dans la suite l'application.

Mais pour exercer ces données, traduisons en langage géométrique les premières phrases de la Table d'Émeraude :

La vérité dans les trois mondes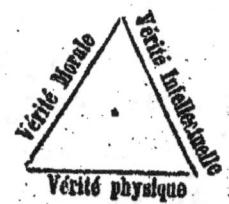

(1) Voir: *Monas Hieroglyphica* de Jean Dée, in theatrum chemicum.

Ce qui est en haut
  est comme
ce qui est en bas

Pour accomplir les miracles d'une seule chose

Et comme toutes choses ont été et sont venues d'un

Ainsi toutes choses sont nées dans cette chose unique par adaptation (La croix est le signe de l'adaptation)

### III

Si nous voulions parler longuement des histoires symboliques, troisième méthode employée dans l'antiquité, il faudrait revoir toute la mythologie. Outre que ce travail a déjà été entrepris (1), le cadre de notre sujet ne nous permet pas de le faire.

Cependant je ne voudrais pas quitter ce chapitre sans citer quelques extraits qui montrent bien la façon dont les traducteurs de la Bible sont tombés dans l'erreur en prenant les textes au sens matériel. Fabre d'Olivet s'est élevé avec justice contre ces prétentions, Saint-Yves d'Alveydre nous éclairera davantage en réhabilitant la pensée de Moïse.

« Pour délivrer le législateur des Hébreux des calomnies théologiques dont il a été l'objet au sujet du Père du Genre Humain, je prie le lecteur de soulever avec moi le triple voile dont j'ai parlé.

(1) Ragon, *Maçonnerie occulte*.

« Similitude de IEVE masculin et féminin comme lui, Adam a une signification bien plus vaste encore que ce que les naturalistes formulent malgré eux, quand, voulant exprimer la Puissance cosmogonique qui spécifie l'homme, en tant qu'individu physique, ils appellent cette puissance le Règne Hominal.

« Adam est l'hiérogramme de ce principe universel ; il représente l'âme intelligente de l'Univers lui-même, Verbe Universel animant la totalité des système solaires non seulement dans l'Ordre visible, mais aussi et surtout dans l'Ordre invisible.

« Car lorsque Moïse parle du principe animateur de notre Système solaire, ce n'est plus Adam qu'il mentionne, mais Noah.

« Ombre de IEVE, pensée vivante et Loi organique des Ælohim, Adam est l'Essence céleste d'où émanent toutes les Humanités passées, présentes, futures, non seulement ici-bas, mais à travers l'immensité des cieux.

« C'est l'Ame universelle de Vie, Nephesh Haiah, de cette substance homogène, que Moïse appelle Adamah, ce que Platon nomme la Terre supérieure.

« Or ici je n'interprète nullement, j'exprime littéralement la pensée cosmogonique de Moïse ; car, tel est l'Adam des sanctuaires de Thèbes et du Bœreschit, le grand Homme céleste de tous les anciens temples, depuis la Gaule jusqu'au fond des Indes (1). »

« Le fameux serpent du prétendu jardin de délices

---

(1) Saint-Yves d'Alveydre, p. 185, *Adam*.

ne signifie pas autre chose, dans le texte égyptien de Moïse, que ce que Geoffroy Saint-Hilaire vient d'exprimer (l'attraction de soi pour soi) : Nahash, l'Attraction originelle dont l'hiéroglyphe était un serpent dessiné d'une certaine manière.

« Le mot Haroum dont le législateur des Hébreux fait suivre l'hiérogramme précédent, est le fameux Hariman du premier Zoroastre et exprime l'entraînement universel de la Nature naturée, causé par le principe précédent (2). »

« Quant au prétendu Eden, voici ce qu'il signifie dans le texte hermétique de Moïse, prêtre d'Osiris :

« Gan-Bi-Héden, séjour d'Adam-Eve, représente l'Organisme de la Sphère universelle du Temps, l'Organisation de la Totalité de ce qui est temporel.

« Les fameux fleuves qui sont au nombre de quatre en un, c'est-à-dire qui forment un quaternaire organique, n'expriment pas plus le Tigre et l'Euphrate, que le Tibre, la Seine ou la Tamise, car, encore une fois, les dix premiers chapitres de Moïse sont une Cosmogonie et non une géographie.

« Aussi ces prétendus fleuves sont en réalité des fluides universels qui, partant de Gan, la Puissance organique par excellence, inondent la Sphère temporelle, Heden, le Temps sans borne de Zoroastre, placée elle-même entre deux Eternités, l'une antérieure, Kœdem, l'autre postérieure, Ghôlim (1). »

Enfin je vais montrer, d'après les étymologies phéniciennes de quelques noms mythologiques grecs,

---

(1) Saint-Yves d'Alveydre, *Mission des Juifs*. Ouroboros.
(2) Saint-Yves d'Alveydre, *Mission des Juifs*, p. 186. Les Quatre fleuves.

la réalité de l'importance des noms propres pour exprimer rationnellement la plupart des mythes anciens.

## EURIDICE

Euridice (ευρυδικη) ראה (rohe) Vision, Clarté, Évidenc. דיש (dich) ce qui montre ou enseigne précédés de ευ (bien).

Le nom de cette épouse mystérieuse qu'il voulut en vain rendre à la lumière ne signifie que la doctrine de la vraie science, l'enseignement de ce qui est beau et véritable dont Orphée essaya d'enrichir la terre. Mais l'homme ne peut point envisager la vérité, avant d'être parvenu à la lumière intellectuelle, sans la perdre ; s'il ose la contempler dans les ténèbres de sa raison elle s'évanouit. Voilà ce que signifie la fable que chacun connaît d'Euridice retrouvée et perdue. » (Fabre d'Olivet).

## HÉLÈNE — PARIS — MÉNÉLAS

*Hélène* (la Lune) { הלל idée de splendeur, de gloire, d'élévation (1).

*Paris* Παρις { בר ou פר (Bar ou Phar) toute génération, propagation, extension יש (Ish) L'Être principe.

(1) Cette Hélène dont le nom appliqué à la Lune signifie la resplendissante, cette femme que Paris enlève à son époux Ménélas n'est autre chose que le symbole de l'âme humaine ravie par le principe de la Génération à celui de la Pensée, au sujet de laquelle les passions morales et physiques se déclarent la guerre.

*Ménélas*
Μενελαος
{
מן (*Men*) tout ce qui détermine, règle, définit une chose. La faculté rationnelle, la raison, la mesure (latin *Mens-Mensura*).

אש (*Aôsh*) l'Être principe agissant; au-devant duquel on place le préfixe ל (L) pour exprimer la relation génitive.

MENEH-L-AOSH La faculté rationnelle ou régulatrice de l'Être en général, de l'homme en particulier.
}

## QUELQUES SENS DE NOMS PROPRES

Θεος    אש (*Aôs*) un Être principe, précédé de la lettre hémantique ת (θ th) qui est le signe de la perfection.

Ηρωας    איש précédé de הדר (*herr*) exprimant tout ce qui domine.

Δαιμων (Δημ) la Terre, réuni au mot ων l'existence.

Εον    (Αιων) אי (*Aï*) un principe de volonté, un point central de développement.

ירך (*Iôn*) La faculté générative.

Ce dernier mot a signifié, dans un sens restreint, une colombe, et a été le symbole de Vénus. C'est le fameux *Yoni* des Indiens, et même le *Yn* des Chinois, c'est-à-dire la nature plastique de l'Univers. De là le nom d'Ionie donné à la Grèce.

| | |
|---|---|
| *Poésie* (ποιησις) | פאה (*Phohe*) Bouche, voix, langage, discours.<br>יש (*Ish*) Un être supérieur. Un être principe, au figuré Dieu. |
| *Appolon* | אב (*Ab* ou *Ap*) joint à *Wôlon*. Le père universel, infini éternel. |
| *Dionysos* (Διονυσος) | Διος Le dieu vivant (génitif).<br>νοος L'esprit et l'Entendement.<br>L'Entendement du Dieu vivant. |
| *Orphée* | אור (*Aour*) Lumière.<br>רפא (*Rophœ*) Ce qui montre ou enseigne, précédé de ευ (bien).<br>Qui montre ou enseigne la Lumière. |
| *Hercule* | חרר ou שרר (*Harr* ou *Sharr*) Excelsence, souveraineté.<br>כל (*Col*) Tout. |

(Fabre d'OLIVET.)

# CHAPITRE V

DE L'EXPRESSION ANALYTIQUE DES IDÉES. — TABLEAUX ANALOGIQUES. — LA MAGIE. — LES DIX PROPOSITIONS D' « ISIS DÉVOILÉE » PAR H.-P. BLAVATSKY. — TABLEAU MAGIQUE DU QUATERNAIRE D'AGRIPPA. — L'ASTROLOGIE. — LECTURE DES TABLEAUX ANALOGIQUES. — ADAPTATION DU TERNAIRE.

Dans les méthodes employées par l'initié pour exprimer ses idées, nous n'avons jamais vu jusqu'ici la forme générale d'exposition subir le moindre changement. La valeur des signes employés varie ; mais là se borne toute la méthode.

Que faire pour développer dans un harmonieux ensemble les rapports qui existent entre les sujets traités ?

Nous verrons fréquemment, en parcourant un traité occulte, des phrases dans le genre de celle-ci :

*L'aigle se rapporte à l'air,*

phrase incompréhensible si l'on n'en trouve pas la clef.

Cette clef réside tout entière dans une méthode d'exposition établie d'après la méthode générale de la Science occulte : l'analogie.

Cette méthode consiste à exprimer les idées de telle façon que l'observateur puisse saisir d'un coup d'œil le rapport qui existe entre la Loi, le fait et le principe d'un phénomène observé.

Ainsi un fait étant donné, vous pouvez sur-le-champ découvrir la loi qui le régit et le rapport qui existe entre cette loi et une formule d'autres faits.

Comme deux choses (FAITS) analogues à une même troisième (LOI) sont analogues entre elles, vous déterminez le rapport qui existe entre le fait observé et l'un quelconque des autres phénomènes.

Cette méthode, on le voit, analyse, éclaire les histoires symboliques ; aussi n'était-elle employée que dans les temples et entre élève et maître. Elle était basée sur la construction de tableaux disposés d'une certaine façon.

Pour découvrir la clef du système, essayons de le reconstituer de toutes pièces.

Après avoir lu une histoire symbolique j'ai découvert qu'elle renfermait trois sens.

D'abord un sens positif exprimé par la donnée même de l'histoire : un enfant résulte d'un père et d'une mère ; puis un sens comparatif exprimé par les rapports des personnages : rapport de la Lumière, de l'Ombre et de la Pénombre ; enfin un sens hermétique et par là même très général : Loi de production de la Nature, le Soleil et la Lune produisant le Mercure.

La loi qui domine tout cela, c'est la loi du Trois. Les principes sont l'actif, le passif et le neutre.

Pour découvrir les rapports qui existent entre ces trois faits : *production de l'Enfant, production de la Pénombre, production du Mercure*, je les écris l'un au-dessous de l'autre en remarquant bien quel est le principe actif (+), le principe passif (—) et le principe neutre (∞) ainsi qu'il suit :

| + | — | ∞ |
|---|---|---|
| Père | Mère | Enfant |
| Lumière | Ombre | Pénombre |
| Soleil | Lune | Mercure |

Il suffit d'un coup d'œil jeté sur ce tableau pour voir que les rapports sont admirablement indiqués. Tous les principes actifs des faits observés sont rangés sous le même signe + qui les gouverne tous. il en est de même des principes passifs et des principes neutres.

Tous les faits sont rangés dans la même disposition en suivant une ligne horizontale, de telle façon qu'en lisant ce tableau verticalement ↧ on voit le rapport des principes entre eux; en le lisant horizontalement ⇉ on voit le rapport des faits aux principes, et en parcourant son ensemble on voit s'en dégager la Loi générale.

$$\text{FAITS} \times \text{PRINCIPES} \times \text{LOIS}$$

Une considération importante qui résulte de cette disposition c'est que, comme tous les faits sont gouvernés par la même loi, ces faits sont analogues entre eux et qu'on peut les remplacer les uns par les autres, en ayant soin de choisir, pour remplacer un mot, un autre mot gouverné par le même principe.

De là, une grande confusion dans l'esprit de ceux qui voient deux faits en apparence discordants accolés l'un à l'autre, comme dans la phrase suivante :

*Notre mercure androgyne est l'enfant du Soleil barbu et de la Lune sa compagne.*

Quel rapport peut-il y avoir entre ce métal, les planètes et la génération qu'on leur attribue ? C'est pourtant une application des tableaux analogiques, car

| | |
|---|---|
| Mercure androgyne (Enfant) | c'est le Neutre |
| Soleil barbu (Père) | c'est l'Actif |
| Lune compagne (Mère) | c'est le Passif |

et voici leurs rapports :

| + | − | ∞ |
|---|---|---|
| Soleil | Lune | Mercure |
| Père | Mère | Enfant |
| Or | Argent | Vif argent |

Si bien que l'alchimiste voulait dire si l'on remplace le Soleil par son équivalent l'Or, et la Lune par son équivalent l'Argent :

*Notre mercure androgyne est l'enfant de l'Or et de l'Argent.*

Rapportons-nous aux quelques mots sur l'alchimie du chapitre précédent et nous comprendrons tout à fait.

D'autres phrases sont aussi faciles à réduire pour celui qui connaît les rapports, tout en restant incompréhensibles pour le profane.

Ainsi l'alchimiste ne dira jamais : changer le Solide en Liquide, mais bien : *convertir la terre* (solide) *en eau* (liquide).

Il résulte de cela que beaucoup d'ignorants prenant les phrases alchimiques à la lettre et lisant :

*Tu changeras l'eau en terre et tu sépareras la terre du feu,*

se sont ruinés avant d'avoir trouvé le moyen de changer l'eau en humus ou de séparer la terre du feu. Ils n'ont pas peu contribué à jeter sur la science occulte le discrédit dont elle jouit aujourd'hui. Il ne faut pas encore aller bien loin pour trouver des gens instruits qui professent gravement que la physique des anciens se réduisait à l'étude de leurs quatre éléments, terre-eau-air-feu. Ce sont ces gens qui trouvent si obscurs les livres hermétiques et pour cause.

Si l'on a bien compris l'emploi de la méthode analogique, on verra tout de suite l'importance des tableaux qui indiquent les rapports entre les divers objets.

Ces rapports étaient d'une utilité extrême dans la pratique de certaines sciences antiques, entre autres la Magie et l'Astrologie.

Il existe de tels préjugés à l'égard de ces sciences que quelques mots d'explications sont nécessaires.

## DE LA MAGIE

La Magie était la mise en pratique des propriétés psychiques acquises pendant les divers degrés de l'initiation.

Les anciens ayant constaté partout l'existence de la Vie avaient aussi remarqué l'influence universelle exercée par la Volonté.

Le développement de la Volonté est donc le but que doit poursuivre tout homme se destinant à commander les forces de la Nature.

On peut donc commander ces forces? demanderez-vous.

Certainement. Mais comme ceci choque au plus haut point les idées contemporaines, je vais exposer les aperçus suivants comme de simples curiosités sans plaider ni le pour ni le contre.

Le monde sensible serait pénétré de toutes parts d'un autre monde échappant à l'action des sens et purement spirituel; le monde visible serait doublé d'un autre monde invisible.

Ce monde invisible serait peuplé d'être spirituels comprenant plusieurs classes.

Les uns, insensibles au bien comme au mal, mais pouvant devenir les instruments de l'un comme de l'autre, sont désignés sous le nom d'esprits élémentaires ou Élémentals.

Les autres, vestiges vitaux des hommes imparfaitement développés, des volontés perverses et des suicidés, sont désignés sous le nom de larves. Ils sont dirigés par une seule chose, le désir toujours inassouvissable.

Enfin ce monde invisible serait encore peuplé de nos idées, agissant comme des êtres réels.

« Chaque pensée de l'homme passe, au moment où elle est développée, dans le monde intérieur où elle devient une entité active par son association, ce que nous pourrions appeler sa fusion, avec un ÉLÉMENTAL, c'est-à-dire avec une des forces semi-intelligentes des règnes de la nature. Elle survit comme une intelligence active, créature engendrée par l'esprit, pendant un temps plus ou moins long suivant l'intensité originelle de l'action cérébrale qui lui a donné naissance.

« Ainsi une bonne pensée est perpétuée comme un pouvoir activement bienveillant; une mauvaise comme un démon malfaisant. Et de la sorte, l'homme peuple continuellement son courant dans l'espace d'un monde à lui où se pressent les enfants de ses fantaisies, de ses désirs, de ses impulsions et de ses passions; ce courant réagit en proportion de son intensité dynamique sur toute organisation sensitive ou nerveuse qui se trouve en contact avec lui. Le Bouddhiste l'appelle son SHANDBA, l'Hindou lui donne le nom de KARMA (1). L'adepte involue consciemment ces formes; les autres hommes les laissent échapper sans en avoir conscience (2). »

L'agent au moyen duquel on agit sur ces forces intellectuelles, c'est la Volonté ! On peut voir dans le chapitre III (3) que les facultés humaines sont,

---

(1) Voy. chap. III, *le Système de Pythagore*.
(2) Kout-Houmi (Sinnet, *Monde occulte*, traduit par Gaboriau, p. 170).
(3) *La Psychologie de Pythagore*.

par elles-mêmes, indifférentes au bien comme au mal, leur portée varie d'après l'impulsion qu'y attache la Volonté. Il en est absolument de même de ces êtres élémentaires.

Il arrive parfois que des êtres humains abandonnent complètement l'usage de leur volonté et cherchent à se mettre en rapport avec le Monde Invisible. C'est alors que les créations perverses, les Larves, trouveraient le moyen d'augmenter leur faible vie en accaparant celle de ces hommes qui, anciennement, constituaient les Sorciers et actuellement constitueraient les Médiums parmi les Spirites.

La différence d'un mage à un sorcier, c'est que le premier sait ce qu'il fait et ce qui en résultera, tandis que le second l'ignore absolument.

L'important c'est donc la Volonté, et toutes les traditions sont unanimes à ce sujet, comme le dit Fabre d'Olivet : « Hiéroclès, après avoir exposé cette première manière d'expliquer les vers dont il s'agit, touche légèrement la seconde en disant que la Volonté de l'homme peut influer sur la Providence, lorsque, agissant dans une âme forte, elle est assistée du secours du ciel et opère avec lui.

« Ceci était une partie de la doctrine enseignée dans les mystères et dont on défendait la divulgation aux profanes. Selon cette doctrine, dont on peut reconnaître d'assez fortes traces dans Platon, la Volonté, évertuée par la foi, pouvait subjuguer la Nécessité elle-même, commander la Nature, et opérer des miracles. Elle était le principe sur lequel reposait la magie des disciples de Zoroastre.

Jésus en disant paraboliquement, qu'au moyen de la foi on pouvait ébranler les montagnes, ne faisait que suivre la tradition théosophique, connue de tous les sages. « La droiture du cœur et la foi triomphent de tous les obstacles, disait Kong-Tzée; tout homme peut se rendre égal aux sages et aux héros dont les nations révèrent la mémoire, disait Meng-Tzée; ce n'est jamais le pouvoir qui manque, c'est la volonté; pourvu qu'on veuille, on réussit. »

Ces idées des théosophes chinois se retrouvent dans les écrits des Indiens, et même dans ceux de quelques Européens, qui, comme je l'ai déjà fait observer, n'avaient point assez d'érudition pour être imitateurs.

« Plus la volonté est grande, dit Bœhme, plus l'être est grand, plus il est puissamment inspiré. » La volonté et la liberté sont une même chose (1).

« C'est la source de la lumière, la magie, qui fait quelque chose de rien. La volonté qui va résolument devant soi est la foi; elle modèle sa propre forme en esprit, et se soumet toutes choses; par elle une âme reçoit le pouvoir de porter son influence dans une autre âme, et de la pénétrer dans ses essences les plus intimes. Lorsqu'elle agit avec Dieu, elle peut renverser les montagnes, briser les rochers, confondre les complots des impies, souffler sur eux le désordre et l'effroi; elle peut opérer tous les prodiges, commander aux cieux, à la mer, enchaîner la mort même; tout lui est soumis. On ne peut rien nommer qu'elle ne puisse commander au

---

(1) Fabre d'Olivet, *Vers dorés*, p. 254. *La Volonté*.

nom de l'Éternel. L'âme qui exécute ces grandes choses ne fait qu'imiter les prophètes et les saints, Moïse, Jésus et les apôtres. Tous les élus ont une semblable puissance. Le mal disparaît devant eux. Rien ne saurait nuire à celui en qui Dieu demeure (1). »

Les rapports du monde visible au monde invisible avaient été appliqués à tous ces êtres spirituels, et les mages leur avaient donné des noms au moyen desquels ils prétendaient les appeler.

Leur aide ne servait qu'à une chose : c'est à concentrer autour de l'adepte une plus grande quantité de Force universelle, de Mouvement, au moyen de laquelle il pouvait produire des résultats proportionnés à l'intensité de ses facultés psychiques.

« Le cerveau humain est un générateur inépuisable de force cosmique de la qualité la plus raffinée, qu'il tire de l'énergie inférieure de la nature brute ; l'adepte complet a fait de lui-même un centre rayonnant de virtualités d'où naîtront corrélations sur corrélations à travers les âges à venir. Tel est la clef du mystérieux pouvoir qu'il possède de projeter et de matérialiser dans le monde visible les formes que son imagination a construites dans l'invisible avec la matière cosmique inerte. L'adepte ne crée rien de nouveau ; il ne fait qu'employer, en les manipulant, des matériaux que la nature a en magasin autour de lui, la matière première qui durant les éternités a passé à travers toutes les formes. Il n'a qu'à choisir celle dont il a besoin, et

---

(1) Jacob Bœhme, Question 6.

la rappeler à l'existence objective. Ceci ne semblerait-il pas à l'un de vos SAVANTS biologistes le rêve d'un fou (1) ? »

Les rapports de l'invisible au visible avaient été étendus à leurs plus grandes limites, si bien qu'on savait la chaîne par laquelle un objet, quel qu'il soit, remontait à l'intelligence de qui il devait sa forme. De là l'emploi de certains objets, de certains caractères pour fixer la volonté dans les opérations magiques.

Ces objets ne servaient qu'à former un point d'appui sur lequel s'appuyait la volonté de l'adepte pour agir comme un puissant aimant sur la force universelle. Un adepte ne peut pas produire un effet contre nature, un miracle, pour la bonne raison que cela n'existe pas.

Je ne saurais mieux expliquer ceci qu'en citant les conclusions d'*Isis dévoilée* de M<sup>me</sup> Blavatsky :

« 1. Il n'y a pas de miracles ; tout ce qui arrive est le résultat de la LOI éternelle, immuable, toujours active. Le miracle apparent n'est que l'opération de forces antagonistes à ce que le D<sup>r</sup> B. Carpenter (membre de la Société Royale), homme de grandes connaissances mais de peu de savoir, appelle les lois bien démontrées de la nature. Comme beaucoup de ses confrères, le D<sup>r</sup> Carpenter ignore un fait, c'est qu'il peut y avoir des Lois autrefois connues et maintenant inconnues à la science.

---

(1) Kout-Houmi (*Loc.*, *cit.*, p. 167).

« 2. La Nature est *tri-une* (1).

« 1° Nature visible, objective;

« 2° Nature invisible, occulte, naturante, modèle exact et principe vital de l'autre.

« 3° Au-dessus de ces deux est l'Esprit, source de toutes forces, éternel et indestructible.

« Les natures inférieures changent constamment; la plus élevée jamais.

« 3. L'homme est aussi tri-un.

« 1° Le corps physique, l'homme objectif.

« 2° Le corps astral, vitalisant ou âme, c'est l'homme réel.

« 3° Ces deux sont tonalisés et illuminés par le troisième, l'immortel Esprit.

« Quand l'homme réel réussit à se fondre dans ce dernier, il devient une entité immortelle.

« 4. La Magie considérée comme science est la connaissance de ces principes et de la voie par laquelle l'omniscience et l'omnipotence de l'Esprit et son contrôle sur les forces de la Nature peuvent être acquis par l'individu tandis qu'il est encore dans le corps.

« Considérée comme art, la Magie est l'application de ces connaissances à la pratique.

« 5. La connaissance des arcanes mésaprise constitue la sorcellerie; mise en usage avec l'idée de **BIEN**, elle constitue la vraie Magie ou la Sagesse.

« 6. Le médium est l'opposé de l'adepte. Le mé-

---

(1) La division ternaire est la base de tout ésotérisme. Toutefois ce ternaire atteint son plein développement dans le Septenaire (Papus).

dium est l'instrument passif d'influences étrangères, l'adepte exerce *activement* sa puissance sur lui-même et sur toutes les puissances inférieures.

« 7. Tout ce qui est, qui fut, ou qui sera étant stéréotypé dans la lumière astrale, tablette de l'univers invisible, l'adepte initié, en usant de la vision de son propre esprit, peut savoir tout ce qui a été connu et tout ce qui le sera.

« 8. Les Races d'Hommes diffèrent en dons spirituels comme en dons corporels (couleur, stature, etc.). Chez certains peuples les voyants prévalent naturellement, chez d'autres ce sont les médiums.

« Quelques-unes sont adonnées à la sorcellerie et se transmettent les règles secrètes de la pratique de génération en génération. Ces règles embrassent des phénomènes psychiques plus ou moins grands.

« 9. Une phase d'habileté magique c'est l'extraction volontaire et consciente de l'homme du dedans (forme astrale), hors de l'homme extérieur (corps physique).

« Dans le cas de quelques médiums cette sortie a lieu ; mais elle est inconsciente et involontaire ; avec eux le corps est plus ou moins catalepsié en ce moment ; mais chez les adeptes on ne peut s'apercevoir de l'absence de la forme astrale, car les sens physiques sont alertes et l'individu semble seulement être dans un état de recueillement, « être autre part » comme on dit.

« Ni le temps ni l'espace n'offrent d'obstacle à la pérégrination de la forme astrale. Le Thaumaturge tout à fait habile en science occulte peut faire en sorte que son corps physique semble disparaître ou prendre en apparence toute forme qu'il lui plaît. Il peut rendre sa forme astrale visible ou lui donner des apparences protéennes. Dans les deux cas le résultat provient d'une hallucination Mesmérique collective des sens de tous les témoins. L'hallucination est si parfaite que celui qui en est le sujet jurerait sa vie qu'il a vu une réalité alors que ce n'est qu'un tableau de son esprit imprimé sur sa conscience par la volonté irrésistible du Mesmériseur.

« Mais tandis que la forme astrale peut aller partout, pénétrer tout obstacle et être vue à toute distance hors du corps physique, ce dernier est sujet aux méthodes ordinaires de transport. Il peut être lévité dans des conditions magnétiques spéciales, mais il ne peut pas passer d'une place à une autre sauf de la manière ordinaire.

« La matière inerte peut, dans certains cas et sous certaines conditions, être désintégrée, passer à travers des murs, puis être reconstituée ; mais cela est impossible avec les organismes vivants.

« Les Swedenborgiens croient et la science des arcanes enseigne que fréquemment l'âme abandonne le corps vivant et que chaque jour, en chaque condition d'existence, nous rencontrons de ces cadavres vivants. Ceci peut être le résultat de causes variées, parmi lesquelles une frayeur, une douleur, un désespoir trop forts, une violente attaque de maladie.

« Dans la « carcasse » vacante peut entrer et

habiter la forme astrale d'un adepte sorcier ou d'un élémentaire (âme humaine désincarnée attachée à la terre) ou encore, mais très rarement, d'un élémental. Un adepte en Magie blanche a naturellement le même pouvoir ; mais, sauf quand il est dans l'obligation d'accomplir un but important et tout à fait exceptionnel, il ne se résoudra pas à se polluer en occupant le corps d'une personne impure.

Dans la folie, l'être astral du patient est, soit demi-paralysé, troublé et sujet à l'influence de toute sorte d'esprit qui passe, soit parti pour toujours et le corps est la possession de quelque entité vampirique en voie de désintégration, qui s'accroche désespérément à la Terre dont elle veut goûter les plaisirs sensuels pendant une courte période allongée par cet expédient.

« 10. La pierre angulaire de la Magie c'est une connaissance pratique et approfondie du Magnétisme et de l'Électricité, de leur qualité, de leur corrélation et de leur potentialité. Ce qui est surtout nécessaire, c'est d'être familiarisé avec leurs effets dans et sur le règne animal et l'homme.

« Il y a des propriétés occultes aussi étranges que que celles de l'aimant dans beaucoup d'autres minéraux que les praticiens en Magie *doivent* connaître, propriétés dont la science dite exacte est complètement ignorante.

« Les plantes aussi ont, à un degré étonnant, des propriétés mystiques et les secrets des herbes de songe et d'enchantement ne sont perdus que pour la science européenne et lui sont inconnus, sauf dans quelques cas bien marqués comme l'opium et le haschich. Et encore les effets psychiques mêmes de ces quelques plantes sur l'organisme humain sont regardés comme des cas évidents de désordre mental temporaire. Les femmes de Thessalie et d'Epire, les femmes hiérophantes des rites de Sabasius n'ont pas emporté leurs secrets lors de la chute de leur sanctuaire. Ils sont toujours conservés et ceux qui connaissent la nature du Soma savent aussi bien les propriétés des autres plantes.

« Pour résumer en peu de mots, la MAGIE est la SAGESSE SPIRITUELLE, la Nature est l'alliée matérielle, la pupille et le serviteur du Magicien. Un principe vital commun remplit toutes choses et ce principe subit la domination de la volonté humaine poussée à perfection. L'adepte peut stimuler les mouvements des forces naturelles dans les plantes et les animaux à un degré supra-naturel. Ces actions, loin d'obstruer le cours de la Nature, agissent, au contraire, comme des adjuvants en fournissant les conditions d'une action vitale plus intense.

L'adepte peut dominer les sensations et altérer les conditions des corps physiques et astraux des autres personnes non adeptes. Il peut aussi gouverner et employer comme il lui plaît les esprits des éléments (1), mais il ne peut exercer son action sur l'*Esprit immortel* d'aucun être humain vivant ou mort, car ces esprits sont à titre égal des étin-

---

(1) Elémentals.

celles de l'essence divine et ne sont sujets à aucune domination étrangère. » (H. P. Blavatsky.)

Ce passage remarquable jette un grand jour sur le secret des pratiques de la magie ainsi que sur les phénomènes obtenus de nos jours par les spirites. Il est toutefois curieux de rechercher l'origine de ces théories concernant les intermédiaires entre l'homme et l'invisible; aussi vais-je encore avoir recours à Fabre d'Olivet :

« Comme Pythagore désignait Dieu par 1, et la matière par 2, il exprimait l'Univers par le nombre 12, qui résulte de la réunion des deux autres. Ce nombre se formait par la multiplication de 3 par 4, c'est-à-dire que ce philosophe concevait le Monde universel comme composé de trois mondes particuliers, qui, s'enchaînant l'un à l'autre au moyen de quatre modifications élémentaires, se développaient en douze sphères concentriques.

« L'Être ineffable qui remplissait ces douze sphères, sans être saisi par aucune, était DIEU. Pythagore lui donnait pour âme la vérité et pour corps la lumière. Les Intelligences qui peuplaient les trois mondes étaient, premièrement, les Dieux immortels proprement dits, secondement les héros glorifiés, troisièmement les Démons terrestres.

« Les Dieux immortels, émanations directes de l'Être incréé et manifestations de ses facultés infinies, étaient ainsi nommés parce qu'ils ne pouvaient jamais tomber dans l'oubli de leur Père, errer dans les ténèbres de l'ignorance et de l'impiété; au lieu que les âmes des hommes qui produisaient, selon leur degré de pureté, les héros glorifiés et les démons terrestres, pouvaient mourir quelquefois à la vie divine par leur éloignement volontaire de Dieu; car la mort de l'essence intellectuelle n'était, selon Pythagore, imité en cela par Platon, que l'ignorance et l'impiété.

« D'après le système des émanations on concevait l'unité absolue en Dieu comme l'âme spirituelle de l'Univers, le principe de l'existence, la lumière des lumières ; on croyait que cette Unité créatrice, inaccessible à l'entendement même, produisait, par émanation, une diffusion de lumière qui, procédant du centre à la circonférence, allait en perdant insensiblement de son éclat et de sa pureté, à mesure qu'elle s'éloignait de sa source jusqu'aux confins des ténèbres dans lesquelles elle finissait par se confondre ; en sorte que ses rayons divergents, devenant de moins en moins spirituels, et, d'ailleurs, repoussés par les ténèbres, se condensaient en se mêlant avec elles et, prenant une forme matérielle, formaient toutes les espèces d'êtres que le Monde renferme.

« Ainsi l'on admettait entre l'Être suprême et l'homme une chaîne incalculable d'êtres intermédiaires dont les perfections décroissaient en proportion de leur éloignement du Principe créateur.

« Tous les philosophes et tous les sectaires, qui admirent cette hiérarchie spirituelle, envisagèrent, sous des rapports qui leur étaient propres, les êtres différents dont elle était composée. Les mages des Perses, qui y voyaient des génies plus ou moins parfaits, leur donnaient des noms relatifs à leurs perfections et se servaient ensuite de ces noms mêmes pour les évoquer : de là vint la magie des Persans que les Juifs ayant reçu par tradition durant leur captivité à Babylone, appelèrent Kabbale. Cette magie se mêla à l'astrologie parmi les Chaldéens qui considéraient les astres comme des êtres animés appartenant à la chaîne universelle des émanations divines ; elle se lia en Egypte aux mystères de la Nature et se renferma dans les sanctuaires, où les prêtres l'enseignaient sous l'écorce des symboles et des hiéroglyphes. Pythagore, en concevant cette hiérarchie spirituelle comme une progression géométrique, envisagea les êtres qui la composent sous des rapports harmoniques et fonda par analogie les lois de l'Univers sur celles de la musique. Il appela harmonie le mouvement des sphères célestes et se servit de nombres pour exprimer les facultés des êtres différents, leurs relations et leurs influences. Hiéroclès fait mention d'un livre sacré attribué à ce philosophe, dans lequel il appelait la Divinité le Nombre des Nombres.

« Platon qui considéra, quelques siècles après, ces mêmes êtres comme des idées et des types, cherchait à pénétrer leur nature, à se les soumettre par la dialectique et la force de la pensée.

« Synésius, qui réunissait la doctrine de Pythagore à celle de Platon, appelait tantôt Dieu le Nombre des Nombres et tantôt l'idée des idées. Les gnostiques donnaient aux êtres intermédiaires le nom d'Eons. Ce nom, qui signifie en égyptien un Principe de Volonté, se développant par une faculté plastique, inhérente, s'est appliqué en grec à une durée infinie (1). »

Pour montrer jusqu'à quel point ces rapports étaient poussés par les anciens maîtres en occultisme, je vais reproduire un des tableaux magiques d'Agrippa, celui du Quaternaire.

Le lecteur pourra voir, par son étude, la façon dont les faits, les lois et les principes sont disposés dans les tableaux analogues. On verra, par exemple, pourquoi, pour commander aux esprits de l'AIR, il faut une plume d'AIGLE (2) d'après les rapports analogiques qui existent entre l'élément et l'oiseau. Toutes ces pratiques ne servent, je le répète, qu'à fixer la volonté.

(1) Fabre d'Ollivet, *Vers dorés de Pythagore.*
(2) Eliphas Levi, *Rituel de Haute Magie.*

## ECHELLE DU 4 A LA CORRESPONDANCE DES ÉLÉMENTS

| | FEU | AIR | EAU | TERRE | |
|---|---|---|---|---|---|
| Archétype | ♌ Michel | ♒ Raphaël | ♏ Gabriel | ♉ Uriel | Archétype |
| Anges des axes du Ciel | Séraphins | Chérubins | Tharsis | Ariel | |
| Chefs des éléments | Lion | Aigle | Homme | Veau | |
| Animaux de Sainteté | Bélier | Jumeaux | Ecrevisse | Taureau | |
| Triplicité des signes | Lion | Balance | Scorpion | Vierge | |
| | Sagittaire | Verseau | Poissons | Capricorne | |
| Etoiles et Planètes | Mars et Soleil | Jupiter et Vénus | Saturne et Mercure | Etoiles fixes et Lune | |
| Qualité des éléments célestes | Lumière | Diaphane | Agilité | Communauté | Macrocosme |
| Eléments | Feu | Air | Eau | Terre | Loi de Gravitation et de Corruption |
| Qualités de ces éléments | Chaud | Humide | Froid | Sec | |
| Temps | Eté | Printemps | Hiver | Automne | |
| Axes du Monde | Orient | Occident | Septentrion | Midi | |
| Genres de mixtes parfaits | Animaux | Plantes | Métaux | Pierres | |
| Sortes d'animaux | Marchant | Volant | Nageant | Reptiles | |
| Eléments des Plantes | Semences | Fleurs | Feuilles | Racines | |
| Métaux | Or et Fer | Cuivre et Etain | Vif Argent | Plomb et Argent | |
| Pierres | Luisantes et ardentes | Légères-Transparentes | Claires-Congelées | Pesantes-Opaques | |
| Eléments de l'Homme | Entendement | Esprit | Ame | Corps | Microcosme |
| Puissances de l'âme | Entendement | Raison | Fantaisie | Sens | Loi de Prudence |
| Puissances judiciaires | Foi | Science | Opinion | Expérience | |
| Vertus morales | Justice | Tempérance | Prudence | Force | |
| Sens | Vue | Ouïe | Goût et Odorat | Toucher | |
| Eléments du corps humain | Esprit | Chair | Humeurs | Os | |
| Quadruple esprit | Animal | Vital | Engendratif | Naturel | |
| Humeurs | Colère | Sang | Pituite | Mélancolie | |
| Complexions | Impétuosité | Gaieté | Paresse | Lenteur | |
| Fleuves des Enfers | Phlegeton | Cocyte | Styx | Achéron | |
| Démons nuisibles | Samael | Azazel | Azael | Mahazael | |
| Maîtres Démons | Orien | Pagnus | Egyen | Amacus | |

Une autre question que je voudrais au moins aborder avant d'aller plus loin est celle de la prédiction des événements futurs. La science divinatoire par excellence c'est l'Astrologie. Si l'on se rappelle les données de la doctrine de Pythagore concernant la Liberté et la Nécessité, il sera facile de voir les raisons théoriques qui guidaient les chercheurs dans ces études. Comme tout est analogique dans la Nature, les lois qui guident les Mondes dans leur course doivent également guider l'humanité, ce cerveau de la Terre, et les hommes ces cellules de l'humanité. Toutefois, l'empire de la Volonté est si grand que, comme on l'a vu tout à l'heure, elle peut aller jusqu'à dominer la Nécessité. De là cette formule qui forme la base de l'astrologie :

*Astra inclinant, non necessitant.*

(Les astres inclinent, mais ne « nécessitent » pas.)

La Nécessité pour l'homme dérive de ses actions antérieures, de ce que les Indous appellent son Karma. Cette idée est aussi celle de Pythagore et par suite de tous les sanctuaires antiques; voici la génération de ce Karma :

« Nirvana, est-il dit dans *Isis*, signifie la certitude de l'immortalité individuelle en ESPRIT, non en AME; celle-ci étant dans une émanation finie, ses particules, composées de sensations humaines, de passions et d'aspirations vers quelque forme objective d'existence, doivent nécessairement se désintégrer avant que l'esprit immortel renfermé dans le MOI soit tout à fait affranchi et, par conséquent, assuré contre toute transmigration nouvelle. Et comment l'homme pourrait-il atteindre cet état, aussi longtemps que l'UPADANA, ce désir de VIVRE et de vivre encore, n'aura pas disparu de l'Être sentant, de l'AHANCARA revêtu, pourtant d'un corps éthéré ?

« C'est *l'Upadana* ou désir intense qui produit la VOLONTÉ, qui développe la FORCE, et c'est cette dernière qui engendre la MATIÈRE, c'est-à-dire un objet ayant une forme. Ainsi le MOI désincarné, rien que parce qu'il a en lui ce désir qui ne meurt pas, fournit inconsciemment des conditions à ses propres générations successives, sous diverses formes ; ces dernières dépendent de son état mental et de son KARMA, c'est-à-dire des bonnes ou mauvaises actions de sa précédente existence, de ce qu'on appelle communément ses MÉRITES et ses DÉMÉRITES. » (M^me Blavatsky.)

C'est donc l'ensemble de ces mérites et de ces démérites qui constitue pour l'homme sa Nécessité. Il en est peu qui sachent mener leur volonté à un développement tel qu'elle influe sur cette destinée ; aussi les inclinations des astres « nécessitent-elles » pour la plupart des hommes.

« L'avenir se compose du passé ; c'est-à-dire que la route que l'homme parcourt dans le temps, et qu'il modifie au moyen de la puissance libre de sa volonté, il l'a déjà parcourue et modifiée ; de la même manière, pour me servir d'une image sensible, que la terre décrivant son orbite annuel autour du soleil, selon le système moderne, parcourt les mêmes espaces, et voit se déployer autour d'elle à peu près les mêmes aspects : en sorte que, suivant de nouveau une route qu'il s'est tracée, l'homme pourrait, non seulement y reconnaître l'empreinte de ses pas, mais prévoir d'avance les objets qu'il va y rencontrer, puisqu'il les a déjà vus, si sa mémoire en conservait l'image et si cette image n'était point effacée par une suite nécessaire de sa nature et des lois providentielles qui la régissent.

« Le principe par lequel on posait que l'avenir n'est qu'un retour du passé ne suffisait pas pour en connaître le canevas ; on avait besoin d'un second principe qui était celui par lequel on établissait que la Nature est semblable partout et, par conséquent, que son action étant uniforme dans la plus petite sphère comme dans la plus grande, dans la plus haute comme dans la plus basse, on peut inférer de l'une à l'autre et prononcer par analogie.

« Ce principe découlait des dogmes antiques sur l'animation de l'Univers, tant en général qu'en particulier : dogme consacré chez toutes les nations et d'après lequel on enseignait que non seulement le Grand Tout, mais les mondes innombrables qui en sont comme les membres, les Cieux, et le Ciel des Cieux, les Astres et tous les Êtres qui les peuplent, jusqu'aux plantes mêmes et aux métaux, sont pénétrés par la même âme et mus par le même Esprit. Stanley attribue ce dogme aux Chaldéens, Kircher aux Égyptiens et le savant Rabbin Maimonides le fait remonter jusqu'aux Sabéens. (1) ».

---

(1) Fabre d'Olivet, *Vers dorés*, p. 273. *Karma*, Unité de l'Univers.

Si nous voulons savoir quelle est l'origine de ces idées sur l'astrologie, nous verrons que, comme toutes les grandes sciences cultivées par l'antiquité, elle était répandue sur toute la surface de la Terre comme le prouve l'auteur que je ne puis me lasser d'invoquer :

« Laisse les fous agir et sans but et sans cause,
Tu dois, dans le présent, contempler l'avenir. »

« C'est-à-dire, tu dois considérer quels seront les résultats de telle ou telle action, et songer que ces résultats dépendant de ta volonté, tandis qu'ils sont encore à naître, deviendront le domaine de la Nécessité à l'instant où l'action sera exécutée, et croissant dans le passé une fois qu'ils auront pris naissance, concourront à former le canevas d'un nouvel avenir.

« Je prie le lecteur, curieux de ces sortes de rapprochements, de réfléchir un moment sur l'idée de Pythagore. Il y trouvera la véritable source de la science astrologique des anciens. Il n'ignore pas, sans doute, quel empire étendu exerça jadis cette science sur la face de la terre. Les Égyptiens, les Chaldéens, les Phéniciens ne la séparaient pas de celle qui règle le culte des Dieux. Leurs temples n'étaient qu'une image abrégée de l'Univers, et la tour qui servait d'observatoire s'élevait à côté de l'autel des sacrifices. Les Péruviens suivaient à cet égard les mêmes usages que les Grecs et les Romains. Partout le grand pontife unissait au sacerdoce la science généthliaque ou astrologique, et cachait avec soin, au fond du sanctuaire, les principes de cette science. Elle était un secret d'état chez les Etrusques et à Rome comme elle l'est encore en Chine et au Japon. Les Brahmes n'en confiaient les éléments qu'à ceux qu'ils jugeaient dignes d'être initiés.

« Or, il ne faut qu'éloigner un moment le bandeau des préjugés, pour voir qu'une science universelle, liée partout à ce que les hommes reconnaissent de plus saint, ne peut être le produit de la folie et de la stupidité, comme l'a répété cent fois la foule des moralistes.

« L'antiquité tout entière n'était certainement ni folle ni stupide, et les sciences qu'elle cultivait s'appuyaient sur des principes qui, pour nous être aujourd'hui totalement inconnus, n'en existaient pas moins (1). »

### ALPHABET D'ASTROLOGIE

Dans ce Traité élémentaire on comprendra qu'il nous est impossible d'aborder en grands détails un sujet aussi vaste et aussi complexe que l'Astrologie. Nous allons donner aux étudiants quelques tableaux très simples qui leur permettront de se reconnaître très bien dans les ouvrages techniques. Nous prions les étudiants d'apprendre *par cœur* ces quelques tableaux et ils verront ainsi beaucoup d'obscurités disparaître.

Ceux qui voudraient étudier complètement cette science trouveront tous les renseignements néces-

---

(1) Fabre d'Olivet, *Vers dorés de Pythagore*, p. 270. Astrologie.

saires dans le *Traité d'Astrologie judiciaire*, d'Abel Haatan (1), et dans le résumé de Selva (2). Pour les rapports de l'Astrologie et de la Magie, voyez notre *Traité élémentaire de Magie pratique*, p. 228 et suiv. (3).

| PLANÈTES | SIGNES | COULEURS | JOURS de la SEMAINE | MÉTAUX |
|---|---|---|---|---|
| Saturne | ♄ | Noir | Samedi | Plomb |
| Jupiter | ♃ | Bleu | Jeudi | Étain |
| Mars | ♂ | Rouge | Mardi | Fer |
| Le Soleil | ☼ | Jaune | Dimanche | Or |
| Vénus | ♀ | Vert | Vendredi | Cuivre |
| Mercure | ☿ | Multicolore | Mercredi | Mercure |
| La Lune | ☽ | Blanc | Lundi | Argent |

Planètes masculines. — Saturne, Jupiter, Mars, le Soleil.

Planètes féminines. — Vénus, la Lune.

Planète neutre (masculine avec les masculins, féminine avec les féminines). — Mercure.

---

Planètes bénéfiques. — Jupiter, Vénus, le Soleil.
— Maléfiques. — Saturne, Mars.
— Neutres. — Mercure, la Lune.

---

(1) 1 vol. in-8, 1895, Chamuel, éditeur, 5, rue de Savoie.
(2) *Id.* *Id.*
(3) *Id.* *Id.*

## PARTIES DU CIEL DOMICILE DES PLANÈTES

|  | Maison principale ou diurne. | Maison secondaire ou nocturne. |
|---|---|---|
| SATURNE. | Capricorne. | Verseau. |
| JUPITER. | Sagittaire. | Poissons. |
| MARS. | Bélier. | Scorpion. |
| SOLEIL. | Lion. | — |
| VÉNUS. | Taureau. | Balance. |
| MERCURE. | Vierge. | Gémeaux. |
| LUNE. | Cancer. | — |

### LES SIGNES DU ZODIAQUE

Voy. les 2 tableaux d'Abel Haatan, p. 51 de son ouvrage.

| Signes de Feu. | Bélier | Lion | Sagitaire. |
|---|---|---|---|
| — de Terre | Taureau | Vierge | Capricorne. |
| — d'Air. | Gémeaux | Balances | Verseau. |
| — d'Eau. | Cancer | Scorpion | Poissons. |

### SITUATIONS RESPECTIVES DES PLANÈTES
#### (Signes courants.)

☌    CONJONCTION ou réunion des planètes.

✱    *Dorutile,*      angle de 30° entre les planètes.

✡    *Sextile,*      — de 60°    —

▢    QUADRATURE,    — de 90°    —

△    *Trine,*      — de 120°    —

   *Quinconce,*      — de 150°    —

☍    OPPOSITION,    — de 180°    —

Quand, par suite des persécutions du pouvoir arbitraire, les initiés furent obligés de sauver les principes de leur science, ils composèrent d'après les astres un livre mystérieux, résumé et clef de toute la science antique, et livrèrent ce livre aux profanes sans leur en donner la clef. Les alchimistes comprirent le sens mystérieux de ce livre et plusieurs de leurs traités, entre autres les douze clefs de Bazile Valentin, sont basés sur son interprétation. Guillaume Postel en retrouva le sens et l'appela *la Genèse d'Henoch* (1), les Rose-Croix le possédèrent également (2) et les initiations élevées n'en ont pas perdu le secret comme le prouvent les ouvrages du théosophe de Saint-Martin (3), établis d'après ces données. On trouvera des développements à ce sujet dans les derniers chapitres du *Rituel de Haute Magie*, d'Eliphas Levi.

J'ai voulu jeter un rapide coup d'œil sur les sciences pour lesquelles les tableaux analogiques sont indispensables ; j'espère que le lecteur ne m'en voudra pas trop.

Les histoires symboliques représentent le sens positif des vérités énoncées, les tableaux correspondent au sens comparatif et à l'analyse de ces vérités;

---

(1) *Clef des choses cachées*, Amsterdam, 1646.
(2) Les Rose-Croix affirment par exemple qu'ils ont un livre dans lequel ils peuvent apprendre tout ce qui est dans les autres livres faits ou à faire (Naudé, cité par Figuier, p. 299).
Il ne faut pas confondre ces Rose-Croix avec les titulaires du 18e degré maçonnique qui portent le même titre et ne savent rien. (Voy. *Francs-Maçons et Théosope*, n° 5 du *Lotus*).
(3) Surtout l'ouvrage suivant : *Tableau naturel des Rapports qui existent entre Dieu, l'Homme et l'Univers.*

nous allons étudier tout à l'heure les signes qui correspondent à la synthèse.

Auparavant deux questions restent à élucider : la construction et la lecture de ces tableaux.

Pour construire un tableau analogique on détermine d'abord le chiffre (1, 2, 3, 4, etc.) dont le tableau est le développement. Ainsi le tableau magique ci-dessous est construit d'après le chiffre 4. Il faudra donc tout d'abord autant de colonnes qu'il y a de principes étudiés, c'est-à-dire autant de colonnes que le chiffre représente d'unités. Prenons comme exemple quatre faits quelconques et déterminons leur position d'après le nombre Trois.

| Osiris | Isis | Horus |
|---|---|---|
| Père | Mère | Enfant |
| Soleil | Lune | Mercure |
| Lumière | Ombre | Pénombre |
| Feu | Eau | Air |

Nous voyons bien un exposé dans ce tableau, mais nous ne savons pas de quoi les faits sont le développement. Aussi est-il nécessaire d'ajouter une colonne supplémentaire aux colonnes précédentes, dans laquelle nous écrirons ce qui nous fait ici défaut.

| 1re COLONNE SUPPLÉMENTAIRE | COLONNE POSITIVE | COLONNE NÉGATIVE | COLONNE NEUTRE |
|---|---|---|---|
| Dieu d'après les Égyptiens | Osiris | Isis | Horus |
| La Famille | Père | Mère | Enfant |
| Les trois Astres | Soleil | Lune | Mercure |
| La Clarté | Lumière | Ombre | Pénombre |
| Les Éléments | Feu | Eau | Air |

Mais tous ces faits, pour aussi nombreux qu'ils soient, se rangent d'après la hiérarchie des Trois

Mondes ; aussi faut-il encore ajouter une colonne, ce qui porte à deux le nombre des colonnes supplémentaires qu'il faut ajouter à tout tableau analogique. Voici le tableau définitif :

| 1re COLONNE SUPPLÉMENT. | + COLONNE POSITIVE | − COLONNE NÉGATIVE | ∞ COLONNE NEUTRE | 2e COLONNE SUPPLÉMENT. |
|---|---|---|---|---|
| Dieu d'après les Égyptiens | Osiris | Isis | Horus | Monde archétype |
| La Famille | Père | Mère | Enfant | Monde moral |
| Les trois Astres | Soleil | Lune | Mercure | |
| La Clarté | Lumière | Ombre | Pénombre | Monde matériel |
| Les Éléments | Feu | Eau | Air | |

Il suffit de se reporter au tableau d'Agrippa pour voir l'usage de cette colonne des Trois Mondes.

La lecture et la pratique des tableaux analogiques sont en grande partie basées sur la lecture des tables numériques antiques, entre autres de la table de Pythagore. Cette lecture se fait d'après le triangle rectangle ainsi qu'il suit :

    1.      2.      3.      4.

    2.      4.      6.      8.

    3.      6.      9.     12.

    4.      8.     12.    16.

Soit à chercher quel nombre donne la multiplication de 3 par 4. Le résultat cherché sera à l'angle droit d'un triangle rectangle dont les deux autres angles seront formés par les éléments de la multiplication ainsi qu'il suit :

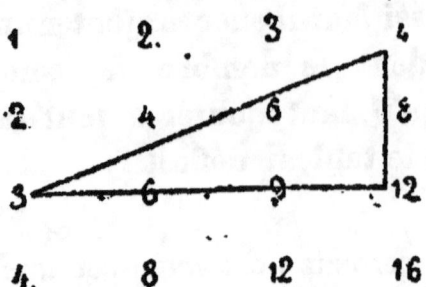

On voit que le résultat 12 se trouve à l'angle droit du triangle rectangle.

Il suffit d'appliquer ces données à un tableau analogique pour former des phrases étranges pour qui n'en a pas la clef, ainsi :

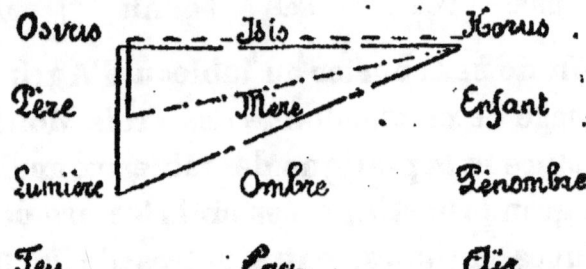

1ʳᵉ phrase : *Osiris est le* Père *d'Horus.*
2ᵉ phrase : *Osiris est la* Lumière *d'Horus.*
3ᵉ phrase : *Osiris est le* Feu *d'Horus.*

Il est inutile, je crois, d'insister sur les combinaisons multiples qui peuvent résulter de cette façon d'écrire. On peut retourner l'angle droit du triangle, le faire venir sur le mot Horus, par exemple, et lire la phrase suivante :

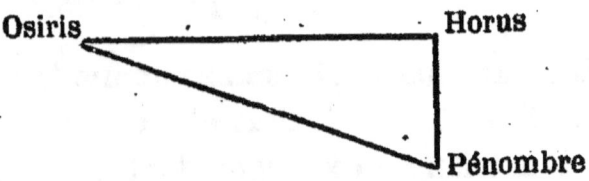

*Horus est la Pénombre d'Osiris*, phrase assez obscure pour qui n'en connaît pas la clef.

Nous avons donné au commencement du chapitre des applications diverses de cette méthode assez pour qu'il nous semble inutile d'y revenir.

Nous venons d'éclaircir encore un des mystérieux procédés employés par les initiés pour manifester leur idée. Nous avons aussi quelques données concernant deux des plus grandes sciences du Sanctuaire : la Magie et l'Astrologie. Poursuivons notre route et voyons si nous serons aussi heureux dans l'étude de la façon la plus secrète dont était entouré l'enseignement de la Science occulte : Les Pantacles ou figures symboliques. Mais auparavant résumons dans un tableau du Trois quelques-unes des connaissances contemporaines. Ce tableau pourrait être beaucoup augmenté ; mais nous pensons que les exemples donnés seront suffisants pour éclairer le lecteur.

## QUELQUES ADAPTATIONS DU TERNIAIRE AUX CONNAISSANCES CONTEMPORAINES

| LES 3 Mondes | RAPPORTS réduction à l'Unité | POSITIF–ACTIF + | NÉGATIF–PASSIF – | NEUTRE PARTICIPANT des deux ∞ |
|---|---|---|---|---|
| Monde divin | Dieu d'après les Chrétiens<br>Dieu d'après les Egyptiens<br>Dieu d'après les Indoux | Père<br>Osiris<br>Brahma | Fils<br>Isis<br>Siva | Saint-Esprit<br>Horus<br>Vichnou |
| Monde intellectuel | Syllogisme<br>Causalité<br>Personnes du verbe<br>Multiplication<br>Division<br>Espace<br>Temps<br>Musique<br>Division des Astres | Majeure<br>Cause<br>Celle qui parle<br>Multiplicateur<br>Diviseur<br>Longueur<br>Présent<br>Tierce<br>Soleil | Mineure<br>Moyen<br>A qui l'on parle<br>Multiplicande<br>Dividende<br>Largeur<br>Passé<br>Quinte<br>Planète | Conclusion<br>Effet<br>De qui l'on parle<br>Produit<br>Quotient<br>Profondeur<br>Avenir<br>Médiante<br>Satellite |
| Monde physique ou mineur | Homme<br>Famille<br>Règnes de la Nature<br>Règne végétal<br>Couleurs simples<br>Chimie<br>Forces en général<br>Magnétisme<br>Électricité<br>Chaleur<br>Lumière<br>Matière | Tête<br>Volonté<br>Père<br>Règne animal<br>Dicotylédonées<br>Rouge<br>Acide<br>Mouvement<br>Attraction<br>Positif<br>Chaud<br>Lumière<br>Gazeuse | Ventre<br>Corps<br>Mère<br>Règne minéral<br>Acotylédonées<br>Bleu<br>Base<br>Repos<br>Répulsion<br>Négatif<br>Froid<br>Ombre<br>Solide | Poitrine<br>Vie<br>Enfant<br>Règne végétal<br>Monocotylédonées<br>Jaune<br>Sel<br>Équilibre<br>Équilibre<br>Neutre<br>Tempéré<br>Pénombre<br>Liquide |

# CHAPITRE VI

DE L'EXPRESSION SYNTHÉTIQUE DES IDÉES. — LES PANTACLES. — LE SERPENT ET SA SIGNIFICATION. — MÉTHODE D'EXPLICATION DES PANTACLES. — LA CROIX. — LE TRIANGLE. — LE SCEAU DE SALOMON. — LA DEVISE DE CAGLIOSTRO. — (יהוה). — LA 21ᵉ CLEF D'HERMÈS. — LES TROIS LANGUES PRIMITIVES. — LE SPHINX ET SA SIGNIFICATION. — LES PYRAMIDES. — LE PENTAGRAMME. — LE TRIANGLE RECTANGLE ET LE LIVRE CHINOIS TCHEN-PEY.

L'initié peut s'adresser à tous en exprimant ses idées au moyen des histoires symboliques correspondants aux FAITS et au sens positif.

Beaucoup comprennent encore, sinon le sens, du moins les mots qui composent les tableaux analogiques correspondant aux LOIS et au sens comparatif.

La compréhension *totale* de la dernière langue qu'emploie l'initié est réservée aux seuls adeptes.

Munis des éléments que nous possédons, nous pouvons cependant aborder l'explication partielle de cette méthode synthétique, la dernière et la plus élevée des Sciences occultes. Elle consiste à résumer exactement, dans un seul signe, les faits, les lois et les principes correspondant à l'idée qu'on veut transmettre.

Ce signe, véritable reflet des signes naturels, s'appelle un *pantacle*.

La compréhension et l'usage des pantacles correspond aux PRINCIPES et au sens superlatif dans la hiérarchie ternaire.

Nous avons deux choses à savoir au sujet de ces figures mystérieuses, d'abord leur construction, ensuite et surtout leur explication.

Nous avons déjà donné la réduction de la Table d'Émeraude en signes géométriques. C'est un véritable pantacle que nous avons ainsi construit; cependant, pour plus de clarté, nous allons en construire un autre.

Le secret le plus caché, le plus occulte du sanctuaire, c'était, nous le savons, la démonstration de l'existence d'un agent universel désigné sous une foule de noms et la mise en pratique des pouvoirs acquis par son étude.

Comment faudrait-il s'y prendre pour désigner cette force par un signe?

Etudions pour cela ses propriétés.

Avant tout cette force unique est douée, comme son Créateur qu'elle aide à constituer, de deux qualités polarisables; elle est active et passive, attractive et répulsive, à la fois positive et négative.

Nous avons une foule de manières de représenter l'actif; nous pourrons le désigner par le chiffre 1 en marquant le passif du chiffre 2, ce qui nous donnerait 12 pour l'actif-passif. C'est là le procédé pythagoricien.

Nous pouvons encore le désigner par une barre verticale, désignant le passif par une barre horizontale; alors nous aurons la croix, autre image de l'actif-passif. C'est là le procédé des gnostiques et des Rose-Croix,

Mais ces deux désignations, signifiant bien *actif-passif*, ne font pas mention du positif et du négatif, de l'attractif et du répulsif.

Pour atteindre notre but, nous allons chercher notre représentation dans le domaine des formes, dans la Nature elle-même, où le positif sera représenté par un plein et le négatif par son contraire, c'est-à-dire par un vide. C'est de cette manière de concevoir l'actif que sont découlées toutes les images phalloïdes de l'antiquité.

Donc un *plein* et un *vide*, voilà les éléments grâce auxquels nous exprimons les premières qualités de la force universelle.

Mais cette force est encore douée d'un perpétuel mouvement, à tel point que c'est par ce nom que Louis Lucas l'a désigné. L'idée de mouvement cyclique répond en géométrie qualitative au cercle et au nombre dix.

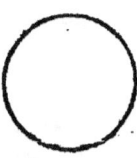

*Un plein, un vide et un cercle.*

Voilà le point de départ de notre pantacle.

Le plein sera représenté par la queue d'un serpent, le vide par sa tête et le cercle par son corps. Tel est le sens de l'ουροβορος antique.

Le serpent est enroulé sur lui-même de telle façon que sa tête (vide-attractif-passif) cherche continuellement à dévorer sa queue (plein-répulsif-actif), qui fuit dans un éternel mouvement.

Voilà la représentation de la force. Comment exprimerons-nous ses lois ?

Celles-ci, nous le savons, sont harmoniques et par suite équilibrées. Elles sont représentées dans le monde par l'Orient positif de la Lumière, équilibré par l'Occident négatif de la Lumière ou positif de l'Ombre ; par le Midi positif de la Chaleur, équilibré par le Nord négatif de la Chaleur ou positif du Froid. Deux forces, Lumière et Chaleur s'opposant l'une à l'autre en positif et négatif pour constituer un quaternaire, voilà l'image des Lois du Mouvement désignées par ses Forces Équilibrées. Leur représentation sera la Croix.

Nous ajouterons donc entre la bouche et la queue du serpent ou autour de lui l'image de la Loi qui régit le mouvement, le quaternaire.

Nous connaissons la force universelle et sa représentation ainsi que celle de ses lois. Comment exprimerons-nous sa marche?

Nous savons que cette force évolue et évolue perpétuellement des courants vitaux qui se matérialisent, puis se spiritualisent, qui sortent et rentrent constamment dans l'unité. L'un de ces courants, celui qui va de l'Unité à la Multiplicité, est donc passif descendant ; l'autre, qui va de la Multiplicité à l'Unité, est actif ascendant.

Plusieurs moyens nous serons donc fournis pour représenter la marche de la force universelle.

Nous pourrons la désigner par deux triangles, l'un noir et descendant, l'autre blanc et ascendant. C'est là le procédé suivi dans le pantacle martiniste.

Nous pourrons la désigner par deux colonnes, l'une blanche, l'autre noire (procédé suivi dans la Franc-Maçonnerie, colonnes JAKIN et BOHAS) ou par les positions données aux bras d'un personnage, l'un levé en haut pour désigner le courant ascendant, l'autre baissé vers la terre pour désigner le courant descendant.

Réunissons tous ces éléments et nous verrons

apparaître la figure qui constitue la 21ᵉ clef du Tarot, image de l'absolu.

Le serpent représente la force universelle, les quatre animaux symboliques, la loi des forces équilibrées émanées de cette force, les deux colonnes au centre du serpent, la marche du Mouvement, et la jeune fille, la production qui en résulte, la Vie.

L'ουροϐορος considéré seul, sans son développement, exprime donc un des principes les plus généraux qui existent. Ce sera l'image :

| | |
|---|---|
| Dans le Monde divin : | De l'action du Père sur le Fils. |
| Dans le Monde Intellectuel : | De l'action de la Liberté sur la Nécessité. |
| Dans le Monde Matériel ou Physique : | De l'action de la Force sur la Résistance. |

Cette figure est encore susceptible d'une foule d'applications. En un mot, c'est un pantacle, une image de l'absolu.

*Explication des Pantacles.* — Ces figures qui semblent au premier abord si mystérieuses deviennent cependant, dans la plupart des cas, relativement faciles à expliquer. Voici quelles sont les règles les plus générales qu'on peut assigner à cette explication ;

I. *Décomposer la figure en ses éléments ;*

II. *Voir la situation qu'occupent ces éléments dans la figure les uns par rapport aux autres ;*

III. *Chercher la science à laquelle se rattache de plus près le pantacle.*

## I

*Décomposition de la Figure en ses éléments.*

Tout pantacle, pour aussi complexe qu'il paraisse, peut être décomposé en un certain nombre d'éléments se rapportant à la géométrie qualitative (voy. chap. IV).

Nous allons passer en revue un certain nombre d'éléments grâce auxquels le travail se trouvera de beaucoup abrégé.

Mais auparavant je tiens à donner un moyen qu'on doit toujours employer quand la détermination des éléments est difficile, c'est de les compter. On les trouve alors rangés par trois, par sept ou par douze.

S'ils sont rangés par trois, l'idée qu'ils renferment est celle d'Actif-Passif-Neutre et de ses conséquences.

S'ils sont rangés par sept, ils se rapportent soit aux sept planètes, soit aux couleurs de l'œuvre hermétique, et la 3e considération (science à laquelle se rapporte la figure) éclaire alors la description.

Enfin s'ils sont rangés par douze, ils expriment tout mouvement zodiacal, et celui du Soleil en particulier.

Cette difficulté écartée, voyons quelques-uns des principaux éléments.

La *croix* exprime l'opposition des forces deux à deux pour donner naissance à la Quinte essence.

C'est l'image de l'action de l'Actif sur le Passif, de l'Esprit sur la Matière.

Naturellement la tête domine le corps, l'Esprit domine la Matière ; quand les sorciers veulent exprimer leurs idées dans un pantacle, ils formulent leurs imprécations en détruisant l'harmonie de la figure, ils mettent *la croix la tête en bas* et par là expri- les idées suivantes :

*La Matière domine l'Esprit :*
*Le Mal est supérieur au Bien ;*
*Les Ténèbres sont préférables à la Lumière.*
*L'homme doit se laisser guider uniquement par ses plus bas instincts et tout faire pour détruire son intelligence*, etc., etc.

Nous savons que la croix exprime ses idées parce qu'elle est formée d'une barre verticale (image de l'actif) et d'une barre horizontale (image du passif) avec toutes les analogies attachées à ces termes.

Le *carré* exprime l'opposition des forces actives et passives pour constituer un équilibre ; c'est pourquoi il est particulièrement l'image de la forme.

Le *triangle* exprime des idées différentes suivant les positions qu'affecte son sommet.

En lui-même le triangle est formé de deux lignes opposées, image du 2 et de l'antagonisme, qui iraient se perdre dans l'Infini sans se rencontrer jamais si une troisième ligne ne venait les unifier toutes deux et par là les ramener à l'Unité en constituant la première figure fermée.

Le *triangle la tête en haut* représente tout ce qui monte de bas en haut.

Il est particulièrement le symbole du Feu, du chaud (1).

« C'est le mystère hiérarchique de la Lumière et de la Matière radicale du Feu Élémentaire, c'est le principe formel du Soleil, de la Lune, des Étoiles et de toute la Vie naturelle.

« Cette lumière primitive porte en haut tous les phénomènes de sa vertu parce qu'étant purifiée par l'Unité de la Lumière incréée, elle s'élance toujours vers l'Unité d'où elle emprunte son ardeur (2). »

Le *triangle la tête en bas* représente tout ce qui descend de haut en bas.

(1) « Comme la flamme d'une torche tend toujours à s'élever de quelque manière qu'on la tourne, ainsi l'homme dont le cœur est enflammé par la vertu, quelque accident qui lui arrive, se dirige toujours vers le but que la sagesse lui indique. » (*Proverbes* du Brahme Barthrihari.)
(2) *L'Ombre idéale de la Sagesse universelle.*

Il est particulièrement le symbole de l'Eau, de l'Humide.

« C'est l'Eau surceleste ou la Matière métaphysique du Monde sortie de l'Esprit prototype; la Mère de toutes choses qui du Binaire produit le Quaternaire.

« Tous ces mouvements tendent en bas et de là vient qu'elle individualise les Matières particulières et les corps de toutes choses en leur donnant l'existence (1). »

L'*Union des deux triangles* représente la combinaison du Chaud et de l'Humide, du Soleil et de la Lune, le principe de toute création, la circulation de la VIE du Ciel à la Terre et de la Terre au Ciel, l'évolution des Indous.

Cette figure appelée SCEAU de SALOMON, représente l'Univers et ses deux Ternaires: DIEU et la NATURE; c'est l'image du Macrocosme.

Elle explique les paroles d'Hermès dans la Table d'Émeraude:

« Il monte de la Terre au Ciel et derechef il descend en terre et reçoit la force des choses supérieures et inférieures. »

Elle représente encore les vertus (η βασιλεια, και η δωξα, και η δυναμις) répandues dans les cycles générateurs (εις τους αιωνας) du verset occulte du *Pater* de

---

(1) *L'Ombre idéale de la Sagesse universelle.*

Saint-Jean, que récitent encore les prêtres orthodoxes.

« C'est la perfection de l'Univers dans l'ouvrage mystique des six jours où l'on assigne au Monde le haut et le bas, l'Orient et l'Occident, le Midi et le Septentrion.

« Ainsi cet hiéroglyphe du Monde en découvre les sept lumières dans le mystère des sept jours de la Création, car le centre du Senaire fait le Septenaire sur lequel roule et se repose la Nature et que Dieu a choisi pour sanctifier son Nom adorable. Je dis donc que LA LUMIÈRE du Monde sort du Septenaire parce que l'on monte de lui au Denaire qui est l'Horizon de l'Éternité d'où partent toute la jouissance et la vertu des choses. » (*L'Ombre idéale.*)

Le lecteur doit être à même, d'après les indications précédentes, de comprendre ces passages d'un écrit du plus pur mysticisme.

## II

### *Situation des Éléments*

Déterminer les éléments qui composent un pantacle, c'est un grand point, mais là ne doit pas se borner le travail de l'investigateur.

La position qu'occupent ces éléments jette une vive clarté sur les points les plus obscurs et cette position est relativement facile à déterminer par la méthode des oppositions.

Cette méthode consiste à appliquer à l'intelligence d'un élément resté obscur la signification opposée de l'élément placé en opposition de celui-ci.

Soit l'exemple suivant :

P...

L∴            D∴

Voici trois lettres formant la devise de Cagliostro. Je suis arrivé, supposons, à retrouver le sens de la première et à voir qu'elle signifiait : *Liberté* ; j'ai vu ma supposition confirmée par le triangle à sommet supérieur représenté par les trois points et situé à sa suite, je cherche la signification de l'autre lettre, D.

D'après la méthode des oppositions, je sais que cette lettre, opposée de la première, aura un sens réciproque du premier sens, Liberté ; ce sens doit être enfermé dans l'idée de *Nécessité*. Mais le triangle à sommet inférieur ∴ m'indique bientôt que cette nécessité est passive dans ses manifestations et l'idée de Devoir vient prendre la place de la lettre D, la réaction de L sur D donne le *Pouvoir*.

Cet exemple très simple permet de saisir les données de la méthode des oppositions qui est d'une grande utilité dans l'explication des figures mystérieuses. Cette méthode est toujours employée soit en désignant les opposés par des couleurs différentes comme les deux colonnes J et B des francs-maçons, l'une rouge, l'autre bleue, soit en les désignant par des formes différentes comme la bouche et la queue du serpent images de l'actif et du passif, ou les symboles de génération placés sur les colonnes maçonniques, soit encore en leur donnant des directions différentes comme dans le *Sceau de Salomon* (les deux triangles à sommets opposés) ou dans la *croix* (opposition des Lignes).

$$\left.\begin{array}{l}\text{Couleurs}\\ \text{Formes}\\ \text{Directions}\end{array}\right\}\text{opposées}$$

Telles sont les trois façons sous lesquelles sont désignés les antagonistes dans les pantacles.

Nous retrouvons l'application de ceci dans les diverses façons de représenter le quaternaire, image de l'absolu. (Voy. *Cycle des nombres*, chap. II.)

Littéralement, le quaternaire est désigné par quatre lettres hébraïques : יהוה.

La première י (iod) représente l'actif.

La seconde ה (hé) est l'image du passif.

La troisième ו (vau) représente le lien qui les lie toutes deux.

Enfin la quatrième ה (hé) est la seconde répétée et indique la perpétuité des productions d'Osiris-Isis.

Pour écrire ces lettres à la façon des initiés, il faut les disposer en croix comme ceci :

Dans ce cas, la direction indique la signification des éléments, car les éléments actifs (iod et vau) sont sur la même ligne verticale.

Les éléments passifs sur la même ligne horizontale.

On peut également désigner ce quaternaire par des formes différentes :

Le *Bâton*   image de l'actif, représentera le *iod* (י).

La *Coupe*,  creuse, image du passif, représentera le premier *hé* (ה).

L'*Epée* ou  image de l'alliance de l'actif et du passif,

La *Croix*   représentera le *vau* (ו).

Le *Disque*  représentera deux coupes superposées et par suite 2 fois 2 indiquant la répétition du *hé* (ה).

*Bâton* ou *Trèfle*  ⎫
*Coupe* ou *Cœur*    ⎬  Tels sont les éléments, images de l'absolu, qui constituent les cartes à jouer.
*Epée* ou *Pique*    ⎬
*Disque* ou *Carreau* ⎭

Ces éléments sont peints de deux façons opposées (*rouges* et *noirs*) pour montrer que le quaternaire est formé par l'opposition deux à deux de deux forces primordiales, une active : rouge, l'autre passive : noire.

Voici le résumé géométrique de cette manière de considérer le quaternaire :

```
              Bâton
                +

Coupe  +  ──Noire│Rouge──  Disque

                −
              Epée
```

Considérez la 21ᵉ clef du Livre d'Hermès et vous allez retrouver tout ceci dans les quatre animaux symboliques.

En résumé, la seconde méthode d'explication consiste à opposer le haut de la figure avec le bas, la droite avec la gauche pour en tirer les éclaircissements nécessaires à l'explication.

Il est rare que le sens d'une figure, pour aussi mystérieuse qu'elle soit, n'apparaisse pas en alliant la première méthode (séparation des éléments) à celle-ci.

Toutes ces considérations sur l'explication des figures paraîtront peut-être bien futiles à quelques lecteurs : mais qu'ils songent que la science antique réside presque entièrement dans les pantacles, et alors sans doute ils excuseront la monotonie de ces développements.

Ne retrouvons-nous pas l'application de ces données dans la façon d'écrire les trois langues primitives : le Chinois, l'Hébreu, le Sanscrit (1) ?

Le Chinois s'écrit de haut en bas, c'est-à-dire verticalement et de droite à gauche.

L'Hébreu horizontalement et de droite à gauche.

Le Sanscrit horizontalement et de gauche à droite.

D'après Saint-Yves d'Alveydre (2), la direction de l'écriture indiquerait l'origine de l'instruction des peuples. Si nous appliquons ceci aux écritures précédentes, nous trouverons que :

Tous les peuples qui écrivent comme les Chinois,

---

(1) Voy. les travaux de Fabre d'Olivet sur la langue hébraïque.
(2) *Mission des Juifs*.

c'est-à-dire du Ciel à la Terre (1) ont une origine touchant de très près à la source primitive. (Les Chinois sont les seuls qui possèdent encore une écriture idéographique.)

Tous les peuples qui écrivent comme les Hébreux, de l'Orient à l'Occident, ont reçu leur instruction d'une source orientale.

Enfin, tous les peuples qui écrivent comme le Sanscrit, d'Occident en Orient, tiennent leur savoir des primitifs sanctuaires métropolitains d'Occident et surtout des Druides.

D'après cela, on pourrait considérer le Chinois comme une racine primitive qui, partie du ciel, donnerait comme rejeton l'Hébreu ou le Sanscrit, suivant qu'on la prendrait comme active ou passive, comme orientale ou occidentale. Tout ceci se résume dans les dispositions suivantes :

## III

*Science à laquelle se rattache le pantacle.*

C'est un grand point d'avoir décomposé une figure en ses éléments, d'avoir trouvé le sens de ces élé-

---

(1) Moreau de Dammartin, dans son *Traité sur l'Origine des Caractères alphabétiques* (Paris, 1839), démontre que les caractères chinois sont tirés de la configuration des signes célestes.

ments par la méthode des oppositions; mais là ne doit point se borner le travail du chercheur.

Supposons qu'il soit arrivé à rapporter aux sept planètes sept éléments d'une analyse difficile; a-t-il lieu d'être satisfait?

Le sens général du Pantacle peut seul l'éclairer à ce sujet. S'il s'agit d'Astrologie, le sens positif attribué aux planètes lui suffira; s'il s'agit d'Alchimie, le sens comparatif seul sera utile et les planètes désigneront les couleurs de l'œuvre (1); enfin, s'il est question de Magie, les planètes se rapporteront aux noms des intelligences qui les gouvernent.

On voit de quelle importance est la détermination du sens d'un pantacle et cette détermination ne peut être obtenue qu'en combinant les deux premières méthodes : *Décomposition en éléments. — Oppositions des éléments.*

Enfin, disons que cette spécification du sens des figures mystérieuses n'existe presque jamais dans les figures antiques et qu'elles désignent analogiquement les trois significations correspondant aux trois mondes.

Appliquons maintenant les données précédentes à l'explication des figures symboliques les plus

---

(1) « Mais toutefois quand le roi est entré, premièrement il se dépouille de sa robe de drap de fin or, battu en feuilles très déliées, et la baille à son premier homme qui s'appelle Saturne. Adonc Saturne la prend et la garde quarante jours ou quarante-deux au plus, quand une fois il l'a eue; après le roi revêt son pourpoint de fin velours et le donne au deuxième homme qui s'appelle Jupiter, qui le garde vingt jours bons. Adonc Jupiter, par commandement du roi, le baille à la Lune, qui est la tierce personne, etc., etc. » (Bernard le Trevisan.)

faciles à rencontrer dans l'étude de la Science occulte.

Je m'abstiendrai souvent d'analyser les explications, que le lecteur pourra retrouver aussi facilement que moi par l'emploi des méthodes ci-dessus.

### Le Sphinx.

Les Religions se succèdent sur la Terre, les générations passent et les derniers venus croient pouvoir, dans leur orgueil, narguer les connaissances de l'antiquité. Au-dessus de toutes les sectes, au-dessus de toutes les querelles, au-dessus de toutes les erreurs se dresse le Sphinx immobile qui répond par un troublant : Que suis-je ? aux ignorants qui blasphèment la Science.

Les temples peuvent être détruits, les livres peuvent disparaître sans que les hautes connaissances acquises par les anciens puissent être oubliées. Le sphinx reste et il suffit.

Symbole de l'Unité, il résume en lui les formes les plus étranges l'une à l'autre.

Symbole de la Vérité, il montre la raison de toutes les erreurs dans ses contrastes mêmes.

Symbole de l'Absolu, il manifeste le Quaternaire mystérieux.

Ma religion seule est vraie, crie le fanatique chrétien.

La vôtre est l'œuvre d'un imposteur, la mienne seule vient de Dieu, répond le Juif.

Tous vos livres saints sont des copies de notre Révélation, s'écrie l'Indou.

Toutes les religions sont des mensonges, rien n'existe en dehors de la Matière, les principes de tous les cultes viennent de la contemplation des astres, la Science seule est vraie, soutient le Savant moderne.

Et le sphinx se dresse au-dessus de toutes les disputes, immobile, résumé de l'Unité de tous les cultes, de toutes les Sciences.

Il montre au chrétien l'Ange, l'Aigle, le Lion et le Taureau qui accompagnent les évangélistes ; le Juif y reconnaît le songe du Juif Ezéchiel ; l'Indou, les secrets d'Adda Nari, et le savant allait passer dédaigneux quand il retrouve sous tous ces symboles les lois des quatre forces élémentaires : Magnétisme, Electricité, Chaleur, Lumière.

Indécis sur sa marche dans la vie, le futur initié interroge le sphinx et le sphinx parle :

« Regarde-moi, dit-il, j'ai une tête humaine dans laquelle siège la Science, comme te l'indiquent les ornements de l'initié qui la décorent.

« La Science conduit ma marche dans la vie, mais, seule, elle est d'un faible secours. J'ai des griffes de Lion à mes quatre membres ; je suis armé pour l'action, je me fais place à droite et à gauche, en avant et en arrière, rien ne résiste à l'Audace conduite par la Science.

« Mais ces pattes ne sont aussi solides que parce qu'elles sont greffées sur mes flancs de Taureau. Quand une fois j'ai entrepris une action, je poursuis mon but laborieusement, avec la patience du bœuf qui trace le sillon.

« Dans les moments de défaillance, quand le découragement est près de m'envahir, quand ma tête ne se sent plus assez forte pour diriger mon être, j'agite mes ailes d'aigle. Je m'élève dans le domaine de l'intuition, je lis dans le Cœur du Monde les secrets de la Vie universelle, puis je reviens continuer mon œuvre en silence. »

    Ma  *tête* te recommande de *Savoir*
    Mes *griffes*    —     d' *Oser*
    Mes *flancs*    —     de *Vouloir*
    Mes *ailes*     —     de *Se Taire*

Suis mes conseils et la vie te paraîtra juste et belle.

« Le front d'Homme du Sphinx parle d'intelligence
Ses mamelles d'amour, ses ongles de combat
Ses ailes sont la Foi, le Rêve et l'Espérance
Et ses flancs de Taureau le travail d'ici-bas.

« Si tu sais travailler, croire, aimer, te défendre,
Si par de vils besoins tu n'es pas enchaîné,
Si ton cœur sait vouloir et ton esprit comprendre,
Roi de Thèbes, salut, te voilà couronné (1) ! »

**TÊTE**

        **AILES**

                **FLANCS**

**PATTES**                                     **PATTES**

Dans ce symbole de sphinx deux grandes oppositions se montrent :

En avant :     La *Tête* (la *Science*) s'oppose aux
                     *pattes* (l'*audace*).

En arrière :    Les *Flancs* (*Travail*) s'opposent
                   également aux *pattes* (*audace*).

(1) Eliphas Lévi, *Fables et Symboles*.

Entre les deux : Existe l'*intuition (ailes)* qui les règle.

L'audace dans son action agira d'une manière (pattes de devant) efficace si la Science la domine toujours assez pour la guider.

(TÊTE)
L'audace dans les études sera couronnée de suc- (pattes de derrière) cès si elle se laisse conduire par le Travail et la Persévérance.

(flancs de Taureau)
Enfin les excès dans l'Action ou dans l'Étude doivent être tempérés par l'usage de l'imagination (ailes d'aigle).

Une autre opposition apparaît, c'est celle du Haut et du Bas harmonisés par le Milieu.

HAUT —    TÊTE       AILES
    MILIEU    — FLANCS DE TAUREAU
BAS   — PATTES DE DEVANT PATTES DE DERRIÈRE
                  +          —

En haut siègent la Science et l'Imagination, en bas la pratique, pratique dans la Science (pattes de devant) pratique dans l'imagination (pattes de derrière).

La Théorie doit toujours dominer et conduire la pratique, celui qui veut découvrir les Vérités de la Nature rien que par l'expérience matérielle est semblable à un homme qui voudrait se passer de tête pour mettre ses membres en action.

*Pas de Théorie sans Pratique*
*Pas de Pratique sans Théorie*

*Pas de Théorie*
*Pas de Pratique* } sans *Travail*

Voilà ce que nous dit encore le Sphinx.

Résumons tout ceci dans une figure d'après les indications que nous venons de découvrir.

| Devant | { | Tête humaine | = Actif | + |
| + | | Pattes de devant | = Passif | — |
| Derrière | { | Ailes d'aigle | = Actif | + |
| — | | Pattes de derrière | = Passif | — |
| Milieu | { | Entre les deux et les unissant | | Neutre |
| ∞ | | on voit les flancs de taureau. | | ∞ |

Nous désignerons le devant du sphinx actif par une barre verticale.

Le derrière passif par une barre horizontale et nous obtiendrons la figure suivante :

Tête humaine
|
Ailes d'Aigle — FLANCS — Pattes de Derrière
|
Pattes de Devant

ou en résumé

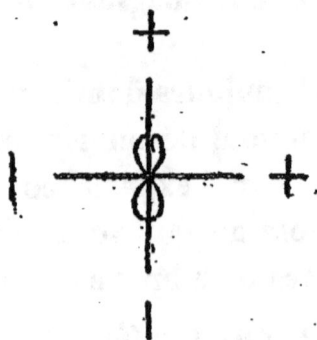

Cette dernière figure nous indique les lois des

forces élémentaires émanées de la Force universelle :

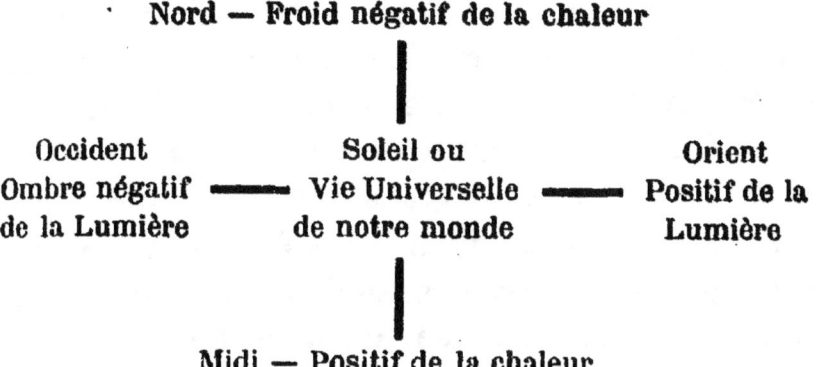

Autre signification du Sphinx.

### Les Pyramides

Le sphinx n'est pas le seul monument symbolique que nous ait légué l'Egypte.

Les traces des anciens centres d'initiation subsistent encore dans les Pyramides.

« En face du Caire, le plateau de Gizeh, qui se détache en éperon de la chaîne libyque, porte encore sur la rive gauche du Nil trois monuments qui ont défié l'action du Temps et des hommes : ce sont les Pyramides.

« Ces trois masses, à bases carrées, un peu inégales en grandeur, forment par leur situation respective un triangle dont une face regarde le Nord, une autre l'Occident et la troisième l'Orient. La plus grande, située à l'angle du Nord et vers le Delta, symbolise la force de la Nature ; la seconde, élevée au Sud-Ouest, à distance d'une portée de flèches de

10.

la première, est le symbole du Mouvement ; et la dernière, bâtie au sud-est de celle-ci à distance d'un jet de pierre de la seconde, symbolise le Temps. Au midi de cette dernière, à une médiocre distance, sur une ligne qui se prolonge de l'Orient à l'Occident, se dressent trois autres pyramides formant des masses moins considérables et près desquelles s'entassent d'innombrables pierres colossales que l'on pourrait considérer comme les ruines d'une septième pyramide. Il est en effet permis de supposer que les Égyptiens avaient voulu représenter par sept aiguilles ou conoïdes flammiformes, les sept mondes planétaires dont les génies régissent notre univers et dont Hermès fut le révélateur. » (Christian, *Hist. de la Magie*, pp. 99 et 100.)

Chaque pyramide est construite sur une base carrée, symbolisant par là la matière, la forme, le signe, l'adaptation.

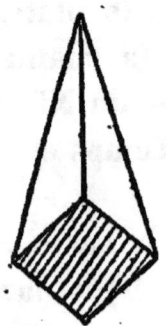

L'élévation de chacun des côtés est Ternaire et symbolise l'idée, la théorie.

Que veut dire cette suprématie du Ternaire sur le quaternaire ?

Le Ternaire domine le Quaternaire, c'est-à-dire :

L'Idée — le Signe
L'Esprit — la Matière
La Théorie — la Pratique

L'ensemble de la Pyramide est formée de 4 et de 3, c'est-à-dire de sept, symbole de l'alliance entre l'Idée et le Signe, entre l'Esprit et la Matière, entre la théorie et la pratique, c'est la Réalisation.

En haut la Pyramide nous montre un point mathématique (son sommet) d'où partent quatre idées (quatre triangles). Ces quatre idées viennent se baser sur une forme unique (la base) et par là montrent leur solidarité.

Nous retrouvons dans l'étude de ces pyramides, le mystérieux tétragramme.

## Le Pentagramme

Le Pentagramme ou étoile à cinq pointes, l'Étoile flamboyante des francs-maçons, est encore un pantacle et un des plus complets qu'on puisse imaginer.

Ses sens sont multiples, mais ils se ramènent tous à l'idée primordiale de l'alliance du quaternaire et de l'Unité.

Cette figure désigne surtout l'homme, et c'est dans cette acception que nous allons l'étudier.

La pointe supérieure représente la tête, les quatre autres pointes, les membres de l'homme. On peut aussi considérer ce pantacle comme image des cinq sens; mais cette signification trop positive ne doit pas nous arrêter.

Sans vouloir expliquer ici complètement les secrets de cette figure, nous pouvons montrer combien est facile l'interprétation qui peut guider dans sa mise en pratique. En effet, les magiciens se servent, pour agir sur les esprits, du Pentagramme la tête en haut, les sorciers du Pentagramme la tête en bas.

Le Pentagramme la tête en haut indique l'homme chez qui la volonté (la tête) conduit les passions (les membres).

L'idée étant représentée par 3 et la matière (dyade) par 2, on peut, en décomposant ainsi le Pentagramme, démontrer cette domination de l'Esprit sur la Matière.

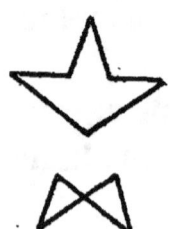

Le Pentagramme la tête en bas représente la même figure que la croix renversée, c'est l'homme chez qui les Passions entraînent la Volonté, c'est l'homme passif, l'homme qui laisse subjuguer sa volonté par les mauvais esprits, c'est le Médium.

Dans cette situation, le Pentagramme indique la matérialisation de l'Esprit, l'homme qui consent à mettre sa tête en bas et ses jambes en l'air.

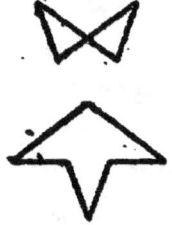

Le Pentagramme peut donc représenter le Bien ou le Mal suivant la direction qu'il affecte et c'est pour cela qu'il est l'image de l'Homme, du Microcosme capable de faire le Bien ou le Mal suivant sa Volonté.

### *Le Triangle rectangle*

Il existe un pantacle connu dès la plus haute antiquité en Chine, c'est le triangle rectangle dont les côtés ont une longueur spéciale.

Ils ont respectivement 3, 4 et 5, si bien que le carré de l'hypoténuse $5 \times 5 = 25$ est égal au carré des autres côtés $3 \times 3 = 9$ et $4 \times 4 = 16$; $16 + 9 = 25$.

Mais là ne s'arrête pas le sens attribué à ce pantacle; les nombres ont en effet une signification mystérieuse qu'on peut interpréter ainsi.

3, l'idée, alliée à 4, la forme, fait équilibre à 5, le Pentagramme ou l'Homme; ou dans une autre interprétation :

L'Essence absolue 2, plus l'Homme 4, fait équilibre au Mal 5. On voit que cette dernière interprétation ne diffère de la première que par l'application des mêmes principes à un monde inférieur, comme le montre la disposition suivante :

>  Idée-Essence
>  Forme-Homme
>  Homme-Mal.

L'étude du Pentagramme suffit du reste à expliquer ces apparentes contradictions.

Nous donnons à titre de curiosité le livre chinois *Tchen-pey*, basé sur les données ci-dessus. Il est extrait des *Lettres édifiantes* (t. 26, p. 146, Paris 1783). Le missionnaire qui l'a traduit le déclare antérieur à l'incendie des livres, 213 av. J.-C. Claude de Saint-Martin en a publié un commentaire mystique dans son *Traité des Nombres* (Dentu, Paris, 1863).

Comme on peut le voir ce livre est basé sur les 22 clefs du livre d'Hermès.

### LES 22 TEXTES DU LIVRE CHINOIS TCHEN-PEY

#### 1

« Anciennement Tcheou-Kong interrogea Chang-kao et dit : J'ai ouï dire que vous êtes habile dans les nombres ; on dit que Pao-hi donna des règles pour mesurer le ciel.

#### 2

On ne peut pas monter au ciel, on ne peut avec le pied et le pouce mesurer la terre ; je vous prie de me dire les fondements de ces nombres.

**3**

« Chang-kao dit :

**4**

« Le Yu-en (rond) vient du Fang (carré) 4 = 10.

**5**

« Le Fang vient du Ku.

**6**

« Le Ku vient de la multiplication de 9 par 9, cela fait 81.

**7**

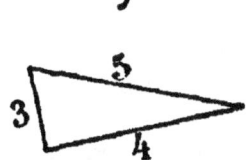

« Si on sépare le Ku en deux, on fait le Keou large de trois et un Kou long de quatre. Une ligne King joint les deux côtés Keou, Kou fait des angles, le King est de cinq.

**8**

« Voyez la moitié du Fang.

**9**

« Le Fang ou le Plat fait les nombres 3, 4, 5.

**10**

« Des deux Ku font un long Fang de 25, c'est le Tsi-ku total des Ku (5 × 5 = 25).

**11**

« C'est par la connaissance des fondements de ces calculs que Yu mit l'Empire en bon état.

### 12

« Tcheou-Kong dit : Voilà qui est grand, je souhaite savoir comment se servir du Ku. Chang-kao répondit :

« Le Ku aplani et uni est pour niveler le niveau.

### 13

« Le Yen-ku est pour voir le haut ou la hauteur.

### 14

« Le Fou-ku est pour mesurer le profond.

### 15

« Le Go-ku est pour savoir l'éloigné.

### 16

« Le Ouan-ku est pour le rond.

### 17

« Le Ho-ku est pour le Fang.

### 18

« Le Fang est du ressort de la Terre. Le Yu-en est du ressort du ciel, le ciel est Yu-en, la terre est Fang.

### 19

« Le calcul du Fang est tien. Du Fang vient le Yu-en.

### 20

« La figure Ly est pour représenter, décrire, observer le ciel. On désigne la terre par une couleur brune et noire. On désigne le ciel par une couleur mêlée de jaune et d'incarnat.

« Les nombres et le calcul pour le ciel sont dans

la figure Ly. Le ciel est comme une enveloppe, la terre se trouve au-dessous de cette enveloppe et cette figure ou instrument sert à connaître la vraie situation du ciel et de la terre.

### 21

« Celui qui connaît la terre s'appelle sage et habile. Celui qui connaît le ciel s'appelle Fort sage, sans passions. La connaissance du Keou-Ku donne la sagesse, on connaît par là la terre ; par cette connaissance de la terre on parvient à la connaissance du ciel et on est fort sage et sans passions, on est Ching. Les cotés Keou et Ku ont leurs nombres ; la connaissance de ces nombres prouve celle de toutes choses.

### 22

« Tcheou-Kong dit : Il n'est rien de mieux.

# TROISIÈME PARTIE

## Introduction à la Troisième Partie

### ADAPTATION

Les chapitres qui précèdent ont fourni au lecteur la clef de la porte mystérieuse qui sépare le monde visible du monde invisible. Nous avons vu la manière dont la Science était cachée, la manière dont elle cachait ce qu'elle avait découvert, voyons maintenant ce qu'on peut dévoiler concernant l'objet même de toutes ces précautions : le Monde Invisible.

Ouvrons la porte et ne soyons pas aveuglé par la lumière qui s'en échappe, n'ayons pas peur de dire *ce qui doit être dit*, car les maîtres ont voulu que certains mystères soient révélés au $XIX^e$ siècle et tout ce qui est mis au jour, restera occulte pour les profanes et pour les esprits prévenus. Qu'avez-vous donc aperçu dans ce côté occulte de l'Univers ?

Une histoire occulte précédant et créant l'histoire patente des historiens comme la sève cachée sous l'écorce précède et crée les feuilles et les fleurs patentes de l'arbre.

Une science occulte dominant les sciences profanes, comme le Soleil domine son cortège de planètes dans l'enseignement exotérique : la science de l'âme venant illuminer la science du corps.

Un art occulte : lier et délier les âmes. Le point d'élévation le plus haut que puisse atteindre un homme incarné. Mais sur ce sujet, il ne faut encore parler qu'avec prudence.

Disons toutefois tout ce qui peut être dit concernant l'Invisible et ses mystères.

Entre autres mystères, l'Initiation abordait :

L'histoire de la Terre et de ses transformations en révélant les causes réelles de l'évolution et de l'involution des continents, des races et des peuples.

L'histoire de l'âme humaine et de ses transformations.

L'histoire de l'Univers et des forces naturelles, humaines et divines, en action dans cet Univers.

Chaque enseignement comprenait trois degrés :

Le degré positif ou étude physique ;

Le degré superlatif ou étude métaphysique ;

Le degré comparatif ou étude analogique formant le milieu entre les deux études précédentes.

Ainsi prenons un exemple :

L'étude du Ciel comprenait :

1° L'étude physique se rapportant à peu près à ce que nous nommons aujourd'hui l'*Astronomie*.

2° L'étude métaphysique se rapportant à ce qui est devenu l'*Astrologie dans sa partie théorique et élevée :* la Généalogie.

3° L'étude analogique ou étude des *Influences*, par laquelle l'Astrologie se reliait à la Science du Tempérament, à l'Histoire naturelle et à la Médecine.

Il est très facile de retrouver, même de nos jours, ces deux divisions de toute science véritablement synthétique ; car c'est seulement à l'époque de la Renaissance que toutes les sciences humaines ont été coupées en deux.

La partie physique et matérielle de chaque science est devenue dès lors un tout séparé baptisé du nom pompeux de *Science exacte ou positive*.

La partie métaphysique et analogique de chaque science a été dédaignée et rejetée et a été classée parmi les *Sciences Occultes*.

Les historiens ont même eu l'audace de prétendre que la partie métaphysique avait constitué le début et le balbutiement de chaque science ; mais les faits s'accumulent aujourd'hui pour montrer l'erreur grossière desdits historiens.

Donnons quelques noms de ces sciences ainsi mutilées.

| VISIBLE | | INVISIBLE | |
|---|---|---|---|
| SECTION CORPORELLE OU MATÉRIELLE DE LA SCIENCE | | SECTION VIVANTE OU ANIMIQUE | SECTION SPIRITUELLE OU MÉTAPHYSIQUE |
| Partie positive. | | Partie analogique. | Partie causale. |
| Physique. Chimie. Astronomie. | | Magie naturelle. Alchimie. Astrologie (études des influences). Influence et rapports vivants des nombres. — Magie. | Métaphysique. Philosophie hermétique. Généalogie (études des causes spirituelles). (*Appl. Mythologie*) |
| Mathématique | Nombres (arithmétique). Formes (géométrie). Signes (algèbre et dessin). | Influence et rapports vivants des formes. — Mathématiques. Influence et rapports vivants des signes. — *Hiéroglyphisme*. | Création des nombres. — Création des formes. — THORAH. Création des signes. — (Pythagorisme). |
| Histoire naturelle | Zoologie. Botanique. Minéralogie. | Nature vivante. — Thérapeutique sacrée. | Principe de la nature. |
| Anatomie. | Physiologie. Psychologie. | Psychurgie. | Théurgie. |

Ceux qui liront attentivement ce tableau se rendront compte de l'espace qu'il faudrait pour en développer chacun des éléments. Nous ne voulons pas faire ce développement ici, nous voulons simplement montrer au lecteur comment on l'a trompé en lui disant que la *partie visible* de chaque science constituait toute la science, et en lui cachant systématiquement et en lui apprenant à mépriser toute la *partie invisible* — la seule vivante.

De là le développement de toutes ces sciences mortes qui mettent l'ingénieur sortant de l'École polytechnique qui les possède en état d'infériorité constante, au point de vue des inventions, vis-à-vis de l'ouvrier ou de l'ignorant guidé par ses facultés intuitives. — Tous les initiés ont, du reste, signalé la cause de cette erreur et Claude de Saint-Martin, le philosophe inconnu, raconte dans le *Crocodile* (1) comment les clefs d'or ont été perdues par les savants. Malfatti de Monteregio, dans sa *Mathèse* (2), donne le moyen de renouer le lien brisé, et, plus près de nous, un simple paysan, Louis Michel (de Figanières) développe, à l'état d'inspiration, les plus hautes idées sur la Vérité vivante et la Science de la Vie universelle (3).

(1) Claude de Saint-Martin, *le Crocodile* ou la Guerre du Bien et du Mal.
(2) Malfatti de Monteregio, *la Mathèse* (republiée dans le journal *le Voile d'Isis*, 5, rue de Savoie, Paris).
(3) Louis Michel (de Figanières), Œuvres (*passim*).

Quoi qu'il en soit, la Science occulte est la synthèse de ces sciences et il faut se garder de la confondre avec ce que les dictionnaires appellent *les Sciences occultes* et qui comprennent les deux sections les plus élevées de chaque science; mais n'ont pas, prises séparément, le caractère unitaire et synthétique de la Science occulte.

Nous pensons qu'il est utile d'ajouter un résumé des hauts enseignements traditionnels, au moins sur les points indispensables à connaître. Nous aborderons seulement les objets suivants, renvoyant tout le reste à une étude plus étendue :

1° La Terre et son histoire secrète ;

2° La Race blanche et la constitution de sa tradition ;

3° L'évolution de l'Esprit immortel de l'homme et ses différents plans d'existence ;

4° Les êtres invisibles avec lesquels l'homme est en rapport dans ces différents plans.

# CHAPITRE VII

### LA TERRE ET SON HISTOIRE SECRÈTE

Si nous regardons un globe terrestre reproduisant l'état actuel des continents et des mers et que nous nous attachions à la description *physique* de ce que nous verrons, nous ferons comme l'analyste qui décrit l'extérieur d'un livre, son poids, etc., sans savoir ce qu'il y a dedans.

Si, croyant aller plus loin, nous nous adressons au géologue, celui-ci nous racontera l'histoire physique et chimique *des matériaux* qui ont servi à bâtir notre livre. Ce sera déjà plus intéressant, mais ce ne sera pas plus complet.

Adressons-nous à l'initié et demandons-lui la clef de ce qu'il y a écrit dans ce livre colossal qu'est le globe terrestre. Et l'initié va nous répondre : IEVE.

IEVE cela veut dire le cycle du nombre Quatre et cela s'écrit en langue astronomique et physique : Est-Ouest-Sud-Nord.

La Terre est formée en ce moment d'un seul continent nullement complet : L'Europe — *Toutes les autres terres ne sont que des restes de continents disparus ou en voie de transformation.*

Or, Europe cela veut dire Nord et Race Blanche et cela indique que cette race a été précédée d'autres races humaines et par suite d'autres continents complets, *car chaque race humaine réellement différente est le produit d'évolution d'un continent réellement personnel et différent.*

Il y a donc eu une race Sud, la Race Noire, dont l'Afrique représente aujourd'hui le lieu d'origine.

Une race Ouest, la Race Rouge dont l'Amérique représente le lieu d'origine.

Et enfin une race Est, la race Jaune dont l'Asie représente le point de départ : tout cela d'après le cycle E S. O. N.

qui se traduit mieux EO-SN (Est-Ouest, Sud-Nord) au point de vue de l'Histoire.

Car il faut encore se souvenir d'une remarque capitale.

*Dans toute disparition ou évolution d'un continent, le lieu de ce continent qui a donné naissance à la race humaine caractéristique dudit continent, survit et demeure comme témoin sur la Planète.*

Voilà la raison d'être réelle et philosophique de ces masses de terre dont le géographe ne nous dit que le corps et le géologue que la vie. L'Initié seul peut nous en donner l'Esprit.

La Terre a donc été dominée successivement par quatre grandes races :

La Race Jaune.

La Race Rouge.
La Race Noire.
La Race Blanche.

Chacune de ces races a fait *à son point de vue personnel* une évolution intellectuelle couronnée par une Science et une Tradition et confirmée par une INVOLUTION DE LA DIVINITÉ dans ladite race. Chaque race a, de plus, usé de procédés particuliers pour s'élever de l'état instinctif à l'état d'illumination divine. De là la différence apparente des diverses traditions sous lesquelles on retrouve toujours *une unité* que l'initié est seul capable de comprendre dans toute son intégrité.

Nous parlerons plus tard de ces traditions, revenons maintenant à l'histoire de la Terre.

*
* *

Tout dans la Nature est vivant. La Terre est un être, un être vivant au même titre qu'un chien, un arbre, un homme, un minéral ou le Soleil (1).

Ces lois de vie de la Terre ont été vaguement perçues par la Science positive sous les noms de Magnétisme Terrestre, d'électro-magnétisme avec leurs effets et leurs causes.

L'inclinaison de la Terre sur l'écliptique et les déplacements périodiques du pôle terrestre déterminent l'année platonique (25.000 ans).

Si l'équateur et l'écliptique se confondaient, la Terre serait dans un état d'harmonie physique, au

---

(1) Voy. pour développement : La *Vie Universelle*, de Louis Michel de Figanières.

point de vue des saisons et des climats, qu'elle ignore totalement.

Cette harmonie n'existant pas, les pôles terrestres oscillent périodiquement et c'est de cette oscillation que dérivent les transformations subies par les continents et gravées dans la mémoire des hommes sous forme de cataclysmes géologiques et de déluges.

Chaque pôle terrestre peut, d'après la tradition secrète (et non plus d'après la science actuelle), occuper *huit situations* successives par rapport à l'équateur. C'est là la *loi des huit pôles terrestres* que nous nous contenterons de nommer sans aller plus loin.

D'où vient cette inclinaison de l'écliptique par rapport à l'équateur? Toutes les initiations sont unanimes à cet égard; cela vient de LA LUNE.

La Lune destinée primitivement à faire partie intégrante de la Terre a été projetée dans l'espace et cette projection a déterminé l'épouvantable cataclysme connu sous le nom de déluge universel, car l'inclinaison sur l'écliptique s'est produite alors et les eaux du pôle ont balayé tous les continents habités.

Louis Michel donne *la clef* de ce mystère en racontant que la Terre a été formée de quatre planètes en voie de désintégration devenues des continents terrestres et que la Lune, destinée à former un continent, a refusé d'être incrustée avec les autres planètes et a été condamnée, de par sa propre volonté, à se désintégrer à titre de simple satellite. N'oublions pas qu'il exista des peuples dont les noms indiquent qu'ils n'ont pas connu la Lune.

Le lecteur doit seulement entrevoir ce mystère et nous nous en tiendrons là sur ce point.

Chaque continent ayant amené sa race humaine à la civilisation, la race évoluée a retrouvé chaque fois les grandes lois secrètes de la Nature.

Parmi ces lois, celles qui se rapportent à la vie terrestre et à ses phases a donné naissance à la révélation *des cycles*.

L'être humain manifeste extérieurement ses fonctions vitales par des pulsations du cœur (de 60 à 70 par minute) et des aspirations et des expirations (20 par minute). Les battements du cœur manifestent également les deux temps de contraction (systole) et de dilatation (diastole) du cœur. De plus, l'être humain poursuit ses quatre âges d'enfance, de jeunesse, d'âge mûr et de vieillesse à travers une succession de périodes de veille et de périodes de sommeil, correspondant généralement au jour et à la nuit. Voilà un résumé rapide de ce qu'on pourrait appeler les cycles de la vie humaine, commençant à la pulsation pour aller jusqu'à la grande période de 20 ans qui enferme chacun des quatre âges (enfance, jeunesse, etc.) de l'être humain.

Les initiés sachant que l'homme incarné ne faisait que *refléter en petit* les lois du grand homme céleste, ont été amenés à chercher pour les races d'abord ; puis pour l'humanité terrestre ; puis, enfin, pour l'univers lui-même, des périodes cycliques analogues à celles de l'être humain et embrassant dans leur développement la Terre aussi bien que chacun des Peuples et chacune des races.

C'est ainsi que la réaction du jour et de la nuit

produite par la situation respective de la Terre et du Soleil donna le jour et la nuit terrestres, manifestant la diastole et la systole de la planète et renfermant chacune un matin, un midi, un après-midi et un soir, manifestant les pulsations locales du corps terrestre, comptées en heures, en minutes et en secondes.

Les positions respectives de la Terre et de la Lune produisirent une période qui était pour la Terre ce que l'aspiration et l'expiration étaient pour l'homme; *un mois* divisé en quatre semaines ; deux d'aspiration (N.L. et P.L.) et deux d'expiration (P.L. et N.L.).

Le mouvement de la Terre autour du Soleil (selon les théories actuelles) reproduisirent pour la Terre, sous le nom *d'année*, ce que la journée était pour l'homme, et l'année comprit une période d'activité (Printemps-Eté) correspondant à la période (Minuit-Midi) ; et une période de production et de repos (Automne-Hiver) correspondant à la période (Midi-Minuit) du jour.

A ces périodes il convient d'ajouter la période électro-magnétique de 520 ans (redécouverte de nos jours par Bruck) (1) qui est pour la Terre ce que l'année est pour l'Homme, et la grande année platonique de 25.000 ans qui est pour la Terre ce qu'un des quatre âges est pour l'être humain.

Qu'on nous permette ici une courte digression concernant cette loi quaternaire dont nous avons déjà parlé dans le cours de notre ouvrage et dont nous faisons ici l'*adaptation*

---

(1) Bruck : *Le Magnétisme terrestre.*

La loi générale se présente à nous sous forme de deux grandes périodes, une d'ascension, une autre de descente, séparées chacune par une période caractéristique et qui annonce que le courant va changer de direction. Ainsi pour le jour de l'homme nous avons la figure suivante :

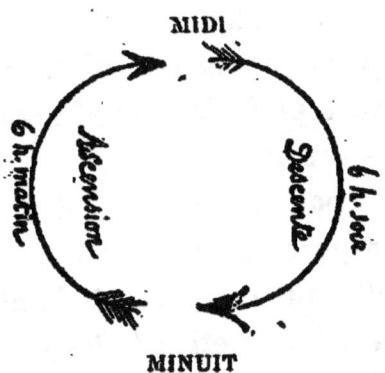

Cette figure est applicable à toutes les périodes même aux plus petites, comme la circulation.

En effet, le diastole et le systole sont séparées chacune par un repos du cœur.

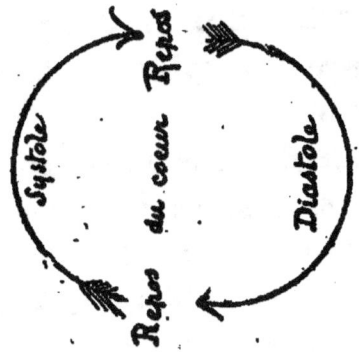

Cette loi est donc une loi réellement universelle et s'applique aussi bien à l'évolution et à l'involution de la force divine dans les Univers qu'à la circulation de la force vitale portée par le sang dans l'organisme humain.

Aussi les anciens collèges initiatiques avaient-ils établi pour chaque race humaine et pour chaque peuple des périodes cycliques pendant lesquelles cette race et ce peuple passaient par leurs phases d'enfance, de jeunesse, d'âge mûr et de vieillesse.

Les Brahmanes indiens, héritiers de la tradition noire et d'une partie de la tradition jaune ont également de grandes périodes de 432.000 ans, applicables aux races humaines.

Mais il ne faut pas oublier que, dans une famille, quand le grand-père arrive près du tombeau, le petit-fils grandit encore à l'état d'enfant. Si l'on voulait appliquer à ce petit-fils les lois qui s'appliquent au grand-père on se tromperait grandement.

Or, *chacun des hémisphères terrestres a des lois d'évolution et d'involution réciproquement complémentaires*, et quand l'humanité d'un hémisphère est à l'état de vieillard plein d'expérience, l'autre humanité de l'autre hémisphère est à l'état d'enfance et *réciproquement*.

Actuellement (1896), l'Orient et surtout l'Asie sont à l'époque de la sagesse et de la vieillesse, tandis que l'Europe, pivot central, termine l'adolescence et que l'Amérique sort du tombeau à l'état d'enfance et presque de jeunesse.

Les Brahmines indiens savent très bien que l'Europe a eu son Messie il y a à peine 20 siècles, tandis que l'Asie a eu le sien il y a plus de 87 siècles, et cependant certains écrivains d'Occident voudraient appliquer à notre hémisphère les lois cycliques qui régissent l'Orient et viennent prétendre que nous sommes en périodes *d'obscuration* et *d'involution* (Kali-Youga). C'est une erreur très grande dont tous les occultistes d'Occident doivent se garder; car elle aurait de très grands dangers pour l'intellectualité de notre race.

Quand un continent s'effondre sur Terre, un autre naît à l'hémisphère opposé, et ce serait méconnaître toutes les lois de la création que de vouloir appliquer au continent qui vient les lois de celui qui s'en va. Or, cela est aussi vrai pour une race et pour un peuple que pour un homme. Evitons donc soigneusement une telle erreur et ne croyons pas que les cycles brahmaniques sont applicables à l'Europe ou à l'Amérique, du moins de la manière dont on veut les appliquer.

« Les Brahmes, eux-mêmes, préconisent aujourd'hui le Satya-Youg (âge noir) et calomnient l'âge actuel et cela en dépit de leurs propres annales qui signalent le troisième âge comme le plus brillant et le plus heureux. Ce fut l'âge de leur maturité ; ils sont aujourd'hui dans leur décrépitude ; et leurs regards, comme ceux des vieillards, se tournent souvent vers les temps de leur enfance (1) ».

Muni de ces données, nous pouvons maintenant aborder sans crainte l'histoire des races qui ont dominé sur Terre.

Les races jaunes, rouges, noires et blanches ont-elles accomplies leur évolution successive sur la même Planète, ou chaque continent terrestre n'est-il

---

(1) Fabre D'Olivet, *Hist. Philosophique*, p. 102.

que la cristallisation d'une autre Planète. Les restes de quatre de ces Planètes ont-ils formés la Terre, ainsi que l'enseigne la haute révélation signée Louis Michel de Figanières (1) ? La Lune est-elle un de ces continents destinés à former la Terre et qui volontairement a été séparé des autres, déterminant ainsi la non harmonie terrestre et devenant non pas un satellite normal, mais bien un cancer de la Terre ? Ce sont des questions trop élevées et trop graves pour être traitées en quelques pages. Que les curieux lisent à ce sujet les œuvres de Louis-Michel de Figanières, malgré leur difficulté apparente, et considérons simplement le problème comme résolu en commençant notre histoire, alors que tous les continents terrestres sont formés et suivant la méthode de Fabre D'Olivet, sans aller ni plus loin, ni plus haut.

Nous laisserons donc de côté l'histoire de la race Jaune, de la race Orientale dont nous retrouverons simplement les restes avec Fo-hi.

De la race Occidentale, la race Rouge qui avait tenu le sceptre de la civilisation sur la Terre avant les Noirs, nous rappellerons les belles colonies en Grande-Bretagne, en Bretagne, en Espagne (et dans les Pays Basques), en Italie où les *Étrusques* étaient une colonie rouge et enfin en Égypte où la race rouge fonda la colonie atlante qui, après la grande catastrophe, transmit aux autres races les hautes vérités de l'initiation. On commence à savoir seulement maintenant en Occident, que l'Égypte

---

(1) *La Vie universelle.*

était une colonie de rouges, dont les plus beaux restes ont été retrouvés au Pérou (1).

L'effondrement de l'Atlantide fit passer le sceptre de la Puissance aux mains de la race noire, qui eut bientôt conquis toute la terre alors habitable. La race blanche naissait alors aux environs du Pôle Nord.

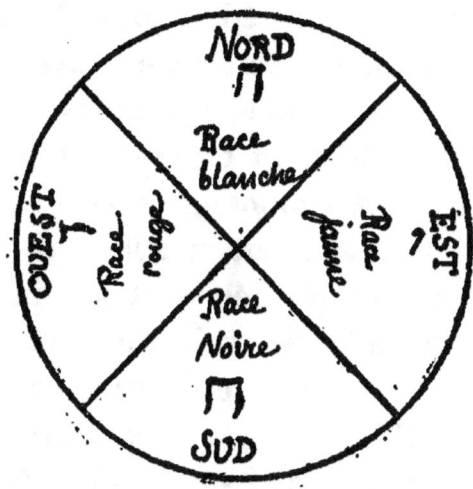

« Je vais me transporter à une époque assez reculée de celle où nous vivons ; et raffermissant mes yeux qu'un long préjugé pourrait avoir affaiblis, fixer à travers l'obscurité des siècles le moment où la Race Blanche, dont nous faisons partie, vint à paraître sur la scène du monde. A cette époque dont plus tard je chercherai à déterminer la date, la Race

(1) Il suffit pour se rendre compte de la vérité de cette assertion de comparer les hiéroglyphes, les sphinx et les pyramides des Péruviens, ou l'art étrusque et l'art égyptien. Voy. pour détails : *Histoire des nations civilisées du Mexique et de l'Amérique du Sud*, 4 vol., par l'abbé BRASSAN DE BOURBOURG ; *la Carte américaine*, par le colonel DUSSAERT (Paris 1882) et *l'Occulte chez les Aborigènes de l'Amérique du Sud*, par le docteur Henri GIRGOIS, qui donne de forts arguments tout en ne défendant pas la même thèse.

Blanche était encore faible, sauvage, sans lois, sans arts, sans culture d'aucune espèce, dénuée de souvenirs et trop dépourvue d'entendement pour concevoir même une espérance. Elle habitait les environs du pôle Boréal, d'où elle avait tiré son origine.

La Race Noire, plus ancienne qu'elle, dominait alors sur la terre et y tenait le sceptre de la science et du pouvoir : elle possédait toute l'Afrique et la plus grande partie de l'Asie où elle avait asservi et comprimé la Race Jaune. Quelques débris de la Race Rouge languissaient obscurément sur les sommets des plus hautes montagnes de l'Amérique et survivaient à l'horrible catastrophe qui venaient de les frapper; ces faibles débris étaient inconnus; la Race Rouge à laquelle ils avaient appartenu, avaient naguère possédé l'hémisphère occidental du Globe; la Race Jaune, l'Oriental, la Race noire, alors souveraine, s'étendait au sud sur la ligne équatoriale; et, comme je viens de le dire, la Race Blanche qui ne faisait que de naître errait aux environs du Pôle Boréal (1). »

Qu'il nous soit ici permis de rendre justice et d'exprimer toute notre admiration à l'initié qui, devançant les découvertes de la critique historique contemporaine a su aller arracher au Plan astral, où elle était fixée, l'histoire de notre race. Toutes les écoles initiaques d'Occident doivent honorer comme un des plus grands maîtres que la Providence ait envoyés, l'auteur de l'*Histoire Philosophique du Genre humain*, FABRE D'OLIVET. Devant le labeur

---

(1) Fabre d'Olivet, *Hist. philosophiq.*, p. 67.

de ce grand esprit, l'étudiant s'arrête, partagé entre la crainte et l'admiration, et l'initié salue dans la langue des esprits celui qui demanda à la Prière et à l'Extase les clefs que ses prédécesseurs avaient égarées et méconnues. — Maître vénéré, quels que soient les traits que la calomnie des Instituts et des Académies dirige contre vous, soyez assuré de trouver dans le cœur de tout véritable élève de la tradition occidentale, un asile pour l'avenir.

Fabre d'Olivet fut la lumière du courant pythagoricien et son œuvre magnifique expose un seul côté de la révélation — le côté encyclopédique —. C'est à un autre grand initié, doublé d'un homme de grand cœur, Saint Yves d'Alveydre, que nous devons la révélation et la justification de l'autre courant : le courant de l'Eglise des Patriarches, des Prophètes et de Jésus, c'est-à-dire le côté vivant et le pôle d'amour créateur de la révélation que nous aborderons à la fin de ce traité.

Et maintenant, je vais résumer de mon mieux, l'histoire de notre race, telle que nous l'a transmise Fabre d'Olivet dont les ouvrages doivent être le *vade-mecum* de tout véritable occultiste au début de ses études.

La Race Blanche, née près du Pôle Nord, fut d'abord à l'état sauvage et errant, ignorant qu'il existât d'autres êtres humains sur terre. Protégés par leur climat, les Blancs grandirent en nombre et en force. Puis commença la descente progressive vers le Sud à travers les immenses forêts de la Terre des Chevaux *Ross-land* (Russie actuelle), qui amenèrent les Blancs jusqu'aux terres supérieures

*Poll Land* (Pologne) et de là aux terres élevées *Teuts-Land* (Europe centrale), bornées au nord par la Limite des Ames *D'AHN-Mark*, et à l'ouest, par les Terres inférieures *Holl-Land* et *Ghôll-Land* (la Gaule). C'est là que se fit la rencontre de la Race Blanche et de la Race Noire.

Les Blancs, faibles et sans armes sérieuses, furent emmenés par masse en esclavage et furent occupés aux travaux des mines et aux constructions des forteresses. Mais ils apprirent, dans la souffrance, à utiliser les armes perfectionnées de leurs ennemis, et, à la faveur des forêts impénétrables, ils se perfectionnèrent dans l'art de combattre les Noirs.

Mais, malgré tout, livrés à leurs seules forces physiques, les Blancs n'auraient pas fait de rapides progrès sans l'assistance de la Providence divine qui fondait de grandes vues sur leur race.

C'est la femme qui fut choisie, dès le début, par 'Invisible pour agir prophétiquement sur la race blanche, et c'est à une prophétie de la femme à l'état d'extase, de la *Voluspa* que les Blancs durent leur salut. Sur le point en effet d'en venir aux mains entre eux, deux grands chefs blancs furent avertis par le Voluspa que les guerriers noirs, cachés en grand nombre dans les environs, n'attendaient que *la fin* de la lutte entre les blancs pour survenir et anéantir les survivants. Cette révélation surnaturelle frappa grandement l'esprit des deux chefs qui s'unirent et exterminèrent les noirs.

Mais pleins de reconnaissance pour la prophétesse, ils créèrent dès ce jour les collèges des prêtresses et l'autorité des druidesses grandit rapidement. Celles-ci perdirent bientôt toute union réelle avec l'invisible céleste, et, pour masquer leur faiblesse elles introduisirent dans la race blanche les sacrifices humains et le régime de la terreur. C'est ainsi que la femme alors toute-puissante provoqua la terrible réaction qui allait, pour longtemps, lui enlever toute liberté. Déjà une partie des Celtes s'était expatriée pour fuir le despotisme des Druidesses (vers 10,000 avant J.-C.), et avait gagné à travers les régions occupées par les noirs, la contrée qui fut plus tard l'Arabie. *Ce sont ces celtes errants ou bodhones dont une partie constitua plus tard, après mille vicissitudes, le peuple hébreu* (1). Telle est l'origine de l'état inférieur de la femme chez les Juifs. Revenons à nos Celtes restés en Europe sous la tyrannie des druidesses.

La race blanche faillit encore être anéantie par un terrible fléau : *la lèpre*, contractée dans les communications avec les noirs et qui fit d'effrayants progrès — malgré la multiplication des sacrifices humains offerts par les druidesses au dieu Thôr et à la déesse Freya. C'est à un homme de génie que la Providence s'adressa cette fois : au druide Ram.

Ram souffrait en son âme de voir d'une part les ravages faits dans les corps des blancs par la lèpre et d'autre part les ravages non moins effrayants faits par les exactions des druidesses dans les esprits.

(1) C'est du mélange qui s'effectua alors du sang boréen et du sudéen que sont issus les Arabes. Toutes les Cosmogonies où l'on trouve la Femme présentée comme la cause du mal et la source féconde de tous les malheurs qui ont assailli la Terre, sont sorties de là. (Fabre d'Olivet, *Hist. philosophiq.*, p. 173, 1er vol.)

Plein de ces sombres pensées le jeune druide s'endormit au pied d'un chêne et bientôt le plan astral se révéla à son être lumineux. Ram vit apparaître l'âme collective de sa race le grand Herrmann, qui lui révéla que le gui du chêne préparé d'une certaine manière était le remède de la lèpre et le moyen de redonner au collège des druides l'autorité que leur avaient ravie les druidesses.

Ram annonça cette révélation au chef de son collège et l'expérience confirma la réalité de la vision. Les druides gardèrent pour eux le secret de la préparation du gui et une fête commémorative transmit d'âge en âge ce grand événement. Cette fête fut la récolte du gui du chêne chaque année à l'époque du renouvellement des forces de la Terre (à la Noël).

Fabre d'Olivet raconte (d'après ses propres visions astrales) comment les druidesses firent des efforts désespérés pour retenir l'autorité qui leur échappait.

Ram fut cité à « porter un message aux ancêtres » c'est-à-dire à être sacrifié sur l'autel. Ram refusa et, pour éviter une guerre civile, s'expatria avec plusieurs milliers de Celtes qui s'étaient attachés à sa fortune (vers 6700 avant J.-C.). Ram se dirigea vers le sud-est, longea la mer Caspienne ; s'arrêta plusieurs années aux pieds des monts Ourals où il augmenta son armée de tous les Blancs établis depuis longtemps en ces régions, et ayant définitivement organisé ses forces entreprit la conquête de l'Inde alors au pouvoir des Noirs (1). Il franchit à

) « Car il fut un temps où les rives du Gange étaient

cet effet la chaîne de l'Oural et établit son premier campement entre la mer Caspienne et la mer d'Aral.

C'est de là que soit par lui-même, soit par ses lieutenants Ram repoussa les Noirs jusqu'à l'île de Lanka (Ceylan) où le Pha-Rawon noir fut définitivement écrasé et perdit la vie (1). Le poème indou du *Ramayana* raconte une partie de ces hauts faits. A cette époque commence *l'Empire de Ram* qui eut une telle influence sur toutes les traditions de la race blanche.

J'ose à peine dire ici combien de siècles comptent les chronologistes.

J'ai déjà montré qu'on peut, au moyen de calculs astronomiques, faire remonter l'époque de Ram à près de 5,000 ans au-dessus de notre ère, en supposant qu'il n'y eût pas eu de corrections dans le calendrier runique ; mais qui assurera qu'il n'y en avait pas eu ? Arrien qui, sans doute, avait écrit d'après des traditions originales, rapporte que depuis ce Théocrate jusqu'à Sandrocothes qui fut vaincu par Alexandre, on comptait 6,402 ans. Pline s'accorde parfaitement avec Arrien, quoiqu'il ne paraisse pas l'avoir copié. Or chacun sait que l'expédition d'Alexandre aux Indes eut lieu 326 ans avant J.-C. d'où il résulte qu'on peut établir depuis Ram jusqu'à la présente année 1821 une durée de 8,550 ans (2).

---

habitées par des Ethiopiens » (Enseignement des Brahmanes).
*Vie d'Apollonius*, ch. III cité par Amaravella *Initiation*.
(1) Voy. pour détails Fabre d'Olivet, 1er vol., p. 253 et suiv.
(2) Fabre d'Olivet, *Hist. Phil.*, 1er vol. p. 217.

De cette année à J.-C.................. 1896
De J.-C. à Alexandre.................. 326
D'Alexandre à Ram.................. 6402
                                        ─────
                                        8624

Et avant J.-C. 6728.

Maître du monde qui devait présider à la civilisation de toute sa race, Ram organisa son empire d'après les formes théocratiques et religieuses. Il établit au Thibet le siège du Souverain-Pontife et changeant son nom de combat Ram (le Bélier) en celui du prêtre qu'il avait été Lam (L'agneau), il fonda ce culte Lamique, ce culte de *l'agneau mystique* que nous retrouvons comme caractéristique de la race aryenne.

C'est ici que les historiens profanes commencent l'histoire. Ils voient bien la race blanche ou aryenne partir de l'Inde pour apporter de là, la tradition blanche sur toute la Terre ; mais ils ne savent pas que les Blancs étaient venus d'ailleurs et d'Occident dans l'Inde.

Tout ce que nous avançons ici sera peut-être considéré comme un pur roman et cependant nous avons la certitude que, dans trente ans, tous les livres sérieux d'histoire n'auront plus d'autres bases que celles données par le grand maître Fabre d'Olivet (1).

(1) J'ai sous les yeux un gros livre qui traite de la *Science de l'histoire*; où la chronologie, fondée sur celle d'Ussérius, est présentée dans une série de nombreux tableaux.

On y voit entre autres choses que Prométhée enseigna aux hommes l'usage du feu l'an 1687 avant J.-C. ; que Cadmus montra aux Grecs l'art d'écrire, l'an 1493; qu'un heureux hasard procura aux Dactyles la découverte du fer l'an

Nous pourrions, à la rigueur, arrêter ici notre digression historique et renvoyer aux historiens ; mais nous préférons résumer en quelques pages les points les plus importants à retenir pour tout véritable occultiste.

Ram frappe tellement le monde par sa conduite réellement providentielle que tous les peuples blancs et quelques autres placèrent le héros dans leurs annales où il est facile de le reconnaître sous les noms suivants :

### NOMS DIVERS DONNÉS A RAM

| | |
|---|---|
| Hindous | *Rama.* |
| Thibet | *Lama.* |
| Chine | *Fö.* |
| Japon | *Pa.* |
| Nord de l'Asie | *Pa-pa.* / *Pa-di-Shah* ou *Pa-si-pa.* |
| Persans / Iraniens | *Giam-Shyd.* |
| Arriens | *Dionysos.* |

Ces noms suffiront seuls à retrouver l'unité au

---

1406 ; que Cérès donna l'usage de la charrue l'an 1385 ; et tout cela *plusieurs siècles après* la fondation du royaume de Siapone et d'Argos, tandis que Phoronée avait déjà donné un code de lois aux Argiens ; que Sparte avait été bâtie ; qu'on avait frappé des monnaies d'or dans Athènes et que Sémiramis avait étonné le monde par les magnifiques jardins qu'elle avait fait construire dans Babylone. Certes c'est quelque chose d'admirable que des royaumes sans charrues, des codes de loi sans lettres, de la monnaie d'or sans feu, et des villes bâties sans fer !

Fabre d'Olivet, p. 344.

milieu de la diversité des histoires mythiques se rapportant à Ram.

Ajoutons à ces noms *le Zodiaque* aux signes duquel Ram a mêlé son histoire, comme le fera plus tard Moïse pour l'histoire de la Terre, et nous trouverons aussi l'adaptation de la partie mythique de l'astronomie.

Les signes du Zodiaque, au nombre de douze, sont ce qu'il y a de plus remarquable dans la sphère céleste; les autres ne servent guère qu'à en développer la triple expression. C'est dans l'invention de ces signes que Ram a mis toute la force de son génie. Celui qui porte son nom, le Bélier, doit être considéré comme le premier. Mais à quelle partie de l'année doit-il correspondre? Si c'est au commencement, comme il paraît certain, il faut donc le placer au solstice d'hiver, à cette nuit-mère appelée par les Celtes *Modra-Nect*. Alors, en examinant l'état du ciel, nous verrons aujourd'hui que cette nuit tombe sur le Sagittaire ; ce qui donne une rétrogradation de près de quatre signes ou cent vingt degrés. Or en calculant ces cent vingt degrés, nous trouvons, pour l'ancienneté du Zodiaque, précisément 8640 ans; ce qui ne s'éloigne pas trop de la chronologie d'Arrien, que j'ai déjà rapportée.

En suivant cette hypothèse, il se trouve que le signe de la Balance tombait au solstice d'été et divisait l'année en deux parties égales. Comme Ram a été confondu avec le soleil, que l'on a désigné aussi par le symbole du Bélier, il a été tout simple, comme l'ont fait une foule d'écrivains, de dire le cours de cet astre et ses diverses influences caractérisées par les douze signes qu'il franchit ; mais en réfléchissant sur l'histoire de ce célèbre Théocrate, telle que je l'ai racontée, on voit qu'elle est assez bien exprimée par les figures qui accompagnent ces signes.

D'abord, c'est un Bélier qui fuit, la tête tournée en arrière, l'œil fixé vers le pays qu'il quitte. Voilà la situation de Ram abandonnant sa patrie. Un Taureau furieux paraît vouloir s'opposer à sa marche ; mais la moitié de son corps, enfoncée dans la vase, l'empêche d'exécuter son dessein ; il tombe sur ses genoux. Ce sont les Celtes, désignés par leur propre symbole, qui, malgré tous leurs efforts finissent par se soumettre à Ram. Les Gémeaux qui suivent, n'expriment pas mal son alliance avec les sauvages Touraniens. Le Cancer signifie ses méditations et son retour sur lui-même ; le Lion, ses combats, et surtout l'île de Lankâ, désignée par cet animal ; la Vierge ailée portant une palme à la main, indique sa victoire. Par la Balance, n'a-t-il pas caractérisé l'égalité qu'il établit entre les vaincus et les vainqueurs ? Le Scorpion peut retracer quelque révolte, quelque trahison ; et le Sagittaire la vengeance qu'il en tira. Le Capricorne, le Verseau et les Poissons tiennent plus à la partie morale de son histoire ; ils retracent des événements de sa vieillesse et, peut-être par les deux Poissons, a-t-il voulu exprimer la manière dont il croyait que son âme serait enchaînée à celle de son successeur.

Comme c'est aux environs de Balk que les figures emblématiques de la sphère ont été inventées, vers le trente-septième degré de latitude, les astronomes purent voir que le cercle tracé du côté du pôle austral par les constellations du Navire, de la Baleine, de l'Autel et du Centaure, et le vide laissé au-dessous d'elles dans les plus anciennes sphères, dessinent exactement l'horizon de cette latitude et donnent, par conséquent, le lieu de leur invention (1).

L'initiation orthodoxe de la race blanche fut toujours caractérisée par *la couleur Blanche*, symbole de la force, du mâle.

L'Empire de Ram dura environ trente-cinq siècles et alors commença le lent déplacement du pôle de civilisation de l'Inde où l'avait amené Ram jusqu'à la Celtide où il aurait dû être primitivement fixé.

Voilà la clef de ce schisme féminin que d'Olivet n'a pas voulu donner, car il la connaissait.

Effectivement, la cause *visible* de la dislocation de l'Empire de Ram fut le schisme de ceux qui, s'appuyant sur la musique, voulurent placer le passif au-dessus de l'actif. Mais la cause *invisible* était bien plus haute. Nous venons de la faire pressentir.

Ces révoltés prirent comme signe de protestation *la couleur Rouge*, comme emblème et c'est d'eux que date l'origine de la pourpre comme marque du Pouvoir. — Ils furent désignés sous différents noms: Pasteurs, Yonis, Yonijas, Palli-Phéniciens — Partis de l'Inde vers 3.200 avant J.-C., ils arrivèrent en Egypte vers 2.700 avant J.-C. (Invasion des Pasteurs) après avoir conquis l'Arabie et presque toute l'Asie-Mineure et établi les fondements des grands empires de la Phénicie et de l'Assyrie.

---

(1) Fab. d'Olivert, *Histoire Philosophique*, p. 259, 1ᵉʳ vol.

Quelle était donc la situation de l'Égypte à cette époque ?

L'Égypte, ainsi que nous le verrons plus tard à propos de l'histoire de la tradition, avait conservé presque intacte la vieille tradition atlante venant de la race rouge et transmise par la race noire. L'empire de Ram avait eu de plus une grande influence en Égypte où le gouvernement, par les Pha-Rawôn à forme théocratique, avait prospéré ; il avait donné à l'époque où nous en sommes quatorze dynasties à l'Égypte.

L'Ancien Empire avait pris fin avec la dixième dynastie, il avait duré de 5004 à 3064 av. J.-C., c'est-à-dire jusqu'au moment de la dislocation du Grand Empire de Ram.

C'est peut-être même à cette dislocation qu'il faut attribuer la naissance de la première dynastie diospolitaine (la onzième de l'Égypte).

Quoi qu'il en soit, la horde des Asiatiques envahisseurs dut menacer l'Égypte vers 2600 lors de la treizième dynastie. C'est, en effet, à ce moment que les prêtres, sentant le danger et prévoyant ses conséquences, *créèrent les Grands Mystères pour conserver la tradition rouge pure de toute souillure.*

Ce n'est toutefois que vers 2200 av. J.-C. que les Pasteurs envahirent l'Égypte où ils firent des carnages et des massacres sans nombre. Mais, craignant les représailles des orthodoxes restés dans l'Inde, on vit ces Asiatiques fortifier leur nouvelle conquête du côté de l'Arabie, ce qui étonne tous les historiens profanes qui n'ont pas la clef de ce mystère pourtant si simple. Écoutez à ce propos ce que dit Marius Fontanes.

« La légende a fait de cette invasion un déchaînement d'horreurs. On affirma pendant longtemps et sans hésitation que l'Égypte fut pillée, ruinée, détruite par le fer et par le feu systématiquement; qu'une partie de la population mâle, livrée à la fureur des « Asiatiques ignobles », succomba dans ces massacres, « l'autre partie » étant réduite en esclavage.

. . . . . . . . . . . . . . . . . . . .

L'invasion est certaine; indiscutable et le règne de Shalif inaugurant une dynastie, la quinzième; beaucoup moins sûre est l'origine de ces envahisseurs qui, dénoncés comme des « Asiatiques ignobles » par Manethon, vont bientôt, d'après le même historien, *défendre l'Égypte contre les Asiatiques* (1).

Faute d'avoir compris que ces Asiatiques étaient des révoltés craignant les représailles *d'autres Asiatiques* restés orthodoxes, ce point d'histoire est demeuré obscur pour les historiens.

Écoutons maintenant Manethon qui confirme notre opinion.

Manethon dénomme les envahisseurs « Leur peuple entier, dit-il, fut appelé *Hyksos*, c'est-à-dire rois pasteurs, car *hyk* dans la langue sacrée signifie *roi*, et *sos*, selon le dialecte vulgaire, *pasteur* ou *pasteurs*; de là le mot composé *Hyksos* (2). Il en

---

(1) Marius Fontanes, *Les Égyptes*, p. 218.
(2) Il nous vint un roi nommé Timœos. Sous ce roi, je ne sais pour quoi, Dieu souffla contre nous un vent défavo-

est, ajoute Manethon, qui prétendent que c'étaient des Arabes.

Nous savons pourquoi on pouvait les croire Arabes puisqu'ils venaient d'Arabie après avoir conquis cette contrée et *refoulé dans le désert* les vrais Arabes dont une partie prit le nom « d'Hébreux », c'est-à-dire errants. Ceci est tellement important que nous citerons textuellement Fabre d'Olivet.

« Les Indiens dissidents, ainsi que cela est constaté par toutes les légendes sanscrites, ne parvinrent jamais à faire de grands progrès dans l'Inde proprement dite ; mais cela n'empêcha pas que, d'un autre côté, ils devinssent extrêmement puissants. »

Leur premier établissement, considérable, s'effectua d'abord vers le golfe Persique ; de là, ils passèrent dans l'Yemen dont ils firent la conquête malgré la violente opposition qu'ils y rencontrèrent. Les Celtes bodhones, depuis longtemps maîtres de l'Arabie, après avoir résisté autant qu'ils le purent, obligés de céder au Destin, aimèrent mieux s'expatrier que de se soumettre. Une grande partie passa en Éthiopie, le reste se répandit dans le désert et s'y divisa en peuples errants, qu'on appela *Hébreux* pour cette raison (1). Cependant les Phéniciens ayant pris la domination de la mer qui sépare l'Arabie de

---

rable ; et, contre toute vraisemblance, des parties de l'Orient, des gens de race ignoble, venant à l'improviste, envahirent le pays et le prirent par force, aisément, sans aucun combat.       MANETHON.

(1) Le mot *hebri*, dont nous avons fait hébreu, signifie transporté, déporté, expatrié, passé au delà. Il a la même racine que le mot *harbi* en arabe ; mais il a plus de force en ce qu'il exprime une dislocation plus grande.

l'Égypte lui donnèrent leur nom et vinrent, comme le dit Hérodote, occuper le rivage de la Méditerannée, où ils établirent le siège de leur empire (1).

A cette époque, l'empire chaldéen fut renversé. Un des chefs des Phéniciens, connu sous le nom de *Bâlli*, fit la conquête de Plaksha, l'Asie Mineure, et bâtit sur les bords de l'Euphrate la célèbre ville de Babel, à laquelle il donna son nom. Ce Bâlli appelé *Belos* ou *Bélus* par les Grecs et les Latins fut donc le fondateur de cet empire célèbre qu'on a appelé tantôt *Babylonien*, tantôt *Syrien* ou *Assyrien*.

Les Hébreux, ennemis implacables des Phéniciens, à cause qu'ils étaient issus de ces Celtes bodhones chassés par ces pasteurs de l'Arabie heureuse, et contraints d'aller errer dans les déserts, les Hébreux, dis-je, donnèrent à ce Bâlli le nom de Nembrod pour exprimer la violence et la tyrannie de son usurpation. Mais ce fut en vain qu'ils tentèrent d'arrêter le torrent qui se débordait sur eux. Depuis le Nil jusqu'à l'Euphrate tout subit en quelques siècles le joug de ces formidables Pasteurs qui, quoique assis sur le trône, gardaient ce nom qu'on leur avait donné comme injurieux.

La Haute Egypte résista longtemps à leurs efforts à cause des vigoureux partisans, qu'y avait la faculté masculine, sous le nom d'*Iswara*, *Israël* ou *Osyris*; mais enfin la faculté opposée l'emporta partout; et la déesse Isis chez les Thebaïtes et la

(1) Les Pouranas des Hindous lui donnent le nom de *Pallisthan;* c'est la Palestine proprement dite, l'Idumée ou la Phénicie.

déesse Mylidha chez les Babyloniens, furent également placées au-dessus d'Adon. En Phrygie, la bonne Mère *Mâ*, appelée *Dindymène* ou *Cybèle* par les Grecs, dépouilla *Atis*, le Père souverain, de sa force virile; et ses prêtres ne purent se conserver qu'en lui offrant en sacrifice la chose même dont l'Orthodoxie faisait ailleurs l'emblème de son culte (1).

Nous allons voir maintenant tous les efforts fait par les initiés pour réparer les conséquences de ce schisme féminin dont les adhérents avait pris la couleur rouge.

Laissons de côté l'Inde où Krischen (Gopalla) (2.600 avant J.-C.) puis, plus tard, Foë (Sakya) 1.600 avant J.-C., s'efforcèrent de retrouver l'unité perdue, et transportons-nous vers l'Est, dans les terres jadis illustrées par la race jaune.

Là un initié de génie réunissant les bandes éparses, non seulement sauva la race jaune de la disparition à laquelle elle était appelée, mais encore lui donna l'impulsion psychique nécessaire à une nouvelle et fructueuse carrière. Cet homme fut connu sous le nom de Fo-Hi et il créa son centre d'action à l'époque même où Krischen, agissait dans l'Inde et où les Grands Mystères étaient créés en Egypte, c'est-à-dire de 2.700 à 2.600 avant J.-C. (2), en même temps que le premier Zoorastre paraissait en Perse.

---

(1) Fabre d'Olivet, *Hist. phil.*, p. 276 à 278.
(2) *Le Livre des Empereurs de Chine*, tiré de la Bibliothèque des Missions étrangères confirme à peu de chose près ces dates, puisque Fo-Hi et Xin-Num précèdent immédiatement Hoam-Ti qui est porté comme ayant régné vers 2.697, avant J.-C.

Fabre d'Olivet dit à ce sujet :

« Parmi les Peuples qui habitaient au delà du Gange, un autre Théosophe, non moins audacieux (que Zoorastre), appelé *Fo-Hi*, prétendit que le premier schisme des Pallis avait pris naissance dans un malentendu, et qu'on l'aurait facilement évité si l'on eût examiné que les deux facultés sexuelles avaient été mal posées sur les deux Principes cosmogoniques Iswara et Pracriti. »

A dater de ce moment l'histoire analytique peut-être reprise dans n'importe quel bon historien. Aussi nous arrêterons-nous là sur ce point. Nous allons maintenant reprendre l'histoire, mais sous une forme synthétique et surtout dans ses rapports avec la *tradition ésotérique*.

## LES GRANDS MESSAGERS DIVINS (1)

Les anciennes civilisations Jaunes, Rouges et Noires ont légué à la race blanche des connaissances historiques, scientifiques et religieuses dont l'ensemble constitue une tradition transmise de plusieurs manières et par différentes voies selon les peuples qui ont été chargés de cette transmission. Nous avons pu voir dans les premiers chapitres de ce livre les procédés principaux employés pour *revoiler* et pour *dévéler* l'enseignement ésotérique ; faisons maintenant *l'adaptation* de nos précédents enseignements.

---

(1) Ce terme de « Grand Messager » est emprunté aux œuvres de Louis Michel de Figanières.

L'homme n'est pas abandonné seul dans la carrière qu'il accomplit. Si le Destin l'oblige à se soumettre parfois à l'humiliation et à la souffrance, sa Volonté libre peut recevoir de précieux enseignements de la part de la Providence.

La Providence ne peut agir sur les hommes que par les hommes et ce sont *les grands initiés* sortis soit des fraternités qui conservent la tradition, soit de l'ascension personnelle due à la Prière et à l'extase qui sont chargés dans les époques de doute et de trouble de rappeler aux hommes leur origine divine et le but de leur existence ici-bas. A propos de l'âme humaine et de son histoire nous verrons plus tard l'origine *invisible* de ces grands initiés dont nous ne traitons ici que le côté effectif et visible.

Ce qui a empêché la plupart des historiens de remarquer ces floraisons d'initiés, c'est l'habitude d'écrire séparément l'histoire de chaque peuple sans s'inquiéter de l'histoire de la Terre tout entière à une époque donnée. Cette dernière méthode nous a fourni de précieux enseignements.

Nous commencerons à l'arrivée de Ram en Asie laissant volontairement de côté l'époque antérieure. Cela nous permet cependant de débuter vers 6.700 avant J.-C.

L'empire de Ram dure 35 siècles et en 3200 avant J.-C. éclate dans l'Inde le grand schisme qui devait ramener la civilisation celte à son pôle original.

Le courant ionien des pasteurs, *courant essentiellement exotérique* nécessite, l'arrivée d'une floraison d'initiés chargés de ramener à l'unité le dualisme créé par les Ioniens. Cette floraison se produit vers 2700 avant J.-C. et donne naissance à FO-HI *en Chine*, KRISHNA, KRISCHEN ou GOPALLA dans les *Indes*, au 1ᵉʳ ZOROASTRE dans le *Iran* et à SANCHONIATON à Tyr en même temps que LES GRANDS MYSTÈRES sont établis en *Egypte*.

Comment se fait-il donc qu'aucun historien n'ait encore songé à remarquer ce splendide mouvement Providentiel qu'un simple tableau fait clairement apercevoir ?

Mais est-ce le seul. Pas le moins du monde. La morale de la race s'abaisse à tel point, les castes qui détiennent partout le Pouvoir et écrasent l'autorité accomplissent de tels excès, vers 1600 avant J.-C., que l'Esprit providentiel se manifeste encore une fois et vient illuminer la Terre de ses rayons.

FOE (SAKYA) dans l'*Inde*, le 2ᵉ ZOROASTRE dans l'*Iran*, MOÏSE en Egypte et ORPHÉE chez les *Thraces*, viennent de nouveau rappeler la race à ses célestes origines et ramener parmi les hommes le véritable règne de Dieu dont ils s'éloignaient (1).

---

(1) Orphée a revêtu des plus brillantes couleurs, les idées de Ram, de Zoroastre et de Krischen ; il a créé le polythéisme des poètes ; il a enflammé l'imagination instinctive des peuples.

Moïse, en nous transmettant l'unité divine des Atlantes, en déroulant à nos yeux les droits éternels, a porté l'intelligence humaine à une hauteur où souvent elle a peine à se tenir.

Foë en révélant le mystère des existences successives, en expliquant la grande énigme de l'Univers, en montrant le but de la vie, a parlé au cœur de l'homme, a ému toutes ses passions, a surtout exalté l'imagination animique.

Ces trois hommes qui partent également de la même vérité ; mais qui s'attachent plus particulièrement à en faire ressortir une des faces, s'ils avaient pu être réunis, seraient peut-être parvenus à faire connaître la Divinité absolue

Que nous importent les adaptations divines données à la révélation sortie des mêmes plans célestes, que nous importent les moyens différents employés par chaque initié pour traduire cette révélation unique ; nous savons que le sphinx a quatre modalités sur chacune desquelles on peut s'appuyer pour déchiffrer l'énigme qui orne le sanctuaire.

Foë sera surtout intellectuel ; Zoroastre, magicien et naturaliste ; Moïse seul ramènera la race à l'orthodoxie des rouges et de Ram, grâce à un joug de fer imposé à son peuple. Orphée, camarade d'initiation de Moïse, élevé dans le même temple d'Osiris, charmera des Thraces, en cachant l'unité de l'ésotérisme *idée* sous la multiplicité *des formes* de ses infinies manifestations, révélant la hiérarchie des forces Principes, que Sanchoniaton avait seulement laissé entrevoir. Cela lui vaudra d'être assassiné par les survivantes de l'initiation celtique des druidesses ; mais son idée n'en devient que plus belle et constitue désormais le phare qui guidera la Grèce naissante vers son glorieux avenir.

Mais l'époque des grands changements s'approche à grands pas, six siècles à peine nous séparent du Christianisme et la Providence prépare les voies.

En 500 avant J.-C., nous voyons naître la plus étendue et la plus belle des floraisons divines. Les Grands Messagers célestes se multiplient et la Terre entière entend les voix d'en haut.

---

Moïse dans son insondable Unité, Orphée, dans l'infinité de ses facultés et de ses attributs, Foë dans le principe et la fin de ses conceptions.

FABRE D'OLIVET,

En *Chine*, c'est Lao-Tzée et Kong-Tzée ; au *Japon*, c'est Son-Mou ; dans l'*Inde*, c'est le 4ᵉ Bouddha (qu'il ne faut pas confondre avec Sakya, le précédent) ; en *Perse*, c'est le rédacteur principal du Zend-Avesta, le dernier Zoroastre en Egypte, la Grande Université se révèle sous le nom d'Hermès, chez les *Juifs*, c'est Esdras qui rétablit le Sépher grâce au chaldéen Daniel ; en *Grèce* et dans tout l'Occident, c'est la puissante voix de Pythagore qui révèle à l'Occident le principe de son évolution future ; dans la *future Rome* même, c'est Numa qui relie la tradition étrusque rouge aux fables apportées par les prochains maîtres du monde. Quel historien est maintenant assez aveugle pour ne pas voir et pour ne pas comprendre ?

Parlerons-nous des années précédant le Christianisme ? Faut-il rappeler les missions bouddhistes atteignant l'Ecole d'Alexandrie et formant des racines jusque chez les Esséniens ; faut-il nommer parmi ceux-ci, Hillel et Jean-Baptiste, les deux grandes voix qui précédèrent le Verbe fait chair ; faut-il nommer Socrate, le divin, et Platon, génie surhumain, et le sage Aristote, qui tous s'efforcent de révéler le grand mystère qui se prépare ?

Mais voici : les oracles tout à coup se taisent, le Grand Serpent corrupteur semble enserrer définitivement l'humanité dans ses noirs anneaux et cependant les Prophètes et les Voyants tressaillent, la Lumière secrète de la Nature s'illumine d'un feu divin ; les images mystérieuses annoncées dès longtemps apparaissent dans l'Astral et le monde invisible tout entier vibre éperdu, car la reine des Constellations, celle qui préside à l'union de toute âme céleste et de tout messager : la Vierge du ciel a créé son image terrestre, et le Verbe du Père, lentement s'écorcifie et se couvre de chair pour arriver jusqu'à la Terre... Mystère des Mystères, Iéou... Sabaoth le Bon émanent leur céleste lumière, les Archanges et les Thrônes, les Dominations et les Anges prennent connaissance de ce monde si éloigné de leur essence et se révèlent à la Vierge Lumière... Puis les initiés de la Chaldée, les Mages se mettent en chemin et leurs corps de lumière suivent, dans son arrivée, l'étincelle divine qui tombe sur la Terre... Que la Lumière intellectuelle soit comme dans le Principe la Lumière Physique se révéla ; voici venu parmi nous le Messie de la Race Blanche... CHRIST EST INCARNÉ.

Nulle comparaison ne peut-être établie entre le Verbe et les Sauveurs des autres races qui, dans le Mystère, se tiennent à sa droite. — Mais les véritables initiés seuls comprennent ce Mystère et ce n'est pas ici le lieu d'en parler davantage.

En même temps que le Verbe, des Grands Messagers gagnaient la Terre et si Christ, en humanisant le divin (en établissant le ש au milieu de יחוה ce qui constitua son nom kabalistique : יהשוה) évoluait le plan intellectuel de l'humanité ; deux grands Esprits concouraient aux œuvres tout humaines APOLLONIUS DE THYANE en évoluant le plan instinctif et ODIN en évoluant le plan animique de cette même humanité terrestre.

Ce coup d'œil synthétique sur l'histoire nous permettra de comprendre ce que nous avons maintenant à dire de la tradition en elle-même.

222 TRAITÉ ÉLÉMENTAIRE

Nous donnerons, toutefois, pour ceux qui voudront aller plus loin un tableau général dont les détails ne seront développés que dans un de nos prochains ouvrages : *l'Histoire de la Tradition ésotérique.*

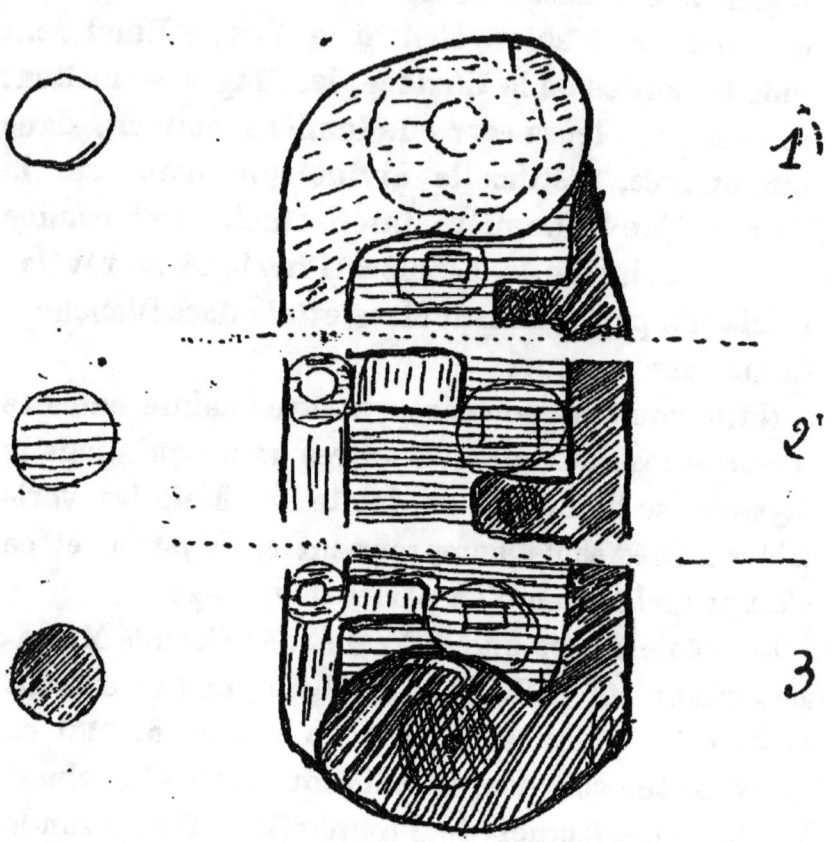

**Clef du Ternaire et du Denaire**
*pour l'Etude de la Kabbale.*

# CHAPITRE VIII

## LA RACE BLANCHE ET LA CONSTITUTION DE SA TRADITION

§ 1. *Préliminaires*. — La tradition que nous possédons aujourd'hui provient de deux sources bien différentes.

1° Sous le nom de philosophie hermétique, de Kabbale et autres appellations du même genre nous possédons une tradition issue directement des rouges et des noirs et adaptée à l'Occident par Moïse, par les initiés égyptiens, par Pythagore, l'école d'Alexandrie, les Gnostiques, les Kabbalistes juifs, les Alchimistes et les Rose-Croix.

2° Sous le nom de tradition orientale, Taoïsme, Bhrahmanisme, Bouddhisme et autres appellations du même genre, nous pouvons également étudier certains points de la tradition noire, alliée à la tradition jaune et modifiée par les Celtes établis dans l'Inde. Cette tradition adaptée au niveau des races d'Orient par Ram, par Krish'en, par les Bouddha d'une part, par Fo-Hi, Kong-Tzeu, Son-Mou et les Zoroastres d'autre part, enseigne les mêmes vérités que la tradition occidentale ; mais d'une manière peu abordable à notre cerveau.

3° Enfin ces deux grands courants traditionnels se sont plusieurs fois trouvés en contact dans le cours de l'histoire comme ils se retrouvent en contact aujourd'hui même. De là sont dérivés plusieurs courants annexes parmi lesquels nous signalerons : Odin, initié de Zoroastre et créateur de la tradition teutonique vulgarisée de nos jours par Wagner. Certaines sectes gnostiques et les Templiers, etc.

4° Enfin il faut ajouter à ces courants traditionnels : les souvenirs populaires (Folklore), la tradition druidique, pour l'antiquité et les apports nouveaux faits à la race blanche par les précurseurs, le Messie et les dévélateurs du Messie, c'est-à-dire tout le christianisme, le Gnose, l'Islamisme et le Babysme, sans compter les révélations annexes comme celles de Louis Michel et autres semblables. On voit quelle prudence il faut garder pour se reconnaître dans tous ces courants qui forment *la sève véritable* de l'arbre historique de la race blanche. On se rend compte également de la valeur réciproque de ces diverses traditions par rapport à notre cerveau actuel.

Pour nous, Celtes et occidentaux, la tradition faite réellement pour notre esprit est la tradition kabbalistique régénérée par le Christianisme et que, depuis son origine, des centaines d'envoyés et d'initiés ont digérée et rendue assimilable à notre intelligence. Cette tradition est devenue claire et ses enseignements peuvent être donnés entièrement dans chacune de nos langues européennes, grâce aux efforts des révélateurs.

Cet enseignement doit donc former la base de

toute initiation occidentale; mais cela ne veut pas dire qu'il n'est pas très utile d'étudier les autres traditions; *mais cela doit se faire seulement quand nous possédons assez bien la tradition occidentale.*

Si l'on veut suivre une autre voie, si l'on prétend enseigner uniquement la tradition orientale, en place de la tradition de notre race, on fait comme l'orateur qui parlerait chinois à une assemblée de français. On sera compris de trois orientalistes; les autres tourneront le dos. Il faut aussi ajouter que les traditions d'Orient, étrangères au christianisme, ne comprennent pas la grandeur réelle du Christ et de son œuvre, et induisent de ce chef beaucoup d'esprits dans une fausse voie.

Quant à discuter sur l'antériorité de l'une ou de l'autre des deux traditions, c'est faire œuvre d'ignorant et de sectaire.

Toutes deux viennent ou de la race rouge ou de la race noire ou de la race jaune et résultent d'un mélange plus ou moins lointain. De plus, une tradition n'a de valeur qu'autant qu'elle est régénérée tous les quelques siècles par un nouvel envoyé céleste et, à ce point de vue encore, la tradition occidentale a l'avantage.

Aussi, le résumé que nous allons faire portera-t-il principalement de cette tradition.

∗ ∗ ∗

L'Egypte, il ne faut point l'oublier, fut la dernière contrée qui resta sous la domination des Atlantes. Elle conserva donc toujours le souvenir de ces peuples; et lors même qu'elle passa sous la puissance des Pasteurs phéniciens, elle resta en possession de deux traditions importantes : la première qui lui venait originellement de la Race sudéenne, dont ses habitants avaient fait partie, et la seconde qu'elle avait acquise de la Race boréenne, dont elle avait subi plus tard le culte et les lois. Elle pouvait même, au moyen de la première tradition, remonter à une antérieure, et conserver quelque idée de la Race australe qui avait précédé la sudéenne. Cette première race à laquelle appartenait, peut-être, le nom primif d'Atlantique, avait péri tout entière au milieu d'un déluge effroyable qui, couvrant la terre, l'avait ravagée d'un pôle à l'autre, et avait submergé l'île immense et magnifique que cette Race habitait au delà des mers. Au moment où cette île avait disparu avec tous les peuples qui l'habitaient, la race australe tenait l'Empire universel et dominait sur la sudéenne qui sortait à peine de l'état de barbarie et se trouvait encore dans l'enfance de l'Etat social. Le déluge qui l'anéantit fut tellement violent qu'il n'en laissa subsister qu'un souvenir confus dans la mémoire des Sudéens qui y survécurent. Ces Sudéens ne durent leur salut qu'à leur position équatoriale et aux sommets des montagnes qu'ils habitaient ; car il y n'y eut que ceux qui furent assez heureux pour se trouver sur les sommets les plus élevés qui purent échapper au naufrage.

Les traditions, que le corps sacerdotal égyptien possédait presque seul, lui donnait une juste supériorité sur les autres (1).

(1) Fabre d'Olivet, *Histoire philosophique*, p. 306.

Avant tout, rappelons le caractère distinctif et caractéristique de chaque tradition.

La tradition rouge se révèlera toujours par le nombre. La forme sera soumise au nombre par la géométrie, et les dessins des hommes mêmes seront triangulaires et géométriques. (Figure triangulaire des Etrusques primitifs, Hiéroglyphes, Pyramides, etc.)

La tradition jaune marquera son caractère par l'idée dominant tout, même la forme. (Ecriture idéographique, Chine, Egypte.)

La tradition noire donnera, au contraire, la suprématie à la forme et à l'imagination, les ornements, les adjectifs, les descriptions caractériseront toutes les productions de la race noire.

Enfin, les Blancs, derniers venus, constitueront leur propre tradition par le poids, le nombre et la mesure, étendus à toutes les traditions précédentes.

La tradition occidentale a été constituée par Moïse en unissant dans une magnifique synthèse les traditions pures de la race rouge, puisées en Egypte dans les Grands Mystères et les traditions les plus secrètes de la race noire; puisées auprès de Jethro, dans le temple du désert.

§ 2. — Moïse. — *La Kabbale.*

Moïse, élevé à la cour de Pharaon, égyptien initié aux mystères sacrés, passa de bonne heure en Ethiopie, à cause d'un meurtre qu'il avait commis. Ce fut là qu'il connut la tradition primitive des Atlantes sur l'Unité divine, et qu'il retrouva une partie de ces peuplades arabes que les Pasteurs phéniciens avaient chassées de l'Yemen, ainsi que je l'ai déjà raconté. Ces Arabes, issus d'un mélange d'Atlantes et de Celtes bodhones, avaient toutes sortes de motifs pour détester ces Pasteurs, auxquels ils conservaient le nom de Philistins. Dispersés dans l'Ethiopie comme dans l'Egypte, ils y étaient très malheureux. Moïse avait pris naissance parmi eux. Il était errant, il en fut accueilli. L'infortune les lia. On sait assez comment cet homme divin, appelé par la Providence à de si hautes destinées, fut réduit à garder les troupeaux de Jethro, dont il épousa la fille Zéphora.

Jethro était un des prêtres de ces Arabes expatriés dont j'ai déjà fait mention. On les nommait Hébreux pour la raison que j'ai dite. Jethro connaissait les traditions de ses ancêtres; il les lui apprit. Peut-être conservait-il quelques livres genethliaques relatifs aux Atlantes; il les lui donna. Le livre des *Générations d'Adam*, celui des *Guerres de Ihôa*, celui des *Prophéties*, sont cités par Moïse. Le jeune théocrate se pénétra de toutes ces choses et les médita longtemps. Enfin il obtint sa première inspiration étant dans le désert. Le Dieu de ses pères, qui se nomme lui-même Ihôa, l'Etre-étant, lui fit entendre sa voix du sein d'un buisson ardent.

Je n'insisterai point sur le sens mystérieux et secret du *Sepher* de Moïse, puisque j'ai dit ailleurs beaucoup de choses à ce sujet (1). Ce que j'ajouterai ici, comme ayant particulièrement trait à la matière que je traite, c'est que Moïse, après avoir rapporté

---

(1) Lang. héb. restituée.

la légende d'*Ælohim*, l'Etre des êtres, rapporte ensuite celle de *Noé*, le Repos de la Nature; celle d'*Abraham*, le Père Sublime; celle de Moïse, le Sauvé, à laquelle il mêle habilement la sienne, laissant à celui qu'il s'est choisi théocratiquement pour lui succéder à *Josué*, le sauveur, le soin d'achever son ouvrage. En sorte que les origines qu'il paraît donner à son peuple, et qu'il a donné à lui-même par la manière dont il lie ces légendes à son histoire propre, sont purement allégoriques, s'attachent à des objets cosmogoniques infiniment plus importants et remontent à des époques infiniment plus reculées.

Telle était la méthode que suivaient les anciens Sages, telle fut celle de Moïse. Le Sepher de cet homme extraordinaire, parvenu tout entier jusqu'à nous à la faveur du triple voile dont il l'a couvert, nous a porté *la tradition la plus ancienne qui existe aujourd'hui sur ta terre*. Elle atteint non seulement l'époque des Atlantes primitifs; mais s'élevant au delà de la catastrophe dont ils furent les victimes, s'élance à travers l'immensité des siècles jusqu'aux premiers principes des choses, qu'elle enarre sous la forme du Décret divin, émané de l'éternelle Sagesse (1).

## La Kabbale.

Moïse divisa son enseignement en deux parties reliées par une troisième.

1° Une partie écrite : la lettre, formée de carac-

---

(1) Fabre d'Olivet, *Histoire philosophique*, p. 326.

tères idéographiques à trois sens et constituant *le corps*.

2° Une partie orale : *l'esprit*, constituant la clef de la section précédente.

3° Entre les deux parties, un code de règlements relatifs à la conservation scrupuleuse du texte formant *la vie* de la tradition avec la jurisprudence comme principe animateur.

Le corps de la tradition prit le nom de *Massora*, la Mashore.

La vie de la tradition se divisa en *Mishna* et *Ghemara* dont la réunion fit le TALMUD.

Enfin, l'Esprit de la tradition, la partie la plus secrète, constitua le *Sepher Iezirah*, le *Zohar* avec le *Tarot* et les *Clavicules* comme annexes.

L'ensemble du tout forme la KABBALE.

La Kabbale (ou tradition orale) est donc la partie illuminatrice d'un être mystique constitué par Moïse sur le plan des êtres créés. C'est, à notre connaissance, la seule tradition qui se présente à nous avec ce caractère élevé et synthétique, c'est là la raison d'être de son unité et de sa facile adaptation à l'intellectualité occidentale.

La Kabbale est la science de l'Ame et de Dieu dans toutes leurs correspondances. Elle enseigne et elle prouve que TOUT EST DANS UN et que UN EST DANS TOUT permettant, grâce à l'analogie, de remonter de l'image au principe, ou de redescendre à l'instant du principe à la forme. Une lettre hébraïque est, pour le Kabbaliste, un univers en petit, avec tous ses plans de correspondance, comme l'Univers est un alphabet kabbalistique avec ses chaînes de rapports vivants. Aussi, rien n'est plus facile à comprendre, rien n'est plus difficile à étudier que la Sainte Kabbale, noyau véritable de toute l'initiation d'occident.

Trois plans d'existence appelés les trois Mondes manifestent l'Unité créatrice hors d'elle-même. Ces trois Mondes nous les retrouverons partout, aussi bien dans Dieu que dans l'Univers ou dans l'Homme, dont chacun manifeste le triple plan d'existence. Nous les retrouverons intégralement dans un grain de blé, comme dans une planète, dans un ver de terre comme dans un soleil, dans une parole humaine comme dans un signe d'écriture.

Aussi, n'est-il pas étonnant que les Kabbalistes aient été considérés, à travers les âges, comme d'ingénieux rêveurs par les pédants et par les ignorants et comme de prodigieux savants par les initiés.

La possession des clefs Kabbalistes ouvre l'avenir, le succès et le ciel à toute religion ou à toute fraternité d'initiés.

La perte de ces clefs condamne à mort ceux qui ont laissé s'éteindre la précieuse lumière.

A l'époque de Ptolémée, les Juifs ne peuvent plus traduire le Sepher de Moïse; ils vont perdre leur existence indépendante sous peu, et seuls les Esséniens, qui possèdent les clefs de la Kabbale, vont perpétuer leur esprit grâce au Christianisme.

Aujourd'hui, l'Apocalypse est fermée pour les Catholiques romains, autant que pour les Protestants évangélistes, pour les orthodoxes autant que pour les Arméniens; les clefs sont perdues.

Dans les loges maçonniques, l'acacia n'est plus connu, le cœur d'Hiram n'a pas été conservé dans le vase mystique : des athées, des ambitieux ignorants disent INRI et rayent IAVE du fronton de leurs temples. Ils sont encore plus à plaindre que les clergés qu'ils injurient, car ces derniers ont, au moins, conservé le dévouement qui fait des saints, s'ils ont perdu la tradition qui fait des initiés.

Voilà pourquoi il est nécessaire de parler encore un peu de Kabbale, quoique nous en ayons déjà aperçu quelques traces dans un précédent chapitre.

Voyons donc successivement : Quelques détails sur les trois mondes en eux-mêmes, c'est-à-dire, dans leurs Principes constitutionnels, aussi bien que dans leur triple plan de manifestations.

Les images idéales de ces lois, de ces rapports et de ces Principes figurées par les lettres idéographiques de la langue hébraïque, les dix numérations secrètes ou Sephnoth et les opérations de l'Arithmétique sacrée.

*\*\**

La Kabbale établit d'abord une loi générale, dont la création entière ne sera qu'une application. Cette loi, c'est la trinité, dérivée d'une unité primordiale, si l'on étudie les origines, aspirant à la fusion en l'Unité si l'on étudie les fins, ou se développant en un cycle quaternaire si l'on étudie la vie ou la période d'état.

Cette trinité existe d'abord dans le Principe premier de toute création et est ainsi figurée :

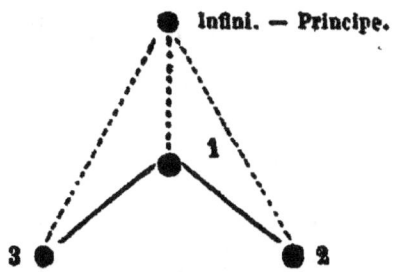

Chacun des éléments constitutifs de cette Trinité possède le pouvoir de création et de génération que possédait le Principe Premier ; mais ce pouvoir est dans chaque élément dérivé, teinté d'un caractère particulier qui s'appelera affinité ou sexe suivant les plans ultérieurs d'action.

Il y a, en effet, trois plans d'action dans lesquels, et dans lesquels seuls, peut s'exercer l'activité de toute créature. Ces trois plans ou hiérarchies sont appelés par la Kabbale, *les trois mondes* et sont représentés dans la moindre des créatures comme dans la plus immense.

Ainsi, une lettre hébraïque est une créature intellectuelle contenant les trois mondes sous l'aspect des trois sens hiérarchiques, un globule de sang est une créature de vie manifestant les trois mondes par trois centres (enveloppe, substance médiane, noyau), le corps physique de l'homme est une création physique manifestant également les trois mondes par sa constitution (tête, poitrine, ventre).

Ces trois mondes sont constitués :

1° Par un monde supérieur ;
2° Par un médian ;

3° Par un inférieur,
qui recevront des noms tout à fait différents suivant la créature dans laquelle on les considérera. C'est ici la source d'une foule d'obscurités et d'erreurs pour les étudiants, erreurs que les Kabbalistes ont pourtant essayé de conjurer de leur mieux.

Ainsi, dans un globule de sang, les trois mondes sont représentés par l'âme du globule agissant dans le noyau, la vie du globule agissant dans la substance médiane et le corps du globule limité par l'enveloppe.

Dans l'homme, le monde supérieur sera l'Esprit ou Etre immortel utilisant le système nerveux conscient, la Vie ou principe animateur utilisant le système nerveux sympathique et les vaisseaux sanguins; enfin le corps renouvelant et supportant toute la matière.

Mais il est facile de voir que le corps est à son tour une représentation des trois mondes, la vie reflète églement une trinité, de même que l'Esprit immortel. Comment représenter tout cela pour éviter l'erreur d'interprétation et l'obscurité?

Chaque monde sera représenté par un espace limité par deux lignes horizontales. La ligne horizontale du haut touchant au monde immédiatement supérieur, la ligne horizontale du bas au monde immédiatement inférieur, et les trois mondes seront ainsi superposés :

. . . . . . . . . .
Monde Supérieur.
―――――――――――――
Monde Médian.
═══════════════
Monde Inférieur.
. . . . . . . . . .

Mais chaque monde a dans l'autre un reflet ou une représentation de lui-même. Ainsi, le système nerveux conscient, quoique centralisé dans la tête, a des émanations dans la Poitrine et dans le Ventre. Le système sympathique et sanguin, quoique centralisé dans la Poitrine, envoie des artères et des veines partout dans les autres mondes humains, de même que le système digestif et lymphatique, quoique centralisé dans le Ventre, émane également des vaisseaux et des globules circulant dans tout l'organisme.

Trois nouvelles subdivisions dans chaque monde indiqueront très facilement tout cela.

| | |
|---|---|
| MONDE SUPÉRIEUR | Localisation du Supérieur |
| | Reflet du Médian |
| | Reflet de l'Inférieur |
| MONDE MÉDIAN | Reflet du Supérieur |
| | Localisation du Médian |
| | Reflet de l'Inférieur |
| MONDE INFÉRIEUR | Reflet du Supérieur |
| | Reflet du Médian |
| | Localisation de l'Inférieur |

Mais pour bien indiquer que ces mondes et leurs reflets se pénétraient réciproquement, les Kabbalistes ont adopté des lignes verticales ou *colonnes* qui traversant chacune, chacun des trois mondes indiquent au premier coup d'œil les relations de ces divers centres hiérarchiques les uns avec les autres, ainsi qu'on le verra par la figure suivante :

|  |  | SUPÉRIEUR |  |  |
|---|---|---|---|---|
| **Monde Supérieur.** |  | Localisation. |  | *Reflet supérieur.* |
|  | *Reflet supérieur.* |  |  |  |
|  |  | *Reflet médian.* |  | MÉDIAN |
| **Monde Médian.** | *Reflet médian.* |  |  |  |
|  |  |  |  | Localisation. |
|  |  | *Reflet inférieur.* |  | *Reflet inférieur.* |
| **Monde Inférieur.** | Localisation. |  |  |  |
|  | INFÉRIEUR |  |  |  |

Voilà le champ d'action dans lequel vont opérer les créatures et il est clair que ce champ d'action changera de nom en même temps que la créature qui sera contenue en lui.

Ainsi pour l'homme, nous aurons à voir dans le plan ou monde supérieur (tête) :

1° L'Esprit qui y est localisé ;
2° La Vie qui y est reflétée ;
3° Le corps qui y est également reflété.

Dans le plan médian ou poitrine, il en sera de même. Il y aura :

1° Le reflet de l'Esprit conscient ;
2° La localisation de la Vie ;
3° Le reflet du corps matériel.

Enfin dans le plan inférieur ou abdomen, nous retrouverons cette triple division. Des cercles nous indiqueront chaque élément et nous aurons très facilement la figure suivante :

| | ESPRIT | |
|---|---|---|
| Tête Nerfs | | Etre Psychique Vie intellectue. |
| Poitrine Sang | | Vie organique |
| | SENTIMENT | |
| Ventre lymphe | | Vie cellulaire |
| | INSTINCT | |

Mais n'oublions pas que ces neuf centres sont émanés d'un grand Principe infini qui a donné naissance à la première trinité. Notre figure ne sera donc complète qu'en figurant au-dessus du monde supérieur, ce Principe premier créateur et au-dessous du monde Inférieur le reflet direct de ce principe, l'élément par lequel la création seconde ou génération peut s'accomplir et nous aurons (en prenant toujours l'homme comme image) la figure suivante :

```
                Principe créateur
                     DIEU
         ┌─────────────────────────┐
         │         ESPRIT          │
         ├─────────────────────────┤
  Tête   │                         │  Être
 Poitrine│                         │ psychique
         │                         │   Vie
         │                         │ organique
         ├─────────────────────────┤
    T    │       SENTIMENT         │
  Ventre │                         │  Vie
         │                         │ cellulaire
         ├─────────────────────────┤
         │        INSTINCT         │
         └─────────────────────────┘
               GÉNÉRATION
            Reflet du P. C.
                créateur
            dans la Matière
```

Il faut bien se souvenir que cette figure que nous venons d'appliquer à l'homme tout entier s'appliquerait aussi bien à l'analyse anatomique, c'est-à-dire constitutive de l'homme seul, Cela indique que cette figure est bien l'expression absolue de la loi générale de constitution et qu'il suffit de changer le nom des éléments pour obtenir immédiatement le nom des plans des mondes correspondants ou réciproquement. Et grâce à cette figure, on pourrait analyser par la clef dix (3 ternaires tonalisés), les divisions les plus fines de la cellule aussi bien que nous avons analysé celles de l'homme tout entier.

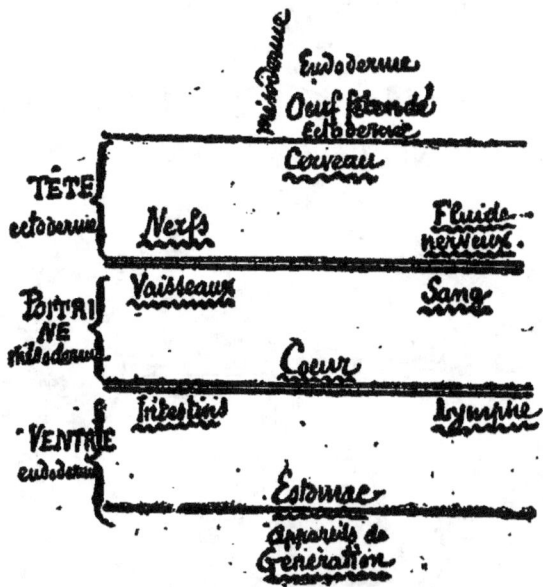

Les Kabbalistes ayant déterminé cette loi générale n'avaient pas à l'obscurcir par le choix d'un exemple quelconque; il fallait laisser à chaque terme de cette loi un nom assez général pour éviter toute confusion; aussi, dans la figure qui devait servir d'exemple à toutes les figures d'application, chacun des termes fut-il nommé NUMÉRATION, car il n'existe pas de terme plus général que le nombre.

Telle est l'origine de ce que l'on nomme en Kabbale :

LES DIX SEPHIROTH OU LES DIX NUMÉRATIONS

Chacune de ces Sephiroth ou Numérations fut appliquée à une des qualités de Dieu dans le premier Exemple d'application et l'on obtint ainsi le tableau classique dont nous donnons, pour la première fois à notre connaissance, la genèse et la clef de construction dans les quelques pages précédentes.

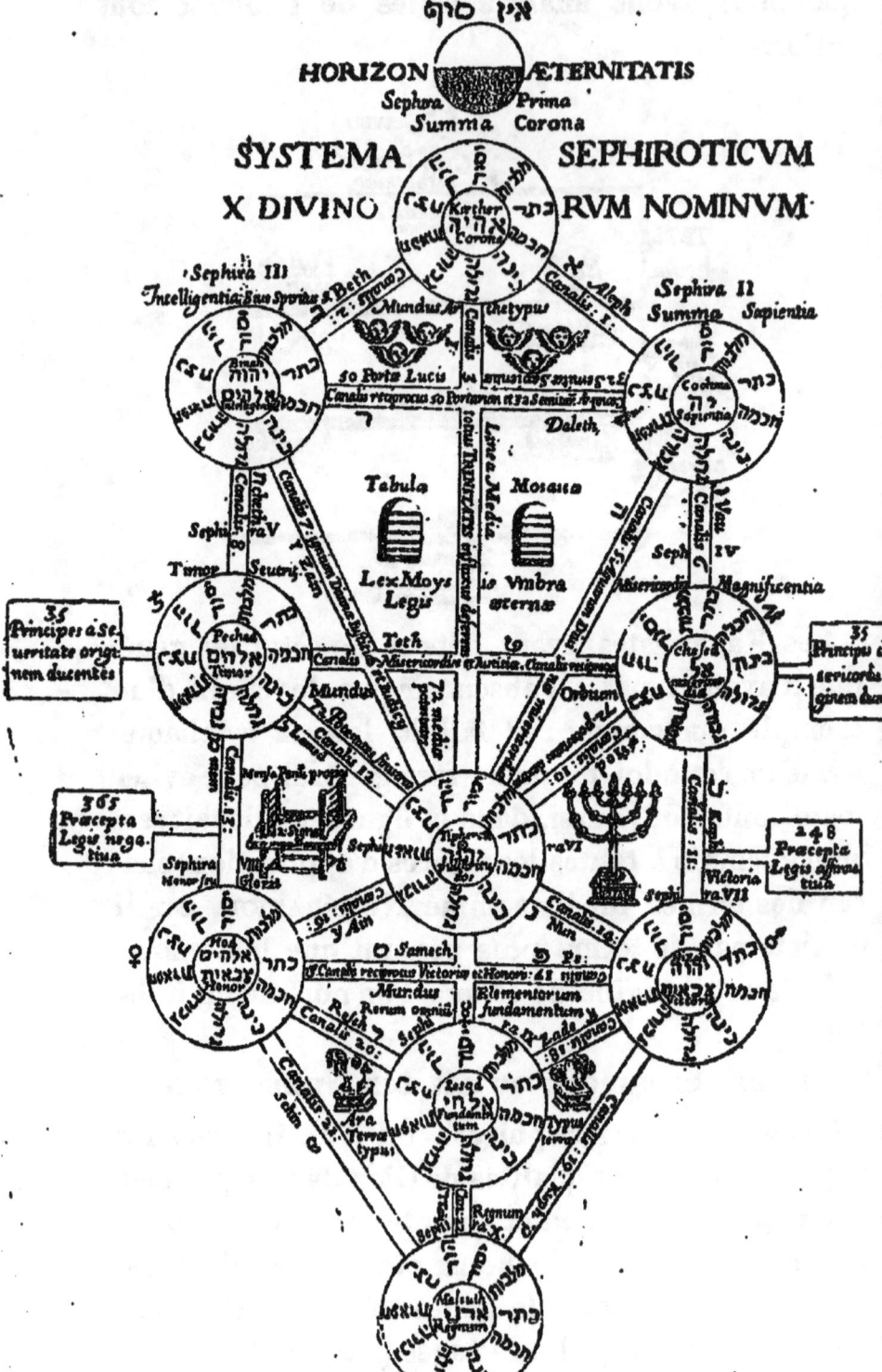

Cependant ces Dix éléments d'analyse applicables à une réalité quelconque ne sont pas isolés les uns des autres. Outre leurs relations de colonnes, il existe entre eux, des *voies d'union*, appelées CANAUX et réunissant les éléments les uns avec les autres.

Chacun de ces canaux est constitué par une *réalité créée* par un être intellectuel, vital ou matériel suivant le monde auquel appartient la créature à laquelle on applique la figure des numérations.

De même que des *Numérations* indiquaient chacun des éléments constitutifs de notre figure générale, de même, les *lettres hébraïques* indiquèrent chacune des voies mystiques unissant ces éléments.

Ici encore il fallait suivre la loi trinitaire et les Kabbalistes n'y ont pas manqué dans la constitution de cet instrument merveilleux qu'est l'alphabet hébraïque.

L'alphabet hébraïque se compose de vingt-deux lettres hiéroglyphiques, dont chacune est une créature intellectuelle, susceptible de profondes interprétations. Ces lettres répondent aux trois mondes de la façon suivante :

Trois lettres mères : l'A (Aleph) n° 1, l'M (Mem) n° 13 et le SH (Schin) n° 21 représentent le monde supérieur.

Sept lettres doubles représentent le monde médian.

Douze lettres simples représentent le monde inférieur.

Comme chacun des mondes est représenté dans

les autres, nous trouverons chacun des genres de lettres dans chaque monde. C'est ainsi que

Le Monde supérieur aura une lettre mère, trois doubles et quatre simples constituant ses canaux.

Le Monde Médian a une mère, deux doubles, six simples.

Le Monde Inférieur une mère, deux doubles, deux simples.

On trouvera les noms et les numéros de chacune de ces lettres p. 246.

Telle est la loi de constitution statique du système des Sephiroth.

Le triple ternaire, avec ses deux tonalisantes, une supérieure et une inférieure, et les canaux mystiques manifestés par des lettres hébraïques qui unissent les divers centres.

Mais c'est là le statique, l'anatomie du système, et il ne faut pas oublier que ce système est la figure exacte de la Loi de Vie répandue dans l'Univers tout entier ; aussi les divers éléments que nous venons de voir vont-ils donner, par leurs diverses combinaisons, une infinité de lois nouvelles dirigeant le détail de la répartition de la force centrale dans les divisions ultimes des divers mondes.

Chaque fois que le grand schéma séphirotique sera appliqué à un nouveau système de réalités, aussitôt toutes les significations des centres et des voies changeront de caractère et c'est là la route qu'ont suivie les Kabbalistes pour dérouter les paresseux et les profanes.

La signification symbolique des lettres hébraïques a été prise *dans plusieurs systèmes différents*, *dans plusieurs applications à des réalités de divers plans* et c'est pourquoi certaines lettres se rapportent à l'homme comme le *Caph* qui montre le poing fermé, tandis que d'autres se rapportent à la Nature comme le *Samech* qui désigne le serpent astral. A la vérité il n'existe pas de *clef complète et écrite* de la valeur réelle des lettres hébraïques dans un seul plan d'application et c'est à chaque étudiant à faire lui-même, une clef de ce genre en la recommençant pour chaque système de réalité ; car le chercheur apprendra ainsi à manier réellement l'analogie et à ouvrir le livre fermé de sept sceaux.

## *Comment faut-il étudier la kabbale ?*

On comprend que nous ne pouvons, dans ce court exposé, entrer dans de multiples détails concernant la Kabbale qui forme la base réelle de l'initiation occidentale. Nous venons d'exposer assez clairement la construction des Sephiroth, nous avons dit quelques mots des lettres hébraïques, il nous reste à donner quelques conseils à ceux qui voudront pousser plus loin leurs études. Voici d'abord ce qu'il faut savoir d'une manière à peu près imperturbable et qui constitue l'A B C de la question.

1° *Les dix Sephiroth* dans leur application à la manifestation divine.

2° *Les 22 lettres*, leur nom, leur place, leur nombre et leur hiéroglyphe dans l'alphabet traditionnel.

3° *Les Schemoth* ou noms divins qui forment

*l'âme* des Sephiroth considérées comme vertus divines.

4° Cela bien connu ; il est utile d'étudier le livre de la formation, clef analogique de la Loi de Vie ou le *Sepher Ietzirah* (1).

5° C'est alors qu'on pourra comprendre d'abord dans Agrippa *(Phil. occulte, 2° vol.)* ensuite dans les classiques, l'art des transpositions ou *Ghematria*, l'art de déterminer le caractère des signes ou *Notaria* et enfin l'art des commutations et combinaisons ou *Themuria*.

6° Ces études préparatoires sont nécessaires pour aborder avec fruits la lecture de ce livre mystérieux et sublime qu'est *le livre de la Lumière, le livre du char céleste, le Zohar* qui nous initie aux mystères de la Digestion des Univers par l'Homme Céleste et de la constitution de l'Adam-Kadmon.

7° Les œuvres d'*Eliphas Levi* et aussi celles de *Louis Michel de Figanières (Clef de la Vie, la Vie Universelle)* sont particulièrement indiquées à titre de commentaires et de résumé de tous les enseignements.

On voit maintenant pourquoi l'étude de la Kabbale a toujours été regardée comme un des efforts les plus beaux auquel puisse se consacrer l'intelligence humaine. On trouvera les éléments de tout cela dans les tableaux suivants et certains développements dans notre *Traité méthodique de Science occulte*

---

(1) On trouvera notre traduction française de ce livre dans le *Traité méthodique de Science occulte* et une nouvelle traduction plus développée encore, dans notre revue l'*Initiation*.

ainsi que dans les remarquables et très personnels ouvrages de Stanislas de Guaita.

## LES SEPHIROTH
*dans leur application à la manifestation divine.*

**ENSOPH**
*L'Absolu*

**KETHER**
*La Couronne*

**BINAH**　　　　　　　　　　**CHOCHMAH**
*L'Intelligence*　　　　　　　　*La Sagesse*

**PECHAD**　　　　　　　　　　**CHESED**
*La Crainte*　　　　　　　　　*La Miséricorde*

**TIPHERETH**
*La Beauté*

**HOD**　　　　　　　　　　　**NIZAH**
*L'Honneur*　　　　　　　　　*La Victoire*

**IESOD**
*Le Fondement*

**MALCHUT**
*Le Royaume*

## Les 22 Lettres

| PLACE dans l'Alphabet et Caractère | NOM | | FIGURE | HIÉROGLYPHE USUEL | VALEUR |
|---|---|---|---|---|---|
| Mère | 1 | Aleph | א | L'Homme. | 1 |
| Double | 2 | Beth | ב | La Bouche de l'homme. | 2 |
| Double | 3 | Ghimel | ג | La Main dans l'action de prendre. | 3 |
| Double | 4 | Daleth | ד | Le Sein. | 4 |
| Simple | 5 | Hé | ה | L'Haleine. | 5 |
| Simple | 6 | Vau | ו | L'Œil. — L'Oreille. | 6 |
| Simple | 7 | Zaïn | ז | Flèche. | 7 |
| Simple | 8 | Heth | ח | Un Champ. | 8 |
| Simple | 9 | Teth | ט | Une Toiture. | 9 |
| Simple et Principe | 10 | Iod | י | L'Index. | 10 |
| Double | 11 | Caph | כ | La Main dans l'action de serrer. | 20 |
| Simple | 12 | Lamed | ל | Le Bras se déployant. | 30 |
| Mère | 13 | Mem | מ | La Femme. | 40 |
| Simple | 14 | Noun | נ | Un Fruit. | 50 |
| Simple | 15 | Samech | ס | Serpent. | 60 |
| Simple | 16 | Haïn | ע | Lien matérialisé. | 70 |
| Double | 17 | Phé | פ | La Bouche et la Langue. | 80 |
| Simple | 18 | Tzad | צ | Toit. | 90 |
| Simple | 19 | Coph | ק | Hache. | 100 |
| Double | 20 | Resch | ר | La Tête de l'Homme. | 200 |
| Mère | 12 | Schin | ש | Flèche. | 300 |
| Double | 22 | Thau | ת | Le Sein. | 400 |

## Les 10 Noms divins (Schemoth).

1. Ehîeh.
2. Iah.
3. Iehovah.
4. El.
5. Eloha.
6. Elohim.
7. IAVE Sabaoth.
8. Elohim Sabaoth.
9. Shadaï.
10. Adonaï.

# QUELQUES NOTES DE HAUTE KABBALE

Le Traité kabbalistique de la *Révolution des Ames*, traduction inédite et commentaires du D' Marc Haven, un des plus profonds kabbalistes contemporains, donne au sujet des points les plus élevés de ces doctrines certains enseignements d'autant plus utiles à faire connaître qu'ils ont été très souvent présentés de manière incomplète par les commentateurs de la kabbale. En résumant, d'après le manuscrit du D' Marc Haven, ces enseignements, nous laisserons toutefois à certaines questions le voile que la patience et l'effort personnel de l'étudiant doivent seuls lever. Aussi, procèderons-nous par notes séparées.

## LES MONDES (1)

Les Mondes kabbalistiques sont au nombre de trois, tonalisés par un quatrième, ce sont :

*Le Monde émanatif* ou AZILUTH.
*Le Monde créatif* ou BRIAH.
*Le Monde formatif* ou JESIRAH.
*Le Monde factif* ou ASIAH.

## LES PERSONNES

Dans chacun de ces mondes, existent cinq personnes mystiques, ainsi disposées :

---

(1) Voy. à ce sujet l'étude précédente sur les *Mondes kabbalistiques*.

**MACROPROSOPE**
ou Longuanime.

| LE PÈRE | LA MÈRE |
|---|---|
| LE MICROPROSOPE<br>ou Irascible. | L'ÉPOUSE |

La réflexion, de haut en bas, de ces personnes mystiques, génère les dix Séphires.

Dans l'Homme, les Personnes sont ainsi représentées (1).

| CHAIJAH | JECHIDA |
|---|---|
| NESCHAMAH<br>(Nous). | ROUACH<br>(Epitumia). |

**NEPHESCH**
(Psyché).

## ADAM

Adam se manifeste sous trois plans :

ADAM KADMON.
ADAM BELIAL.
ADAM PROTOPLASTE.

*Adam Kadmon* est l'Adam qui a précédé la Chute, *Adam Belial* est l'Adam des Ecorces, et *Adam Protoplaste* est le Principe des âmes différenciées (celui que Fabre d'Olivet appelle l'Homme Universel).

Adam Kadmon se manifeste dans les cinq Prin-

---

(1) Voilà pourquoi David a dit (Ps. 103-104): *Que mon Ame loue cinq fois le Seigneur.*

cipes redressés des mondes et Adam Belial dans les cinq Principes renversés (ceci est un mystère).

## LES AMES

Les Ames sont issues de la différenciation d'Adam Protoplaste ; elles sont au nombre de soixante myriades et se génèrent d'après les nombres mystiques suivants :

3 — 12 — 70 — 613 — 60 myriades.

Là et non ailleurs est l'origine des 613 préceptes de la Loi.

*L'Embryonnat des âmes* ou Ibbur (עיבור) est double selon que l'âme est nouvelle ou réincarnée.

*La Révolution des âmes* ou Gilgoul גילגול complète le mystère de la destinée humaine. Ceux qui connaissent ce mystère, savent qui est l'homme qui a 13 ans et un jour.

## § 3. — L'HELLÉNISME.

En même temps que Moïse développait le côté unitaire et dorien de la tradition, le côté masculin de la Divinité, Orphée, en Thrace, développait le côté multiple et ionien de ladite tradition, la manifestation féminine de la Divinité, de là, le *Polytheisme*.

Cependant *des Mystères* étaient partout institués pour enseigner aux initiés que ces deux aspects se synthétisaient en une sublime Unité ; aussi les mystères d'Isis apprenaient-ils les voies de l'intuition aux farouches disciples du Dieu Mâle, tandis que les Mystères de Mithra et d'Apollon enseignaient les voies d'unification psychique aux imaginatifs disciples du Dieu féminin.

Aussi comprend-on que l'histoire nous ait transmis plus fidèlement l'ésotérisme des mystères d'Egypte que des mystères ioniens. Et cependant que de beautés et combien profondes, cachées sous le voile gracieux des fables de l'Hellénisme (1).

### CRÉATION DE LA GRÈCE. — *Le Polythéisme.*

L'Europe, en partie sauvage, dépendait de l'empire indien, comme tout le reste de notre hémisphère, lorsque le schisme des pasteurs venant à éclater, elle en fut tout à coup séparée et passa sous la domination des Phéniciens avec les contrées de l'Asie et de l'Afrique voisines de la Méditerranée.

Ces peuples, très habiles navigateurs et marchands audacieux, en parcoururent les côtes, s'emparèrent des colonies existantes, en établirent d'autres et pénétrèrent, autant qu'ils le purent, dans l'intérieur des terres. Les noms qu'ils imposèrent à leurs établissements furent tous tirés de la mythologie ou des symboles de leur culte. Celle de leur colonie la plus florissante et la plus étendue comprenait à la fois les Thraces, les Dacés, les Tosques et les Etrusques, tous noms qui ne diffèrent que par le dialecte et se réduisent au même : c'est à savoir au nom primitif de Thrace, qui signifie, en Phénicien, *l'Espace éthéré*.

---

(1) Les œuvres de *Dupuis* et surtout celles de *Vaillant* (*Clef Magique de la Fiction et de Fait*) indiquent aux chercheurs le troisième sens (naturaliste de ces symboles. Ne pas oublier l'existence des deux sens supérieurs sous peine de regrettables erreurs.

La Grèce n'était pas d'abord distinguée de la Thrace, c'était le même nom plus restreint et moins emphatique, à cause de la différence de l'article initial. Celui d'Ionie, qui lui fut donné par la suite, et qui désignait le symbole particulier de la secte ionienne, lui fut commun avec toutes les possessions phéniciennes tant en Europe qu'en Asie (1).

### AUTONOMIE DE LA GRÈCE.

Les Ioniens, justement alarmés d'une doctrine (disposition des Tetracordes) qui tendait à restreindre leur influence, et craignant de voir leur empire affaibli par tant de déchirements, s'écrouler tout à fait, voulurent s'opposer à sa marche, mais il était trop tard. Le suprême sacerdoce lança vainement des anathèmes. La Grèce entière se souleva et commença dès lors à se distinguer de la Thrace proprement dite, restée fidèle à la métropole. On éleva autel contre autel et, refusant de reconnaître désormais le souverain pontife, résidant sur la montagne sacrée de la Thrace, on choisit le mont Parnasse pour remplacer cette montagne et l'on y bâtit la ville de Delphes, désignée pour être la ville sainte sous le nom de *Pytho*. Ce fut là que la secte nouvelle, se disant conduite par l'esprit universel *Oleu*, plaça le fameux ombilic, symbole de l'hermaphrodisme divin et prit, pour objet de son culte, le soleil et la lune, réunis dans le même être d'abord sous le nom d'*Œtolnios*. Cette révolution qui, en séparant pour jamais la Grèce de la Prhygie et isolant cette der-

---

(1) Fabre d'Olivet, *la Musique*, p. 70, 71.

nière de la Thrace, a exercé la plus grande influence sur les destinées de l'Europe, méritera, un jour, d'occuper les crayons de l'histoire (1).

### ORPHÉE

Orphée est le premier homme chez les Grecs qui ait fait époque, en se posant au centre d'une sphère morale, dont l'influence se fait encore sentir parmi nous après trente-trois siècles. Instruit par les Egyptiens, initié à leurs mystères les plus secrets, il s'éleva en Grèce au rang de prophète et de Pontife suprême. Il sut réunir au même culte vingt peuplades ennemies, divisées autant par leurs opinions religieuses que par leurs lois civiles, et fonda cette admirable fédération amphictyonique dont les décrets étaient soumis à la sanction du souverain pontife de Delphes. C'est lui qui est le créateur de cette magnifique mythologie grecque qui, malgré les efforts redoublés d'une secte intolérante et fanatique, brille encore au travers des ridicules lambeaux dont on l'a enveloppée, anime tous nos arts et règne dans notre poésie (2).

### LES MUSES.

Les Egyptiens semblaient n'avoir compté que trois muses, *Mileté*, *Mnémé*, *Œdé*, c'est-à-dire celle qui produit ou génère, celle qui conserve ou désigne, celle qui idéalise et rend compréhensible. Les Grecs en portèrent le nombre presqu'à neuf, en distinguant davantage les attributs. Ils les dirent

---

(1) Fabre d'Olivet, *la Musique*, p. 78, 79.
(2) Fabre d'Olivet, *la Musique*, p. 80.

**ES DIVERSES TRADITIONS DE 8640 AVANT J.-C. A NOS JOURS** (Résumé des chap. VII e[t]
par **PAPUS**

| JAPON | INDE | CHALDÉE et IRAN (ASSYR.) | ARABIE SYRIE PHÉNICIE PALESTINE | EGYPTE | AFRIQUE ÉTHIOPIE | GRÈCE et TURQUIE | ITALIE | FRANCE | RUSSIE ALLEMAGNE SUÈDE | Dates (approxim.) |
|---|---|---|---|---|---|---|---|---|---|---|
| | | | | OSIRIS 2510 | | Étrusques | | | | |
| | RAM – LAM BRAHMANISME | | | | | | | DRUIDES | | 8640 à 6[?] av. J.-C. |
| | KRISHEN (Gopalla) | 1ᵉʳ Zoroastre | | | | | | | | 3200 |
| | FO (Sakya) | 2ᵉ Zoroastre | | MISTÈRES (grands) MOÏSE (Kabbalistes) THÈBES | | ORPHÉE | | | | 2703 |
| | GAUTAMA (4ᵉ Bouddha) | Dernier ZOROASTRE | ESDRAS | | | ATHÈNES PYTHAGORE SOCRATE PLATON ARISTOTE | NUMA | | | 1600 |
| | | | | | | | ROME | | | 700 500 400 |
| | | | JÉSUS | ÉCOLE D' ALEXANDRIE APOLLONIUS | | | CÉSAR | | ODIN | 400 à 1[?] |

filles de *Zeus* et de *Mnémosine*, c'est-à-dire de l'être éternellement vivant et de la faculté mémorative, et les nommèrent : *Cléo*, celle qui célèbre ; *Melpomène*, celle qui chante les faits dignes de mémoire ; *Thalie*, celle qui s'épanouit, qui cherche l'agrément ; *Euterpe*, celle qui ravit ; *Terpsichore*, celle qui se délecte de la pause ; *Erato*, celle qui aime ; *Calliope*, celle qui raconte les faits éclatants ; *Uranie*, celle qui considère le ciel ; *Polymnie*, celle qui explique les différents arts.

Les neuf muses reconnaissaient pour chef *Apollon*, le générateur universel et prenaient quelquefois pour guide *Hercule*, le seigneur et le maître de l'Univers (1).

### PYTHAGORE. — *La Tradition secrète*.

Lorsque Pythagore parut en Grèce, riche de toutes les lumières de l'Afrique et de l'Asie, environ neuf siècles après Orphée, il y trouva le souvenir de ce philosophe presque effacé de la mémoire des hommes, et ses instructions les plus belles, ou méconnues ou rapportées à des origines fantastiques. Le misérable orgueil de se dire autochtone et de ne rien devoir aux nations voisines avait bouleversé toutes les idées. On plaçait en Crète le tombeau de *Zeus*, le dieu vivant ; on voulait, à toute force, faire naître, dans une bourgade de la Béotie, *Dyonisos*, l'esprit divin, et dans une petite île de l'Archipel, *Apollon*, le père universel. On débitait mille extravagances de cette nature et le peuple, devenu souverain, qui

---

(1) D'Olivet, *la Musique*, p. 48

y croyait, commandait arrogamment aux plus fortes têtes d'y croire. Les mystères établis pour faire connaître la vérité à un trop grand nombre d'initiés perdaient leur influence ; les hiérophantes, intimidés ou corrompus, se taisaient en consacrant le mensonge. Il fallait nécessairement que la vérité se perdît tout à fait ou qu'il se trouvât une autre manière de la conserver.

Pythagore fut l'homme à qui ce secret fut révélé. Il fit pour la science ce que Lycurgue avait fait pour la liberté.

Celui-ci, comme législateur, avait institué sur un point de la Grèce un couvent de soldats contre lequel vint se briser le despotisme persan ; celui-là, comme philosophe, institua une assemblée secrète d'hommes sages et religieux qui, se répandant en Europe, en Asie et même en Afrique, y lutta contre l'ignorance et l'impiété tendant à devenir universelles. Les services qu'il rendit à l'humanité furent immenses.

La secte qu'il créa et qui, aujourd'hui même, n'est pas entièrement éteinte après avoir traversé, comme un sillon de lumière, les ténèbres amoncelés sur nous par l'irruption des Barbares, la chûte de l'empire Romain et l'érection nécessaire d'un culte intolérant et superstitieux a rendu la restauration des sciences mille fois plus facile qu'elle n'eût été sans elle, et nous a épargné plusieurs siècles de travaux (1).

Retenons bien cette affirmation de Fabre d'Olivet

---

(1) Fab. d'Olivet, *La Musique*, p. 81.

A côté du courant Kabbalistique pur venant des Egyptiens par Moïse, nous retrouverons plus tard en Europe un courant d'initiation pythagoricienne. Le premier se reconnaîtra toujours à ses aspirations religieuses et élevées, il fait des *cohens*, des prêtres ; le second se reconnaît au contraire à ses tendances scientifiques bien que toujours très élevées ; il fait des savants et des sages. C'est par la fusion de ces deux courants à certaines époques et par leur réciproque illumination que les plus belles des fraternités initiatiques d'Occident ont vu augmenter leur force et leurs moyens d'action dans le temps et dans l'espace.

## § 4. — LE CHRISTIANISME. — *Le Courant d'Amour-Vivant.*

Si l'on considère avec le plus grand respect le courant de lumière et de science dérivé de la Kabbale et de l'Hellénisme par Orphée Pythagore et Platon et un peu aussi par Aristote, il faut bien prendre garde de ne pas commettre une grande erreur en n'attachant pas une importance au moins égale au grand courant d'illuminisme religieux basé sur la pure culture des facultés divines de l'homme, en dehors de toute science et au-dessus de tout enseignement déductif. Les Patriarches, les Prophètes en Israël, le Christ, les Apôtres, certains grands docteurs Gnostiques, les Saints du Christianisme et les Théosophes chrétiens illuminés représentent ce courant splendide auquel nous devons la clef du Trésor céleste, si nous devons la clef du Trésor terrestre au courant précédent.

Et il est intéressant de constater que si Fabre d'Olivet a été le sublime révélateur du premier de ces courants, Saint Yves d'Alveydre a été le profond apôtre du second. C'est par une erreur très grande qu'on pourrait voir des suivants dans ces deux grands esprits, qui chacun de son côté, viennent nous révéler les deux pôles dont l'union constitue l'Eternelle Vérité.

Et nous sommes heureux de remettre ici dans sa vraie lumière et à sa juste place, Saint Yves d'Alveydre, ce chevalier du Christ et des Patriarches qui, possédant toutes les initiations, a su demeurer le champion de la communion à Dieu par la Vie et par l'Amour formant dans le ciel un seul Principe : l'Amour-Vivant.

Aussi l'auteur des « Missions », Mission des Souverains, Mission des Juifs, Mission des Français, a-t-il créé le Synarchie chrétienne et vivante en face de l'Encyclopédisme du courant purement scientifique, et peut-il compter sur la justice qui sera rendue à son grand labeur et à ses courageux efforts.

## LE CHRISTIANISME

Les historiens n'ont pas évité l'erreur que nous venons de signaler et cette faute a été aggravée encore par cette soi disant critique moderne qui, sous l'influence des idées matérialistes, a voulu réduire à son étroit horizon les mystérieuses réalisations du plan divin.

Il faut être historien professionnel pour ne pas se rendre compte qu'une même cause ne peut produire que des effets toujours semblables.

Si le Christianisme n'était que l'œuvre d'un homme vaguement illuminé, fut-il secondé par un organisateur de la valeur de St-Paul, par quelles raisons cet homme aurait-il généré des effets différents de ceux générés par tous les illuminés ses prédécesseurs.

L'histoire s'accorde à reconnaitre que le prophète juif *Hillel*, plusieurs années avant Jésus de Nazareth avait entrepris un effort semblable. De plus, il est avéré qu'Hillel avait en main des moyens de réussite autrement puissants que ceux dont disposa Jésus. Si les moyens humains suffisaient d'où vient l'échec d'Hillel qu'on nous présente ainsi.

« Hillel venu de Babylonie à Jérusalem, trente-six ans avant Jésus, pauvre et doux est auréolé d'une légende bizarre. Tombé à Jérusalen, un jour las, transi, mourant et ramené à la vie « bien qu'on fût en sabbat » Hillel aussitôt devenu sympathique; puis recherché à cause de l'élégance de sa parole, de la subtilité de ses discussions, du charme de sa petite voix grêle, de l'étrangeté de sa modestie.

On ne parvenait pas à le mettre en colère ; il ne condamnait que les trafiquants ; il n'admettait à titre de « connaissance » que la Thora ; il ne tenait à rien, — n'ayant ni biens, ni femme, ni famille — sauf à « étudier. » Il avait dit que toute loi se résumait à ceci « Ne faites pas à autrui ce que vous ne voudriez pas qu'on vous fît à vous-même ». Son influence s'étendit rapidement ; on le nomma chef de l'Assemblée (1).

On s'en tirera, il est vrai, en disant que Jésus fut un imitateur d'Hillel, mais cette habitude de ne jamais chercher le côté *secret* de l'histoire a fait, dans ce cas encore, commettre bien des bévues.

Certains livres initiatiques enseignent les secrets de cette descente du ciel vers la race blanche. Parmi eux se place au premier rang ce bijou de Valentin « *Pistis Sophia* (2) », auquel nous renvoyons les initiés et par lequel nous avons essayé d'établir quelques éclaircissements. De ce livre, nous détacherons au sujet qui nous occupe les simples pages suivantes :

## CRÉATION DU CHRISTIANISME

### INVOLUTION DES PRINCIPES CÉLESTES VENANT CONSTITUER LES INDIVIDUALITÉS TERRESTRES QUI VONT CRÉER LE CHRISTIANISME.

L'homme possède en lui-même le principe de sa propre ascension. Qu'il réunisse, par un moyen quelconque, son Esprit immortel à la Vertu céleste qui l'accompagne durant sa vie dans le corps physique, et il devient un *participant du premier Mystère*, dira Valentin, un *saint*, dira le catholicisme, un

---

(1) Marius Fontanes, *le Christianisme*, p. 206.
(2) *Pistis Sophia* de Valentin traduit du copte par Amilineau, 1 vol. in-8, Chamuel, 1895.
*Clef de l'Ame et de son Salut* d'après Pistis Sophia par Papus.

*chrestos ou un christos*, diront les écoles d'initiation du degré élémentaire, il *ne renaîtra plus*, il participera au « Nirvâna », diront les Orientaux et les écoles brahmaniques. Or, ici se cache un piège redoutable qu'il est important de signaler.

*Toute évolution suppose une ou deux involutions*, tout homme qui devient Dieu nécessite un Dieu qui s'est fait homme, comme l'évolution d'un aliment dans l'intestin, nécessite la descente de deux forces d'origine supérieure : le sang et la force nerveuse.

C'est faute de cette remarque du *courant de sacrifice et d'amour* qui précède la voie rude de l'initiation et de l'évolution de l'âme humaine que les initiations naturalistes d'Orient ont conduit beaucoup de leurs adeptes à croire que « l'état de Christ » était un plan d'existence psychique que tout homme pouvait atteindre, et qui ne nécessitait pas l'effort constant du Principe céleste Christ, seul capable, par son involution, de ramener à lui les âmes évoluées.

De même que la comète, véritable globule sanguin de l'Omnivers, comme dirait Michel de Figanières, vient à certaines périodes, redonner la vie des centres supérieurs aux familles solaires, de même, *outre le courant constant* d'involution divine et d'évolution des âmes humaines, il faut, à certaines éoques, une grande descente Divine, suivie d'une grande montée d'âmes, pour donner à Dieu l'occasion de manifester son Amour absolu en devançant le temps de la Réintégration de l'Humanité totale.

Ne pas voir l'existence *comme individualité céleste* de la Vierge de Lumière, du Christ et des autres Principes, c'est s'arrêter en route, stationner dans ce *plan mental* qui conduit au panthéisme matérialiste ; mais fermer volontairement les yeux sur l'existence du *plan céleste* que les vertus du cœur, l'amour et la prière atteignent bien plus rapidement que les forces mentales, la critique et le raisonnement.

Avoir uni l'amour céleste, manifesté par la Grâce et la Rédemption à l'amour de l'homme pour le ciel, manifesté par la Prière et le Sacrifice, c'est là tout le secret de la puissance des Chrétiens, des blancs, illuminés par le Christ, et qui sont appelés à régir la Terre entière, le jour où ils remplaceront la loi de Violence par la loi de Tolérance et d'Amour (1).

Valentin va nous décrire la descente des Principes célestes qui viennent préparer le salut de la Race blanche en constituant le Christianisme. C'est là tout un chapitre de cette *Histoire secrète* du Sauveur, réservée, dans les premiers siècles aux initiations les plus élevées.

### INCARNATION DE JÉSUS

« Après cela il arriva donc que, par l'ordre du
« premier Mystère, je regardais de nouveau en bas
« vers le monde de l'humanité ; je trouvai Marie,
« celle que l'on nomme ma mère selon le corps ma-
« tériel ; je lui parlai aussi sous la figure de Gabriel
« et, lorsqu'elle se fut tournée en haut vers moi, je

---

(1) Voyez à ce sujet les beaux articles d'*Amo*, dans l'*Initiation* et les autres journaux spiritualistes et dans son livre : *Le Congrès de l'Humanité*, 1 vol. in-18, Chamuel, éditeur.

« jetai en elle la *première vertu* que j'avais reçue
« des mains de Barbilô, c'est-à-dire le corps que
« j'ai porté en Haut, et au lieu de l'âme (1) je jetai
« en elle *la vertu* que j'avais reçue de la main du
« grand Sabaoth le bon, celui qui existe dans le
« lieu de droite (p. 7 de la traduction d'Améli-
« neau.) »

### LA VIERGE MARIE

C'est de *la Vierge de Lumière* qu'est issue Marie, la mère de Jésus.

« Toi aussi, ô Marie, toi qui a pris forme dans
« Barbilô, selon la matière, et tu as pris une res-
« semblance avec la Vierge de la lumière, selon la
« lumière, toi et l'autre Marie la bienheureuse, les
« ténèbres ont existé à cause de toi et encore de toi
« est sorti le corps hylique où j'habite et que j'ai
« purifié » (p. 60).

Jésus en tant qu'homme vit jusqu'à l'âge de douze ans de la vie terrestre. C'est seulement à cet âge que sa vertu divine prend réellement possession de son être physique. Les adeptes des écoles d'initiation naturaliste verront là l'union des principes inférieurs et des principes supérieurs de l'homme pour constituer le Christ. On dirait que le docteur gnostique a prévu, à travers les siècles, l'erreur à éviter dans ce cas ; car il prend soin de décrire avec

---

(2) Ainsi, contrairement à la constitution habituelle des êtres humains, tous les Principes devant constituer la personnalité du Christ viennent du plan céleste. Dans l'homme ordinaire, la Vertu céleste (qui ne s'incarne pas) vient seule de ce plan.

grands détails l'involution, la descente, de chacun des principes célestes qui va se matérialiser pour constituer un être terrestre.

### INCARNATION DE L'ESPRIT DE JÉSUS

Marie donc prit la parole, elle dit : « Mon Sei-
« gneur quant à la parole que ta vertu a prophétisée
« par David, à savoir: La pitié et la vérité se sont
« rencontrées, la justice et la paix se sont baisées,
« la vérité a fleuri sur la terre et la justice a regardé
« du haut du ciel ; ta vertu a prophétisé cette parole
« autrefois à ton sujet.

« Lorsque tu étais petit, avant que l'Esprit fût
« descendu sur toi, alors que tu te trouvais dans
« une vigne avec Joseph, l'Esprit est descendu des
« Hauteurs, il est venu à moi dans ma maison, te
« ressemblant, et comme je ne le connaissais pas et
« que je pensais que c'était toi, il m'a dit : Où est
« Jésus mon frère afin que je le rencontre ? » Et,
« lorsqu'il m'eut dit cela, je fus dans l'embarras, et
« je pensais que c'était un fantôme pour m'éprou-
« ver : je le pris, je l'attachai au pied du lit qui
« était dans ma maison, jusqu'à ce que je fusse allée
« vous trouver dans la vigne, Joseph était occupé à
« mettre la vigne en échalas. Il arriva donc que,
« m'ayant entendu dire cette chose à Joseph, tu
« compris la chose, tu te réjouis et tu dis : « Où
« est-il que je le voie? Non, je l'attends en ce lieu. »
« Et il arriva que Joseph t'ayant entendu dire ces
« paroles, fut dans le trouble, et nous allâmes
« ensemble, nous entrâmes dans la maison, nous

« trouvâmes l'Esprit attaché au lit, et nous te regar-
« dâmes avec lui, nous trouvâmes que tu lui res-
« semblais. Et celui qui était attaché au lit se
« délia, il t'embrassa, il te baisa et toi aussi tu le
« baisas, *vous ne devîntes qu'une seule et même*
« *personne.*

« Voilà donc la chose et son explication : la pitié,
« c'est l'Esprit qui est venu des Hauteurs par le
« premier mystère afin qu'il prit pitié du genre
« humain, il a envoyé son Esprit pour pardonner
« les péchés du monde entier afin que les hommes
« reçussent le mystère, qu'ils héritassent le
« royaume de lumière. La vérité aussi, c'est la
« vertu qui a habité en moi, venu de Barbilô : elle
« est devenue ton corps hylique et elle a fait le
« héraut sous le lieu de la Vérité. La Justice, c'est
« ton Esprit qui a amené tous les mystères d'En
« Haut, afin de les donner au genre humain. La
« paix aussi, c'est la vertu qui a habité en ton corps
« hylique selon le monde, ce corps qui a baptisé
« le genre humain, afin de le rendre étranger au
« péché et de le rendre en paix avec ton Esprit, afin
« qu'ils soient en paix, avec les émanations de la
« lumière, c'est-à-dire afin que la justice et la paix
« se baisent. Et selon ce qui a été dit : la vérité a
« fleuri sur terre ; la vérité, c'est ton corps hylique
« qui a poussé en moi dans la terre des hommes,
« qui a fait le héraut sous le lieu de la verité ; et
« encore selon ce qui a été dit : La justice a fleuri
« hors du Ciel ; la justice, c'est la vertu qui a
« regardé du Ciel, celle qui donnera les mystères
« de lumière au genre humain et les hommes

« deviendront justes, ils seront bons, il hériteront
« le royaume de lumière (p. 62 et suiv.)

### LES DOUZE APÔTRES

De même que l'âme du Christ et de Marie, les âmes des douze Apôtres ne viennent pas du monde des Archons, mais bien du plan céleste ainsi que nous l'affirment les extraits suivants :

« Réjouissez-vous donc, soyez dans l'allégresse,
« car lorsque je suis venu vers le monde dès le
« commencement j'ai amené avec moi douze Puis-
« sances, ainsi que je vous l'ai dit dès le commen-
« cement ; je les ai reçues de la main des douze
« Sauveurs du trésor de lumière, selon l'ordre du
« premier mystère ces puissances donc je les ai
« jetées dans le sein de vos mères dès mon arrivée
« dans le monde et ce sont elles qui sont maintenant
« dans vos corps.

« Et les douze vertus des douze Sauveurs du
« trésor de lumière que j'avais reçues des mains des
« douze Décans du milieu je les jetai dans la sphère
« des Archons et les Décans des Archons avec leurs
« Liturges pensaient que c'étaient des âmes des
« archons, et les Liturges les amenèrent ; je les
« attachai dans le corps de vos mères et lorsque
« votre temps eût été accompli on vous mit au
« monde sans que vous eussiez en vous des âmes
« des Archons. »

### Rôle des Apôtres

« En vérité, en vérité, je vous le dis : Je vous

« rendrai parfaits en tous les plérômes, depuis les
« mystères de l'intérieur jusqu'aux mystères de
« l'extérieur, je vous remplirai de l'Esprit, de sorte
« qu'on vous appellera Pneumatiques parfaits de tous
« les Plérômes ; et en vérité, en vérité, je vous le
« dis, je vous donnerai tous les mystères de tous les
« cieux de mon Père et de tous les lieux des
« premiers mystères, *afin que celui que vous intro-*
« *duirez sur terre on l'introduise dans la lumière*
« *d'En Haut et que celui que vous rejetterez sur la*
« *terre on le rejette dans le royaume de mon Père*
« *qui est dans les Cieux* (p. 32). »

Ainsi, Valentin le docteur gnostique, auteur du *Pistis Sophia*, est formel.

Toutes les manifestations terrestres qui ont présidé à la naissance du Christianisme sont des *Personnes* du plan céleste. — C'est par une sublime involution divine que l'évolution des âmes est rendue possible.

Voilà le caractère élevé et particulier du Christianisme, l'origine de ses mystères les plus profonds. — Chaque race humaine peut être l'objet d'un messianisme spécial ; mais à chaque nouveau messianisme la race nouvelle se présente sur un plan plus élevé de la spirale évolutive. — La race blanche est celle qui a appelé la dernière manifestation divine ; n'est-il pas juste, d'après les lois mêmes de l'évolution dans le temps et dans l'espace, que cette manifestation ait été plus élevée que les précédentes et qu'elle ait, par suite, nécessité une involution d'ordre également plus élevé ? Nous livrons la méditation de ces idées à ceux qui savent réellement ce qu'est la méthode analogique et les lois mystérieuses qu'elle traduit.

Jésus venait d'un plan trop élevé pour s'abaisser aux vils moyens employés par les hommes pour asseoir leur puissance, et Fabre d'Olivet fait à juste titre cette réflexion :

« Il est à remarquer ici que si Jésus eût voulu suivre la route des conquêtes qui s'ouvrit devant lui lorsque les peuples de la Galilée lui offrirent la couronne et qu'il se fût mis à la tête des Juifs qui attendaient un Messie conquérant, il aurait inévitablement fait la conquête de l'Asie ; mais l'Europe lui aurait résisté, et comme c'était en Europe qu'il devait principalement exercer son influence, il dut être incliné à choisir une victoire bien moins éclatante d'abord, mais bien plus forte dans l'avenir, *et se résoudre à surmonter la fatalité du Destin plutôt qu'à s'en servir* (1).

Et cependant, le grand maître suit à tel point la voie historique et surtout critique, qu'il en arrive à méconnaître les forces secrètes qui se manifestent à travers les apôtres, a-t-il dit.

« Ces douze apôtres que Jésus-Christ avait laissés, n'avaient point la force requise pour remplir leur apostolat. Le Christianisme dut donc à saint Paul sa force dogmatique et morale et sa doctrine spirituelle. Il reçut plus tard ses rites sacrés et ses formes d'un théosophe de l'école d'Alexandrie, nommé Ammonius » (2).

---

(1) Fabre d'Olivet : *Histoire philosophique*, 2ᵉ vol., p. 79.
(2) *Loc. cit.* p. 58.

Oui, tout cela est vrai de ce côté-ci du rideau, mais ce qui doit intéresser l'initié c'est justement le contraire. Ce sont les forces en action de l'autre côté, les ressorts subtils grâce auxquels le géant scientifique, philosophique et, disons-le hautement, religieux, qu'était le Polythéisme dans son Principe, va s'écrouler en quelques années, sous la poussée de ces hommes de peu de savoir, mais de foi ardente que furent les premiers chrétiens.

Plus tard, l'impérialisme reprendra sa revanche, grâce à certains évêques de Rome; mais l'idée pure dominera toujours les erreurs passagères et les courants mystiques seront cultivés avec soin par certains ordres religieux.

Nous devons à l'Hellénisme la Science et l'Art, n'oublions pas que c'est au Christianisme que nous devons l'Amour vivant. Voilà ce que s'est efforcé d'enseigner saint Yves d'Alveydre.

§ 5. — INFLUENCE DE ZOROASTRE. — *Odin*.

Nous venons de voir la lente constitution de la tradition des blancs, ses emprunts aux vieilles races, sa vie personnelle que vient lui infuser le Christ, et cependant le monument s'ébauche à peine et nous devons encore poursuivre notre enquête.

A peine le Christianisme va-t-il commencer son œuvre à Rome, que le courant dévastateur des Barbares va faire irruption dans l'empire, rejetant à l'Orient toute la tradition scientifique pour adapter de son mieux à son intellectualité la tradition religieuse. Les Barbares sont nos ancêtres; ce sont les farouches descendants des Celtes indomptés qui ne sont pas allés chercher la Science dans l'Inde ou en Egypte; mais cette Science a cependant poussé un rameau vers eux.

Un initié de la tradition de Zoroastre, *Odin* ou *Frighe*, est venu révéler aux Celtes la vérité des sanctuaires éloignés, et il a adapté sa révélation au farouche caractère de ses disciples.

Frighe était sectateur de Zoroastre; il connaissait d'ailleurs toutes les traditions des Chaldéens et des Grecs, ainsi que plusieurs des institutions qu'il a laissées dans la Scandinavie, le prouvent invinciblement. Il était initié aux mystères de Mithras (1).

On pourrait croire que la tradition apportée par Odin n'a eu, vu son éloignement, dans le temps, qu'une faible influence sur notre race. Les extraits suivants vont dissiper tous les doutes à cet égard en montrant combien les peuples anglo-saxons sont encore imprégnés de cette révélation qui, dans ces dernières années, a été si hautement glorifiée par le génie de Wagner.

Les changements qu'il fit à l'ancienne religion des Celtes ne furent pas considérables. Le plus grand fut de substituer à Teutad, le grand ancêtre des Celtes, un Dieu suprême appelé *Wôd* ou *Goth*, duquel toute la nation gothique reçut ensuite son nom (2). C'était le même que Zoroastre appelait le

---

(1) Fabre d'Olivet : *Histoire philosophique*, p. 45.

(2) J'ai souvent parlé de ce nom. Il faut remarquer qu'il s'est appliqué, aux Indes, à la planète de Mercure et au Mercredi, exactement comme dans le nord de l'Europe; mais ici il a persisté davantage, comme désignant l'Etre suprême; au lieu que dans l'Indoustan, il s'est donné plus

*Temps sans bornes, la grande Eternité, le Boudh* des Hindous que Ram avait trouvé connu dans toute l'Asie. C'est du nom de Dieu, suprême *Wôd*, appelé aussi le *Père universel*, le *Dieu vivant*, le *Créateur du Monde*, que Frighe reçut le nom de *Wodan*, dont nous avons fait Odin, c'est-à-dire le Divin.

La législation des Scandinaves unit donc avec beaucoup de force et de sagacité la doctrine de Zoroastre à celle des anciens Celtes. Il introduisit dans sa mythologie un génie du mal appelé *Loke* (1) dont le nom était l'exacte traduction de celui d'Ahriman; donna au genre humain l'antique Bore pour ancêtre et continua à fonder sur la valeur guerrière toutes les vertus. Il enseigna positivement, et ce fut le principal dogme de son culte, que les seuls héros jouiraient, dans le *Valhalla*, le palais de la valeur, de toute la plénitude des félicités célestes (2).

Ne quittons pas les réformateurs sans dire un mot d'Apollonius.

Ainsi, tandis qu'un culte entièrement intellectuel, destiné à dominer la raison, se préparait en Judée, une doctrine animique, violente dans ses préceptes,

---

particulièrement aux Envoyés divins et aux Prophètes. Ce même nom, écrit et prononcé God ou Goth, est resté celui de Dieu, dans la plupart des dialectes septentrionaux, malgré le changement de culte et l'établissement du Christianisme. Il s'est confondu avec le mot *Gut*, qui signifie bon; mais les deux mots ne dérivent pas de la même racine. Le nom de Dieu *God* ou *Goth*, vient de l'atlantique *Whôd*, l'Eternité; et le mot *Gui* ou *Good*, bon, vient du celtique *Gut*, le gosier; de là *Gust*, le goût. (F. D'OLIVET.)

(1) C'est-à-dire le renfermé, le comprimé, le ténébreux. Observez que les Scandinaves, en attribuant à *Loke* le samedi, avaient assimilé le génie du mal à Saturne.

(2) Fabre d'Olivet : *Histoire philosophique*, p. 47.

s'était établie en Scandinavie seulement pour préparer les voies à ce culte et en favoriser la propagation ; et cependant un homme puissamment instinctif, capable d'un très grand effort de volonté, parcourait l'empire romain, enseignant que la vie n'est qu'un châtiment, un milieu pénible entre deux états indifférents en eux-mêmes, la génération et la mort. Cet homme, appelé *Apollonius*, suivait, dans la doctrine de Pythagore, ce que cette doctrine avait de plus positif (1).

### § 6. — LES ARABES.

Le torrent des barbares a englouti l'Empire Romain et l'intellectualité de la Race blanche a été rejetée vers Constantinople. Il faut que le bénéfice de cette lente civilisation intellectuelle ne soit pas perdu. Si la pure graine du christianisme a besoin de la solitude de l'âme pour pousser ses premiers bourgeons ; il sera nécessaire, qu'au moment où ces bourgeons seront forts, le nouveau courant purement intuitif et mystique soit mis en contact avec le vieux courant encyclopédique et rationaliste. Ce sera l'œuvre des Arabes. D'abord, ils viendront apporter à l'occident la tradition égypto-grecque qu'il avait perdue et ainsi se produira la première étincelle de la Science chrétienne. Puis, à leur tour, les chrétiens se précipiteront comme des fous vers Jérusalem, croyant ramener au patrimoine de la race les terres arrosées par le sang du Christ ; mais c'est surtout

Fabre d'Olivet : page 56, 2ᵉ volume.

l'antique initiation qu'ils rencontreront là-bas avec ses épreuves et sa progressive illumination. Partis Croisés, ils reviendront Templiers pour la plupart et infuseront à nouveau dans la race les mystères de la Kabbale et de la Gnose.

Ainsi les Arabes furent les gardiens du courant rationnel (bien malgré eux du reste) quand les chrétiens étaient trop faibles pour recevoir ce magnifique dépôt et, plus tard, les Arabes furent la barrière qui s'opposa à l'envahissement de l'Asie et força ces mêmes chrétiens à rester dans cette Europe que la Providence avait marquée pour leur développement et dont ils voulaient toujours s'enfuir.

Jésus avait succédé à l'inspiration de Moïse.

Mahomed succéda à l'inspiration de Moïse et à celle de Jésus, qu'il reconnut également pour divines : seulement il prétendit que les sectateurs de Moïse s'étaient écartés de sa doctrine, et que les disciples de Jésus avaient mal entendu celle de leur maître (1). Il rétablit, en conséquence, l'Unité de Dieu, telle que les Hébreux l'avaient reçue de la tradition atlantique, et enferma toute sa religion dans ce peu de paroles : *Il n'y a de Dieu que Dieu et Mahomed est son Prophète.* Il établit, d'ailleurs, avec la plus grande force l'immortalité de l'âme et

---

(1) Il est digne de remarque que ce fut le même reproche que les Oracles du Polythéisme adressèrent constamment aux Chrétiens. Les oracles consultés sur la religion nouvelle, et sur l'intolérance inaccoutumée de ses sectateurs, répondaient tous qu'il ne fallait pas accuser Jésus de ces excès, mais seulement ses disciples qui avaient corrompu sa doctrine. Jésus était un homme divin, le plus admirable de tous ceux qui eussent paru sur la terre.

le dogme des châtiments et des récompenses futures selon les vices et les vertus des hommes (1).

Oh si les hommes des Ecritures avaient la foi et la crainte du Seigneur, nous effacerions leurs péchés, nous les introduirions dans les jardins des délices. S'ils observaient le Pentateuque et l'Evangile et les livres que le Seigneur leur a envoyés, ils jouiraient de biens qui se trouvent sous leurs pas et au-dessus de leurs têtes. Il en est parmi eux qui agissent avec droiture ; mais le plus grand nombre, oh ! que leurs actions sont détestables.

(Koran, chap. V, 70.)

Ceux qui croient : les Juifs, les Sabéens, les Chrétiens qui croient en Dieu et au jour dernier, et qui auront pratiqué la vertu, seront exempts de toute crainte et ne seront point affligés.

(Koran, chap. V, 73.)

Nous ne rappellerons pas ce que tous nos lecteurs savent : l'influence des arabes dans le réveil intellectuel de la Race. Soulignons encore cette remarque que si le Christianisme n'avait d'abord longuement façonné l'âme celte, ce réveil eut été impossible.

## § 7. — QUELQUES MOTS SUR LA TRADITION ORIENTALE

A plusieurs reprises les Initiés qui avaient illuminé l'Orient ont renoué soit par leurs missionnaires, soit par leurs écrits, les premiers liens jadis

---

(1) Fabre d'Olivet, *Histoire Philosophique*, 2 vol. p. 78.

établis par Ram. En Assyrie, en Chaldée, en Egypte puis au moment du christianisme à Alexandrie, les missions envoyées des centres de l'Orient ont pris contact avec les Blancs.

Depuis la conquête de l'Inde par les chrétiens ce contact est devenu encore plus étroit et nous avons vu, dès le début de ces chapitres, comment les vaincus avaient voulu imposer à leurs vainqueurs les cycles d'Orient et comment il était de notre devoir, tout en étudiant ces cycles, de bien montrer qu'ils ne s'adressaient qu'à l'hémisphère oriental de la Terre et que notre race possédait des cycles personnels d'évolution absolument inverses dans le temps et dans l'espace des cycles indiens.

Il faudrait un volume entier pour bien parler de cet Orient et des révélations qui s'y sont manifestées depuis Ram. — Nous avons résumé plus haut le côté historique de cette question. Force nous est, pour le côté philosophique, de renvoyer nos lecteurs aux ouvrages de Colebrooke et surtout à l'excellent volume de M. G. de Lafont (1) le meilleur écrit depuis longtemps sur la question. On y trouvera une très savante histoire des reliques de l'Inde qu'il suffira de corriger par l'opinion de d'Olivet pour retrouver la vérité la plus claire.

Disons simplement ici que la plupart des histoires concernant la fuite de Bouddha loin de sa famille et loin de son palais à sept enceintes sont des allégories, indiquant que le fondateur du boud-

---

1) G. de Lafont, *le Bouddhisme*, 1 vol. in-18, Chamuel, 95. On trouvera aussi une excellente bibliographie, par Sédir, dans le n° d'octobre 1897 de la Revue : *l'Initiation*.

dhisme a quitté sa famille (Initiatique); la haute Faculté du Brahmanisme avant d'avoir accompli le cycle complet de l'initiation. Par suite la révélation bouddhique prit sa racine dans les facultés morales de l'homme et non dans la communion de l'homme avec le Divin directement. Il n'y a dans l'Inde qu'une seule initiation traditionnellement pure c'est l'initiation brahmanique dont les centres d'enseignement existent encore aujourd'hui, bien que cachés aux yeux des profanes, blancs ou jaunes. L'initiation complète ne peut être donnée que dans ces centres et tous les Brahmanes n'y sont pas admis — les Brahmanes initiés possèdent seuls la clef de réversibilité du sanscrit en hébreu et de l'hébreu en chinois c'est-à-dire les clefs premières de toute langue figurée et ces clefs sont hiéroglyphiques et hermétiques. Tout individu qui prétend avoir été initié dans un centre indien quelconque et qui ne possède pas ces clefs est, ou un simple farceur, ou la victime d'une mystification, ou l'élève d'un couvent bouddhique où l'on ne connaît point d'autres plan d'évolution que le plan mental — avec *la pilule* comme instrument secret de bilocation. Nous garantissons la vérité de ce que nous avançons et nous n'avons pas la moindre crainte d'être contredit pas *ceux qui savent se reconnaître dans le monde lumineux*. Quant aux autres, *le temps* se chargera de répondre pour nous.

Voici cependant les grandes lignes de la révélation par rapport aux principes de l'univers, dans les contrées d'Orient :

*1ʳᵉ période* :

|  |  |
|---|---|
| **ISWARA** (L'Absolu d'après les Atlantes) | **ISWARA ISRAEL** ou **OSIRIS** des Egyptiens. |

*2ᵉ période.* — Le schisme d'Irschou est basé sur la distinction des deux facultés divines, suivie de la prépondérance du principe féminin :

| **ISWARA** considéré comme la source du pouvoir génératif et vivifiant. *(Bidja.)* | et | **PRAKRITI** considéré comme la source du pouvoir conceptif et formateur. *(Sakti.)* |
|---|---|---|

Les initiations ioniennes admettent partout cette division double que nous retrouverons dans Sanchoniaton sous les noms de :

| **HYPSISTOS** Le très haut | et de | **BEROUTH** La création de la Nature |
|---|---|---|

et les Grecs (1) sous le nom de :

| **SATURNE** | et de | **RHÉA** |
|---|---|---|

*3ᵉ période.* — Les initiés cherchent à ramener le binaire, au ternaire et de là à l'unité par le Quaternaire ($4 = 10 = 1$) ce qui fait naître les révélations suivantes :

---

(1) Les noms de *Saturne* et de *Rhéa* signifiait le principe igné et le principe aqueux. Les deux racines qui les composent se reconnaissent dans les noms des deux races Sudéenne et Boréenne. (Fabre d'OLIVET).

Zarathoustra le 1er zoroastre constitue en Iran la révélation suivante (1) :

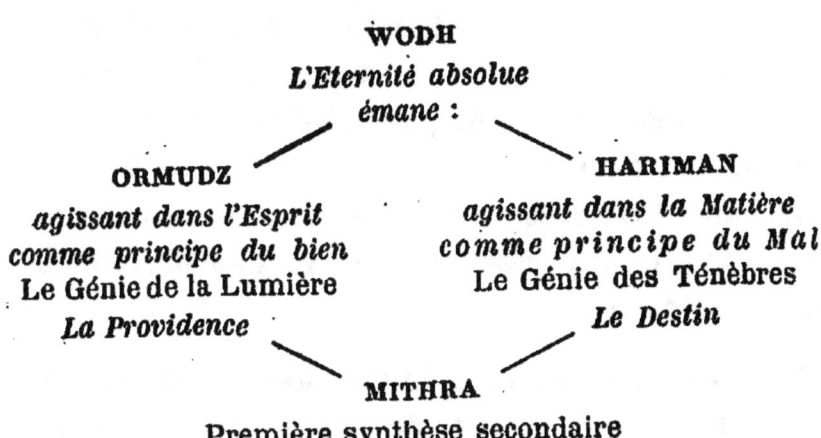

Fo-Hi civilisateur de la Chine établit ainsi sa révélation :

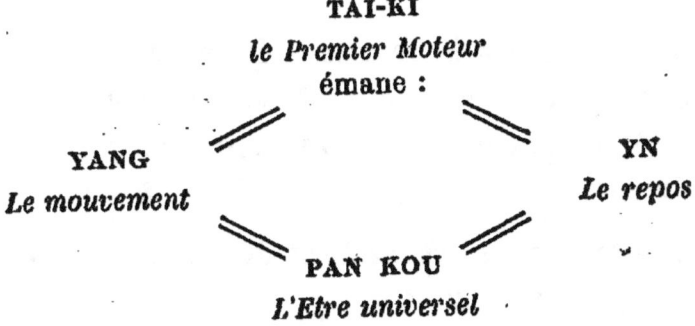

Selon *Fo-Hi* les deux principes principiés sont *Yn* le repos et *Yang* le mouvement, tous deux issus d'un seul principe principiant appelé *Tai-Ki*, le premier Moteur.

Les deux principes *Yn* et *Yang* donnent par leur action réciproque, naissance au troisième Principe

---

(1) Voir le *Mazdéisme*, par M. de Lafont. 1 vol. in-18. Chamuel, éditeur.

médiateur appelé *Pan-Kou*, l'Être universel : alors il existe trois puissances appelées *Tien-hoang*, *Ti-hoang* et *Gin-hoang* ; c'est-à-dire le Règne céleste, le Règne terrestre, et l'hominal, ou, en d'autres termes : la Providence; le Destin, et la Volonté de l'homme, les mêmes que j'ai établis au commencement de cet ouvrage.

Le culte des ancêtres fut admis dans la religion de Fo-Hi plus expressément encore que dans celle de Zoroastre (1).

Voici quelques extraits intuitifs des livres sacrés de la Chine à l'appui de ce que dit d'Olivet :

L'Y possède le grand terme, c'est lui qui produit le couple I ; du couple sont venus les quatre images, et de là les huit symboles.
*Livre Hi-Tse.*

Le grand terme est la grande unité et le grand Y ; l'Y n'a ni corps ni figure et tout ce qui a corps et figure a été fait par ce qui n'a ni corps ni figure.
*Commentaire de cette phrase du Hi-Tse, par Lo-Pi.*

Le grand terme ou la grande unité comprend trois Un est trois et Trois sont un.
*La Tradition.*

L'Être qui n'a ni figure ni son est la source d'où sont sortis tous les êtres matériels et tous les sons sensibles.
*Hoai-nan-tse.*

Le caractère Y ne marque point ici un livre

---

(1) Fabre d'Olivet, *Histoire philosophique*, p. 284.

nommé Y ; mais il faut savoir qu'au commencement, quand il n'y avait point encore de grand terme, dès lors existait une raison agissante et inépuisable, qu'aucune image ne peut représenter, qu'aucun nom ne peut nommer qui est infinie en toutes manières, et à laquelle on ne peut rien ajouter.

*Vang-Chin.*

*\*\**

Pour montrer l'universalité de cette institution nous indiquerons seulement d'après d'Olivet (p. 324) les Quaternaires suivants :

*Révélation de Krischen :*

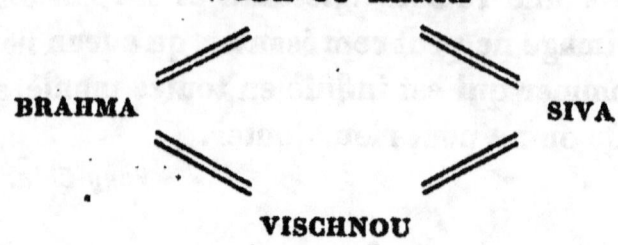

*En Egypte :*

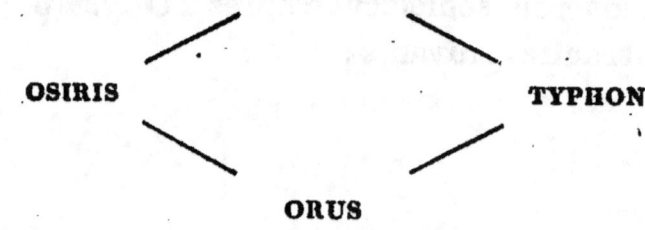

*Grecs :*

*Romain :*

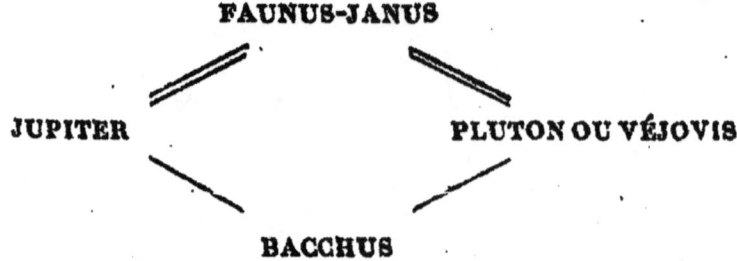

Il ne faudrait pas croire que les forces nommées par Moïse dans la Genèse ne dérivent pas des mêmes Principes. Le tableau suivant est plus explicite à cet égard. Il est tiré de l'histoire des anciens Peuples par Fourmont. (Paris, 1828, in-4.)

| HÉBREU (Moïse) | CHALDÉEN (Buire) | PHÉNICIEN (Sonchomêton) |
|---|---|---|
| 1 Adam. | 1 Alorus. | 1 Protogónos. — Aiôn. |
| 2 Caïn. — Abel. 2 Seth. | 2 Alasparus. | 1 Genos. — Genea. |
| 3 Henos. | 3 Amelon. | 3 Fôs. — Pûr. — Phlose. |
| 4 Caïnan. | 4 Amenon. | 4 Kassios. — Libanos. |
| 5 {Omis.} 5 Malaleil. | 5 Megaloros { Mégalères. Megalanos. | 5 Memroumos. — Ousôos. |
| 6 Jared. | 6 Daorus. | 6 Agios. — Alieus. |
| 7 Maviael. 7 Henoch. | 7 Aldorachus. | 7 Krusor et Ephaïsos. |
| 8 Mathusael. 8 Mathusala. | 8 Aniphis. | 8 Akos. — Actéros. |
| 8 {Jabal Jubal Tubalcaïn} 9 Lamech. Pasteur Musicien Forgeron | 9 Otcarte. | 9 Amuntis. — Magis. |
| 10 Noé. | 10 Xixouthros ou Sisuthius | 10 Misor et Suduka. |

## Résumé du chapitre VIII.

Si l'on s'abstrait un instant des petits côtés de l'histoire, et si, jetant un coup d'œil d'ensemble sur la constitution de la tradition blanche, on s'efforce de reconstituer la lente genèse de cette tradition, le spectacle ne manque pas d'une certaine grandeur.

Incapables, de par leur faute, de recevoir en leur propre lieu d'expansion, la révélation animique et intellectuelle, les Blancs sont obligés, au prix d'un double exode, d'aller constituer en Orient, en pleine Asie, les éléments de cette tradition, par des emprunts faits aux races précédentes. Les grands messagers divins élaborent avec peine l'intellectualité de la Race, Orphée diffuse le courant ionien, tandis que Moïse ploie sous une discipline de fer, le reste des premiers Blancs jadis venus en Arabie, et depuis croisés, localement pour constituer le peuple hébraïque, gardien de la tradition kabbalistique. Pythagore lance en Occident ses fraternités d'initiés et le travail de fermentation commence, aidé par l'appoint de toutes les révélations qui se rencontrent à Alexandrie.

Les missionnaires se multiplient et l'un des plus grands d'entre les disciples de Zoroastre, Frighe, surnommé Odin, vient semer les premières graines d'intellectualité dans la portion des Blancs qui n'avaient pas quitté leur lieu d'origine.

Alors la race est mûre pour la première grande et personnelle révélation, et le Christ paraît, envoyant les apôtres du Verbe là où jadis Pythagore avait envoyé les missionnaires de la science, et permettant, grâce au torrent dévastateur des farouches disciples d'Odin, à l'âme de la Race, de s'imprégner lentement de la lumière du cœur.

Quand cette action est assez avancée, et que le cerveau demande à son tour des aliments, voici que d'Orient arrive le flot des Arabes, les exilés volontaires de jadis, apportant, avec la conquête, les arts, les initiations et l'industrie.

Le courant s'établit ; l'étincelle jaillit, et la chaîne des astrologues et des alchimistes vient renouer les liens secrets qui unissent l'ancien monde au nouveau par les gnostiques, les néo-platoniciens, et les descendants de Pythagore.

A leur tour, les Templiers rapportent d'Orient les arts et les formules hermétiques, les troubadours sont les vivants chaînons de cette chaîne des initiés et après la disparition du Temple, jamais les centres initiatiques ne se sont plus fermés en Occident.

Du baptême mystique, la Race blanche doit passer par la communion avec les forces matérielles, par l'épreuve des guerres, des armées, de la Science matérialiste et pratique et du scepticisme, pour se relever du fond de la Matière et réclamer de Dieu le mariage de la Vierge et de l'Agneau ; la révélation de la troisième personne qui doit marquer pour la race, et après de nouvelles et terribles épreuves, le règne du Saint-Esprit.

La tradition blanche sera alors la plus belle de toutes celles qui auront paru sur la terre ; mais elle s'ébauche à peine, et cependant combien il nous a fallu de patience pour suivre sa genèse, depuis son début jusqu'à nos jours.

Il nous est maintenant possible de nous occuper plus spécialement de la vie humaine et de ses otentialités.

# CHAPITRE IX

### CONSTITUTION DE L'HOMME

On trouvera, dans le cours des premiers chapitres de ce traité, un résumé assez net de la constitution de l'être humain en trois principes.

C'est là la doctrine fondamentale et vraie.

Mais, pour permettre au lecteur de saisir les subtilités d'analyse auxquelles certains auteurs sont arrivés, nous allons étudier, avec quelques détails, ces trois principes et leur évolution.

L'homme est constitué essentiellement :

1º D'un Principe matériel et provenant du monde physique : *le corps ou le cadavre*;

2º D'un Principe vital et provenant de la Nature universelle : *le corps astral*;

3º D'un Principe spirituel et provenant du monde divin : *l'esprit immortel*, appelé *âme* généralement en philosophie.

L'homme possède donc en lui des manifestations des trois mondes ou des trois plans : physique, astral et divin, et, par suite, possède en lui *toutes les lois* qui agissent dans ces trois mondes; aussi a-t-il été appelé MICROCOSME ou petit monde, parce qu'il est le reflet strictement exact du MACROCOSME ou grand monde.

On peut donc, *par l'étude de l'homme seul*, parvenir à la connaissance de toutes les lois physiques, astrales et divines. De là le γνωτι σεαυτον des Grecs et l'axiome de Claude de Saint-Martin : Etudier la Nature par l'Homme et non l'Homme par la Nature.

L'incarnation de chaque âme humaine refait *en petit* l'histoire de la chute du Grand-Adam avec ses deux phases :

1° Chute du Monde divin dans le Monde physique;

2° Nouvelle chute possible encore si l'âme incarnée ne résiste pas aux attractions d'en bas.

Il est très nécessaire de comprendre cette clef, car les initiations naturalistes d'Orient, qui ont multiplié les analyses concernant la constitution de l'homme, ont tellement perdu la trace des rapports analogiques de l'homme et des autres plans, qu'elles ne voient, dans le monde astral et dans le monde divin, que des *similitudes* des lois de la vie humaine, sans se rappeler que l'homme n'est qu'une *image analogique* des lois universelles, mais sous une image physique.

Voyons maintenant comment on a analysé les trois Principes constituant l'homme.

Ces Principes agissent les uns vis-à-vis des autres comme des courants électriques de noms contraires dont la rencontre produit une étincelle. Cette étincelle ne durera qu'autant que le contact des trois Principes, c'est-à-dire en général une existence terrestre. — On ne peut donc pas donner à cette création transitoire le *nom de principe* et ce sont les chrétiens qui ont raison avec Saint-Paul en disant que l'homme est *essentiellement* composé de trois principes *Spiritus, Anima et Corpus*. Le reste sont des CRÉATIONS TRANSITOIRES produites par les réactions de ces Principes les uns sur les autres.

De même que dans chacune des trois sections (tête-poitrine-ventre) du corps physique les autres sections sont représentées ; de même dans chacun des Trois Principes et une fois que l'incarnation est accomplie les autres principes sont également représentés. Ainsi dans l'abdomen, la poitrine est représentée par ses vaisseaux et la tête par les plexus nerveux ; ce sont là les voies d'involution dans le ventre du sang et de la force nerveuse qui descendent pour permettre l'évolution des substances digérées.

Dans le corps physique, le corps astral et l'Esprit ont des « images » d'eux-mêmes et il en est ainsi pour chacun des trois Principes.

Il suffit de se reporter à notre chapitre sur la kabbale et à la création des Séphiroth pour avoir la loi de cette action que nous allons rappeler rapidement ici.

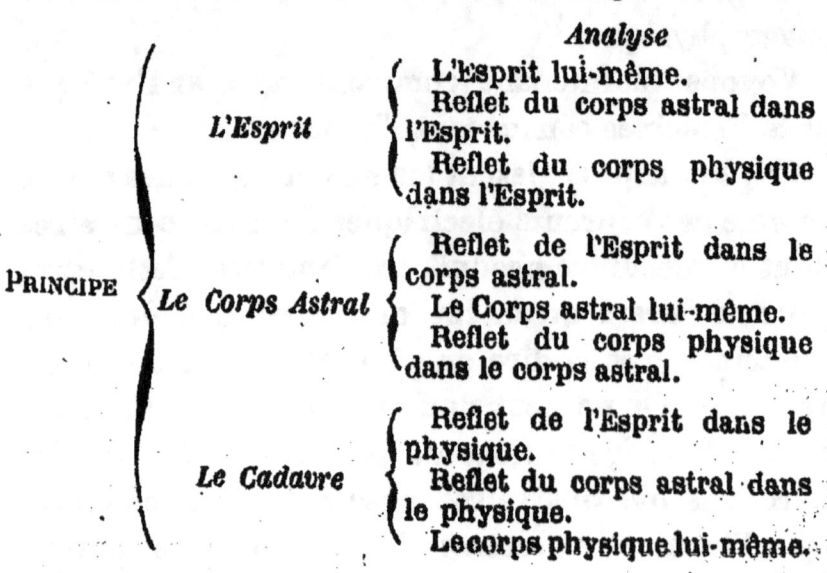

*Analyse*

PRINCIPE
- L'Esprit
  - L'Esprit lui-même.
  - Reflet du corps astral dans l'Esprit.
  - Reflet du corps physique dans l'Esprit.
- Le Corps Astral
  - Reflet de l'Esprit dans le corps astral.
  - Le Corps astral lui-même.
  - Reflet du corps physique dans le corps astral.
- Le Cadavre
  - Reflet de l'Esprit dans le physique.
  - Reflet du corps astral dans le physique.
  - Le corps physique lui-même.

Ainsi les trois Principes considérés dans leur décomposition analytique nous indiquent *neuf manifestations* et c'est là l'analyse généralement faite par la Kabbale.

Mais cette analyse indique la décomposition statique de l'Etre humain.

Quand on étudie l'Etre humain en marche, quand ces diverses manifestations se présentent à nous sur le plan dynamique ou physiologique, alors on constate que certaines d'entre elles se fondent les unes dans les autres et que l'homme nous apparaît alors constitué par *sept manifestations* au lieu de neuf, par la fusion entre eux de divers reflets.

Pour montrer la vérité de ce que nous avançons ici, nous allons prendre un exemple des plus vulgaires, grâce auquel tout cela s'éclaircira et deviendra très simple.

Un équipage se compose de trois Principes constitutifs : une voiture, un cheval, un cocher. La voiture passive et mue est l'image du corps physique, le cheval passif mais moteur est l'image du corps astral et le cocher actif et directeur est l'image de l'Esprit.

Mais le cocher se compose à son tour de trois parties : la tête, les bras, le corps.

Le cheval de trois parties aussi : la tête, le corps, les pattes.

La voiture de trois parties aussi : le siège, le corps de la voiture, les roues.

Voilà nos neufs principes qui existent quand la voiture est dans la remise, le cheval dans l'écurie et le cocher dans sa chambre.

Mais réunissons ces trois éléments premiers et voyons ce que cela devient.

*Les bras du cocher* vont faire corps avec *la tête de cheval* pour constituer par les rênes, le système directeur de l'équipage.

D'autre part le corps du cheval va s'unir avec le cops de la voiture au moyen des brancards pour constituer le système moteur de l'équipage.

Voilà neuf éléments réduits à sept ainsi qu'il suit :

*Equipage non constitué.*

COCHER.. { Tête du cocher ...... 9
Bras du cocher ...... 8
Corps du cocher ..... 7

CHEVAL.. { Tête du cheval ...... 6
Corps du cheval ..... 5
Pattes du cheval .... 4

VOITURE. { Siège de la voiture .. 3
Corps de la voiture .. 2
Roues de la voiture .. 1

*Equipage constitué.*

Tête du cocher............... 7

Corps du cocher............ 6

RÊNES. — Système directeur. Union des bras du cocher et de la tête du cheval............ } 5

Pattes du cheval............ 4

BRANCARDS.—Système moteur. 3

Siège de la voiture......... 2

Roues de la voiture........ 1

Une remarque amusante en passant. Les rênes et les brancards nᵒˢ 5 et nº 3 peuvent se placer dans l'énumération soit entre 1 et 3 soit entre 2 et 4 pour les brancards et soit entre 5 et 7 soit entre 6 et 8 pour les rênes, suivant le point de vue qu'on veut considérer. Aussi est-il divertissant de remarquer quelle peine ont les auteurs qui enseignent que l'homme est composé de *sept principes* sans tenir compte des reflets et des principes réels, il est divertissant, dis-je, de voir quelle peine ont ces auteurs à placer leur 3ᵉ et leur 5ᵉ principe. La place change avec les auteurs et nos lecteurs verront maintenant la clef de ces chinoiseries.

Reprenons donc notre analyse de l'homme et appliquons exactement l'exemple de l'équipage. Nous réduirons ainsi bien simplement les neuf éléments en sept.

|  | *Statique.* |  | *Fonction.* |  |
|---|---|---|---|---|
| Esprit... | Esprit | 9 | Esprit | 7 |
|  | Reflet astral | 8 |  |  |
|  | Reflet physique | 7 | Reflet physique | 6 |
|  |  |  | Union de l'Astral et de l'Esprit | 5 |
| Astral... | Reflet Esprit | 6 |  |  |
|  | Astral | 5 |  |  |
|  | Reflet physique | 4 | Reflet physique | 4 |
|  |  |  | Union de l'Astral et du Physique | 3 |
| Physique | Reflet Esprit | 3 | Reflet Esprit | 2 |
|  | Reflet astral | 2 |  |  |
|  | Physique | 1 | Physique | 1 |

On peut aussi considérer la fusion en plaçant les principes unis de la manière suivants :

7 Esprit.
* 6 UNION ASTRAL-ESPRIT. *Astral supérieur.*
5 Reflet physique en divin.
4 Reflet physique en astral.
3 Reflet esprit.
* 2 UNION ASTRAL-PHYSIQUE. *Astral inférieur.*
1 Physique.

Les deux éléments transitoires qui unissent les trois principes constituent *ces étincelles* dont nous avons parlé tout à l'heure et cessent d'exsister à la rupture du courant c'est-à-dire l'étincelle inférieure « union astrale-physique » à la première mort ou mort terrestre et l'étincelle supérieure « astrale-esprit » à la seconde mort ou mort astrale, fuite hors du torrent des générations, entrée dans le ciel comme on voudra bien l'appeler selon les initiations (1).

Ce qu'il importe de bien noter c'est qu'il est impossible de comprendre la constitution réelle de l'être humain si l'on ne part point de ce fait que l'homme est un quaternaire formé d'un ternaire dont le second terme est double, exactement comme le grand tetragramme (יהוה IEVE) dont le second terme le hé, est double — le dédoublement du second terme rend compte du complémentarisme des sexes, des aspirations et des âmes, ainsi que de la manière dont les Principes s'unissent entre eux (2).

En analysant ces trois grands Principes constituant l'homme, on peut déterminer sept, neuf et jusqu'à vingt et un éléments constituants ; mais il faut se garder soigneusement de prendre le septenaire comme point unique de départ, car alors on montre qu'on ne connaît rien aux enseignements de l'arithmétique sacrée, on obscurcit à plaisir les questions les plus claires, et on devient incapable d'établir une sérieuse et méthodique échelle d'analogie, ce qui est le commencement de toute étude un peu élevée de l'occultisme.

(1) Voyez pour détails notre chapitre sur la constitution de l'homme dans le Traité *méthodique* de Science occulte.
(2) La femme n'est ni supérieure ni inférieure à l'homme, elle est *complémentaire*. Telle est la vraie solution du féminisme d'après l'Initiation traditionnelle.

## Constitution de l'Homme
### EN TRI UNITÉ
#### enseignement immuable de la tradition à ce sujet.

Toutes les Initiations élevées sont unanimes au sujet de la constitution de l'homme en trois principes avec dédoublement du second. Les citations suivantes éclaireront définitivement nos lecteurs sur ce point.

### Constitution de l'Homme d'après les anciens Égyptiens.
#### (XVIIIe dynastie, 1500 avant J.-C.)

1. *Le Corps* ou *Khat.*
2. { *Le Double* ou *Ka.*
     { *La Substance intelligente* ou *Khou.*
3. *L'Essence lumineuse* ou *Ba-Baï.*

(Voy. Marius Fontane, *Les Égyptes.*)

### Constitution de l'Être humain d'après Zoroastre.

1. *Le Corps physique.*
2. { *Le Djan* { Conserve la forme du corps et entretient dans toutes ses parties, l'ordre et l'harmonie.
   { *L'Ame* { ou personne humaine comprenant l'intelligence (*Boc*), le jugement et l'imagination (*rouan*) et la substance
   FEROUER   propre de l'âme (*Ferouer*).
3. { *L'Akko* { Principe divin et inaltérable qui nous éclaire sur le bien qu'il faut faire, sur le mal qu'il faut éviter, et nous annonce dès cette vie une vie meilleure.

## Constitution de l'Être humain d'après la Kabbale.

1. Le Corps physique.
2. { *Nephesch* (*imago*) — Le Médiateur plastique.
     *Ruach* — L'Ame.
3. *Neschamah* — L'Esprit pur.

## Constitution de l'homme d'après Ovide.

1. *La Chair* va dans la terre.
2. { *L'Ombre* voltige autour du tombeau.
     *Les Mânes* sont aux enfers (*infera*).
3. *L'Esprit* s'envole au ciel.

## Constitution de l'Homme d'après Paracelse.

1. Corps élémentaire.
2. { Homme Astral Evestrum { *Archée ou Mumie*
     Esprit animal.
3. Ame spirituelle.

## ANALYSE DES TROIS PRINCIPES

Nous allons rappeler l'analyse des trois Principes de l'Homme, avec les rapports analogiques de la Nature et de Dieu, tels que nous les avons exposés dans la *Science des Mages*, et qu'il est utile de remettre sous les yeux des lecteurs.

## LE MICROCOSME OU L'HOMME

**Rien ne paraît plus compliqué au premier aspect que l'être humain. Comment analyser tous les détails de la constitution anatomique et physiologique de cet être, sans parler même de sa constitution psychologique.**

L'Esotérisme recherche partout la synthèse et laisse l'étude des détails aux puissants efforts des sciences analytiques. Voyons s'il est possible de déterminer synthétiquement les principes constituant l'être humain.

Généralement, tous les organes constituant cet être humain nous apparaissent en pleine période d'action. Tout cela fonctionne, s'agite, se manifeste à nous sous mille aspects, et ce n'est qu'avec la plus grande difficulté qu'on peut déterminer les causes peu nombreuses à travers la multiplicité des effets.

Mais voici le soir venu; les membres fléchissent, les yeux se ferment, le monde extérieur n'a plus d'action sur l'être humain, et lui-même n'a plus d'action sur le monde extérieur; il dort. Profitons de ce sommeil pour commencer notre étude.

L'homme dort, et cependant ses artères battent, son cœur fonctionne, et le sang circule; ses organes digestifs continuent leur travail, et ses poumons aspirent et expirent rythmiquement l'air vivifiant. Pendant ce sommeil, ce que nous appelons l'homme n'est capable ni de mouvement, ni de sensation, ni de pensée; il ne peut ni aimer, ni haïr, ni être heureux, ni souffrir ; ses membres reposent inertes, sa face est immobile, et cependant son organisme fonctionne comme si rien de nouveau n'était arrivé (1).

Nous sommes donc amenés forcément à considérer dans l'homme :

1° Une partie machinale continuant son action aussi bien pendant le sommeil que dans la veille ; c'est l'organisme proprement dit ;

2° Une autre partie, intellectuelle celle-là, apparaissant seulement dans l'état de veille ; c'est ce que nous appelons la Conscience, l'Esprit.

Le domaine de l'organisme semble donc aussi bien tranché que celui de l'esprit. Mais que se passe-t-il dans cet organisme ?

Tout ce qui dépend de l'Esprit, les membres, la face et ses organes, la voix, la sensibilité générale même, tout cela repose, nous l'avons vu. Mais tout cela entoure l'être humain, tout cela est périphérique. C'est dans l'intérieur du tronc, dans les trois segments qui le constituent : ventre, poitrine ou tête que se passent les phénomènes producteurs de la marche automatique de la machine humaine.

Comme toute espèce de machine, l'organisme humain possède des organes mus, une force motrice et un centre d'entretien et de renouvellement de cette force motrice.

Ainsi, si nous considérons, en prenant un exemple très matériel, une locomotive, nous y trouverons des organes d'acier mus par de la vapeur, et le renou-

(1) Le phénomène du rêve vient à peine troubler ce repos et rappeler l'existence du principe supérieur.

vellement de cette vapeur est entretenu par un dégagement continuel de chaleur.

De même dans l'organisme humain nous trouvons des organes de constitution particulière (organes à fibres lisses), artères, veines, organes digestifs, etc., mus par de la force nerveuse transportée par les filets du grand sympathique. Cette force, ainsi que la vie particulière de chacune des cellules constituant les organes, est entretenue par le courant sanguin artériel. Donc : organes, centres d'action des forces diverses, force motrice nerveuse et force animatrice sanguine, tels sont les principes essentiels qui constituent la machine humaine en action.

Mais l'homme s'éveille. Quelque chose de plus vient s'ajouter aux forces précédentes. Les membres, qui reposaient, s'agitent; le visage s'anime et les yeux s'ouvrent; l'être humain qui était étendu se dresse et parle. Une vie nouvelle va commencer, pendant que la vie organique poursuivra mécaniquement son action.

Le principe qui vient d'apparaître diffère essentiellement des principes précédents : il a ses organes d'action particuliers dans le corps (organes à fibres striées): il a un système nerveux spécial, il se sert du corps comme un ouvrier se sert d'un outil, comme le mécanicien se sert de la locomotive; il gouverne tous ces centres et tous ces organes périphériques qui reposaient tout à l'heure. Ce principe, nous l'appelons l'Esprit conscient.

Si nous résumons l'exposé précédent, nous trouvons dans l'homme trois principes : *ce qui supporte tout*, c'est LE CORPS PHYSIQUE; *ce qui anime et ce qui meut* tout, formant les deux pôles d'un même principe, L'AME ; enfin *ce qui gouverne* l'être tout entier, L'ESPRIT.

Le corps physique, l'âme ou médiateur plastique doublement polarisé, l'esprit conscient, tels sont les trois principes généraux constituant l'être humain.

Si l'on prend garde que le médiateur plastique est double, on peut dire que l'homme est composé de trois principes organiques : *ce qui supporte, ce qui anime, ce qui meut*, le Corps, le Corps astral et l'Etre psychique synthétisés et ramenés à l'unité d'action par un principe conscient : *ce qui gouverne* l'Esprit.

Voilà un exemple de ce qu'on appelle la Trinité dans l'Unité ou la Tri-Unité en Occultisme.

### LES TROIS PRINCIPES.

L'Etre humain est donc composé de trois principes ; le corps physique, le médiateur plastique ou âme, et l'Esprit Conscient. Ce dernier terme synthétise les termes précédents et transforme en unité la Trinité organique (1).

Rappelons que les occultistes de tous les âges et de toutes les écoles sont d'accord sur cette division fondamentale en trois principes. Cependant, l'analyse de ces principes, l'étude de leur action physique, passionnelle ou intellectuelle, de leur loca-

---

(1) Il y a trinité et unité dans l'homme, ainsi que dans Dieu. L'homme est un en personne ; il est triple en essence ; il a le souffle de Dieu ou l'âme, l'esprit sidéré et le corps.
(PARACELSE XVIe siècle.)

lisation anatomique ou psychologique, a conduit diverses écoles à des *subdivisions*, purement analytiques, du reste. Mais la base immuable de l'enseignement ésotérique, c'est la doctrine des trois principes (1).

Le corps physique *supporte* tous les éléments constituant l'homme incarné. Il a son centre d'action dans l'abdomen. Le corps astral *anime* tous les éléments constituant l'homme incarné. Il a son centre d'action dans la poitrine et constitue le principe de la Cohésion de l'Etre humain.

L'Etre psychique *meut* tous les éléments constituant l'homme incarné, à l'exception des éléments placés sous la dépendance de l'Esprit; il a son centre d'action à la partie postero-inférieure de la tête (2).

L'Esprit, synthétisant en lui les trois principes précédents, *gouverne*, éclairé par l'Intelligence et

---

(1) La loi de toutes ces subdivisions a été donnée au point de vue mathématique, par Hoené-Wronski, en 1800, sous le nom de *Loi de Création*.

L'Unité se manifeste d'abord en un ternaire (comme dans notre première analyse de l'Etre humain)

De ces trois éléments primitifs dérivent quatre éléments secondaires (3 + 4 = 7), ce qui porte à sept le nombre des éléments résultant de la première analyse.

Mais Wronski va plus loin et détermine trois nouveaux éléments, dérivés de l'action des éléments positifs sur la série négative et réciproquement, ce qui porte à dix les termes de l'analyse. (Les dix Séphiroth de la Kabbale.)

En synthétisant ces termes par l'Unité, on obtient la série complète de Wronski, l'auteur qui a atteint la synthèse la plus complète qu'ait produite le xix$^e$ siècle.

(2) Trois mères dans l'homme : la Tête, le Ventre et la Poitrine. La tête a été créée du Feu, le ventre de l'Eau, et la poitrine, milieu entre eux, de l'Esprit.

SEPHER JESIRAH (ii$^e$ siècle, d'après A. Franck.)

servi par la Volonté, l'organisme tout entier. L'Esprit a son point d'appui dans le cerveau matériel; mais, sauf de rares exceptions, il n'est pas complètement incarné dans l'Etre humain (1).

### LE CORPS PHYSIQUE

*Ce qui supporte* tous les éléments constituant l'être humain sur la Terre, c'est le corps physique.

Le Corps physique fournit à sa propre constitution le squelette, les muscles et les organes digestifs, ainsi que toutes leurs dépendances. Il fournit au corps astral les hématies, les organes circulatoires et toutes leurs dépendances. Il fournit à l'être psychique tous les principes matériels du système nerveux ganglionaire. Il fournit enfin à l'Esprit tous les principes matériels du système nerveux conscient.

Les éléments matériels de l'être humain se renouvellent sous l'influence des aliments transformés par l'appareil de la digestion *en chyle*. Le centre de renouvellement et d'action du corps physique est donc placé dans l'abdomen.

Le Corps physique circule dans l'organisme par le système des vaisseaux lymphatiques, sur le trajet desquels sont placés des ganglions, centres de réserve matériels.

Le corps physique, dirigé dans sa marche orga-

---

(1) La tête est le siège de l'âme intellectuelle; la poitrine, de l'âme vitale; le ventre, de l'âme sensitive.
ROBERT FLUDD (XVI° siècle.)

nique par l'*Instinct*, se manifeste à l'Esprit conscient par les besoins.

### LE CORPS ASTRAL

*Ce qui anime* tous les éléments constituant l'être humain, c'est *le Corps Astral.*

Le corps astral est le double exact du corps physique. Il constitue une réalité organique, et il possède des organes physiques, des centres d'action et des localisations.

Les organes physiques spécialement affectés au corps astral sont les organes de la respiration et de la circulation et toutes leurs dépendances.

Le centre d'action du corps astral est donc dans la poitrine. Ses fonctions organiques s'entretiennent sous l'influence de l'air atmosphérique, transformé par l'appareil respiratoire en force vitale fixée sur le globule sanguin (oxyhémoglobine) (1).

L'appareil circulatoire diffuse la force vitale dans tous les points de l'organisme et fournit à l'être psychique les principes nécessaires à l'élaboration de la force nerveuse (2).

---

(1) L'âme sensitive ou élémentaire réside dans le sang et est l'agent de la sensation, de la nutrition, de la reproduction, en un mot de toutes les fonctions organiques.
                          ROBERT FLUDD (XVI<sup>e</sup> siècle.)

(2) Pythagore enseignait que l'âme a un corps qui est donné suivant sa nature bonne ou mauvaise par le travail intérieur de ses facultés. Il appelait ce corps le char subtil de l'âme et disait que le corps mortel n'en est que l'enveloppe grossière. C'est, ajoutait-il, en pratiquant la vertu, en embrassant la vérité, en s'abstenant de toute chose impure, qu'il faut avoir soin de l'âme et de son corps lumineux.
                    HIÉROCLÈS, *Aurea Carmina*, v. 68 (v<sup>e</sup> siècle.)

Le corps astral, dirigé par le sentiment, se manifeste à l'Esprit conscient par la Passion.

## L'Être psychique.

*Ce qui meut* tous les éléments constituant l'organisme humain, c'est *l'Être Psychique*.

L'Être psychique est, à proprement parler, le centre de sublimation et de condensation du corps astral. Il a ses organes physiques de circulation et d'action.

Les organes physiques spécialement affectés à l'Être psychique sont les organes constituant le système nerveux ganglionnaire et toutes ses dépendances [Cervelet — *Grand sympathique. N. vasomoteurs* (1).

Le centre d'action de l'Être psychique est donc dans la Tête (partie postéro-inférieure). Ses fonctions organiques s'entretiennent sous l'influence de la force vitale apportée par le sang et transformée par l'action du Cervelet, en force nerveuse (2).

---

(1) Il y a deux sortes d'intelligences dans l'homme : *L'intelligence matérielle* a pour tâche de diriger, de coordonner les mouvements du corps (elle ne peut point se séparer de la matière).

*L'intelligence acquise et communiquée*, indépendante de l'organisme, est une émanation directe de l'intelligence active ou universelle. — Elle a pour attribut spécial la Science proprement dite, la connaissance de l'absolu et de l'intelligible pur, des principes divins où elle prend sa source.

MAIMONIDES (XIIe siècle.)

(2) Il y a deux espèces d'âmes : l'âme sensitive, commune à l'homme et aux animaux, l'âme intellectuelle, immortelle ou simplement l'*esprit* (mens) qui n'appartient qu'à l'homme.

VAN HELMONT (XVIe siècle.)

L'appareil nerveux de la vie organique diffuse le mouvement dans tous les points de l'organisme et fournit à l'Esprit conscient les éléments nécessaires à l'élaboration de la Pensée (1).

L'Etre Psychique, guidé par l'Intuition, se manifeste à l'Esprit par l'Inspiration (2).

## L'ESPRIT CONSCIENT

*Ce qui gouverne* l'être humain tout entier, ce qui sent, ce qui pense et ce qui veut, ramenant la trinité organique à l'unité de la Conscience, c'est l'Esprit immortel.

L'esprit a, dans l'être humain, un domaine d'action bien délimité avec un centre d'action, des organes et des conducteurs particuliers.

Les organes physiques spécialement affectés à l'Esprit sont les organes constituant le système nerveux conscient, avec toutes ses dépendances.

L'Esprit a donc pour centre d'action la Tête. Le corps physique lui fournit la matière du système nerveux conscient, le corps astral lui fournit la force vitale qui anime cette matière, l'être psychi-

---

(1) Or ces sens (sens commun et imagination) ont leurs organes dans la tête; là le sens commun et l'imagination tiennent les premières places, les premiers sièges, les premières habitations, demeures ou cellules du cerveau (quoique Aristote ait voulu que l'organe du sens commun fût dans le cœur) et la pensée ou la faculté de penser tient le haut et le milieu de la tête et ensuite la mémoire tient le dernier ou le derrière de la tête.

AGRIPPA (XVIᵉ siècle.)

(2) Au sujet du Corps Astral, voir le très remarquable article du maître Barlet, dans la revue *l'Initiation* de janvier 1897.

que lui fournit la force nerveuse nécessaire à son action. De plus chacun des trois principes fournit à l'esprit un ou plusieurs organes des sens (1).

Le corps physique fournit à l'Esprit le toucher et le goût, le corps astral lui fournit l'odorat, l'Être psychique lui fournit l'ouïe et la vue.

Ces divers sens mettent l'Esprit en rapport avec le monde extérieur.

L'Esprit est d'autre part en rapport avec l'être intérieur qui se manifeste à lui par l'impulsion sensuelle, passionnelle ou intellectuelle.

C'est par la moelle épinière (portion postérieure), que les communications s'établissent avec chacun des trois centres organiques de l'être humain : Ventre, Poitrine et Tête.

L'Essence de l'Esprit consiste dans sa Liberté de se laisser aller aux impulsions venues de l'être intérieur ou d'y résister. C'est en cette faculté primordiale que consiste essentiellement le Libre arbibitre.

L'Esprit, quoique indépendant en lui-même de chacun des trois centres organiques, agit cependant sur eux, non pas immédiatement mais médiatement.

L'Esprit ne peut pas modifier directement la marche des organes digestifs, mais il a tout pouvoir

---

(1) L'homme est mortel par rapport au corps ; mais il est immortel par rapport à l'âme, qui constitue l'homme essentiel. Comme immortel, il a autorité sur toutes choses; mais relativement à la partie matérielle et mortelle de lui-même il est soumis au destin.
PIMANDRE D'HERMÈS<br>(II<sup>e</sup> siècle d'après la critique universitaire.)

dans le choix des aliments, et la bouche, porte d'entrée de l'abdomen, est sous la dépendance exclusive de l'Esprit, avec le Goût comme adjuvant sensoriel.

L'Esprit ne peut pas modifier directement la marche des organes circulatoires, mais il a tout pouvoir dans le choix du milieu respiratoire, et les fosses nasales, porte d'entrée de la poitrine, sont sous la dépendance de l'Esprit, avec l'Odorat comme adjuvant sensoriel.

Il résulte de là que l'Esprit peut volontairement modifier la constitution du corps physique en modifiant convenablement les aliments (1re phase de magie pratique), et que l'Esprit peut aussi agir sur le corps astral en agissant sur le rythme respiratoire et en modifiant par des parfums spéciaux l'air atmosphérique inspiré (2e phase de magie pratique).

Enfin l'action de l'Esprit sur les yeux et les oreilles permet de développer la clairvoyance et la clairaudience conscientes (3e phase de magie pratique).

Par les aliments, par l'air inspiré, par les sensations, l'Esprit agit sur l'être intérieur; par les membres, il agit sur la Nature.

Le larynx, les yeux, considérés comme organes d'expression, la bouche, considérée de même, s'ajoutent encore aux membres dans l'action consciente de l'Esprit sur les autres hommes, et le Monde extérieur; sur le non-moi.

En résumé, les fonctions de l'Esprit se réduisent aux données suivantes :

| | | |
|---|---|---|
| Anatomie et physiologie philosophique. | | Grâce aux éléments matériels, vitaux et psychiques à lui fournis par les trois principes de l'être intérieur, l'Esprit possède des moyens d'action spéciaux. |
| *Ce qui sent.* | Il reçoit : | De l'Être intérieur des impulsions sensuelles, animiques et intellectuelles. Du Non-Moi des sensations diverses. |
| *Ce qui pense.* | | Il perçoit les idées qui dérivent de ces divers états psychiques, les compare, les classe, en tire son jugement et formule enfin sa volonté. |
| *Ce qui veut.* | Il agit ensuite : | Sur l'Être intérieur par les portes d'entrée des trois centres, portes d'entrée qui sont sous sa dépendance, et par les éléments introduits dans chacun des trois centres. Il peut aussi agir sur la *périphérie* de son Être par les membres. Sur le Non-Moi par les membres placés sous sa dépendance et par certains autres organes d'expression : la Voix, le Regard, le Geste, etc. |

Ce qui sent et ce qui veut est en relation directe avec les organes corporels ; ce qui pense les domine au contraire.

De l'action de l'Abdomen sur le Non-Moi (aliment) résulte le chyle ; de l'action de la Poitrine sur le Non-Moi (air) résulte le dynamisme du sang ; de l'action de la Tête sur l'organe (la sensation) résulte l'idée.

Que résulte-t-il donc de l'action de l'Esprit conscient et sur l'Être intérieur et sur le monde extérieur ?

## De la Destinée

L'Être humain conçu comme un tout, fabrique, par le libre emploi que fait sa volonté, des éléments qui lui sont confiés, de la chance ou de la malchance pour son évolution future. C'est le libre arbitre qui règle lui-même la destinée de a Monade humaine (1).

### LE MACROCOSME OU LA NATURE

L'homme a bâti des villes superbes ; autour de ces cités des champs bien cultivés se sont étendus ; dans les prairies on a vu de beaux troupeaux paître en pleine tranquillité ; une société humaine, avec ses organes sociaux et ses facultés nationales, s'est fixée dans ce merveilleux pays d'Egypte.

Mais l'axe magnétique des civilisations s'est déplacé d'un degré, la guerre et l'incendie ont porté leurs ravages dans les cités, les ruines ont remplacé les villes superbes, les herbes folles et les forêts ont

---

(1) La partie sensitive et intelligente de notre être doit être considérée comme les réunions de trois principes distincts :

1° *Le Djan*, qui conserve la forme du corps et entretient dans toutes ses parties l'ordre et l'harmonie (Corps astral).

2° *L'Akko*, principe divin et inaltérable, qui nous éclaire sur le bien qu'il faut faire, sur le mal qu'il faut éviter, et nous annonce dès cette vie une vie meilleure (Esprit conscient).

3° *L'Ame*, ou personne humaine, comprenant l'intelligence (*Boc*), le jugement et l'imagination (*rouan*) et la substance propre de l'âme (*Ferouer*) (Être psychique).

A la mort, l'Akko retourne au ciel, et l'âme demeure seule responsable de nos bonnes ou de nos mauvaises actions.

ZOROASTRE (Sad-der) (500 av. J.-C.)

pris la place des champs cultivés, les bêtes féroces et les serpents venimeux ont succédé aux gras troupeaux, et, maintenant, aucune société humaine n'apparaît plus dans ces déserts.

Quelle est donc cette puissance mystérieuse qui défait ainsi les œuvres des hommes, quel est cet adversaire caché qui reprend pied à pied possession de son bien, dès que l'homme cesse de lutter : c'est la Nature. La Nature, c'est la force fatale qui dirige tout ce que l'homme aperçoit autour de lui dans l'Univers, depuis le Soleil jusqu'au brin d'herbe. Ce n'est qu'au prix de la lutte de tous les instants, ce n'est qu'en déployant sans cesse les efforts de sa Volonté que l'Homme parvient à dominer la Nature et à s'en faire un auxiliaire précieux dans sa marche vers l'Avenir. La Volonté humaine est aussi puissante que la Fatalité naturelle ; ce sont deux des forces cosmiques les plus élevées qui se soient manifestées dans l'Absolu.

Considérons un coin quelconque de notre planète dans lequel la Nature manifeste sa puissance sans partage avec l'action de l'homme, et voyons si nous ne retrouverons pas là des principes et des lois générales cachés sous la multiplicité des efforts apparents.

Voici un coin de forêt tropicale. La Terre et ses couches géologiques entremêlées de veines métalliques forment la base, le support de la presque totalité de ce que nous pouvons apercevoir.

Un ruisseau trace silencieusement sa route au milieu des arbres et des plantes qui surgissent de toutes parts. Sans l'eau fertilisante, agissant dans la Planète comme le chyle agit dans l'homme, rien ne pousserait sur la Terre desséchée.

Entre ces plantes, des insectes circulent, rapides et affairés par la lutte pour l'existence. Sur ces arbres, des oiseaux s'ébattent, et, dans les profondeurs de la forêt, on entend le sifflement des serpents et le rugissement des fauves.

Au-dessus de tous ces êtres végétaux ou animaux, un fluide subtil circule invisible, impalpable : l'air atmosphérique, origine du mouvement vital qui meut toute la nature animée. Enfin, là-haut, dans le ciel, le Soleil darde de ses rayons brûlants ce coin de terre. Les rayons solaires apportent le mouvement à la Planète tout entière, le mouvement dont les combinaisons plus ou moins intenses avec la matière produisent toutes les forces physiques connues. Le soleil se condense dans la substance des arbres, d'où l'homme l'extraira plus tard à l'état de chaleur en brûlant le bois ou la houille. Le mouvement venu du soleil se condense dans l'intérieur de la Terre sous forme de magnétisme, et se manifeste à sa surface sous forme d'attraction moléculaire.

Résumons. — De la Terre *qui supporte*, de l'Eau et de l'Air *qui animent*, du Feu solaire *qui meut* en créant toutes les forces physiques, et la Fatalité *qui gouverne* la marche de toutes ces forces et de tous les êtres, voilà ce que nous apprend la vue de ce coin de Terre. Est-ce tout ?

Non. Toutes ces forces, tous ces éléments circulent à travers trois règnes, les minéraux lentement décomposés par les racines des végétaux qui les assimilent et les transforment en substance végétale que les rayons solaires viennent charger de principes dynamiques, et que l'air atmosphérique vient animer. Mais les animaux saisissent à leur tour la substance végétale qu'ils digèrent et transforment en substance animale. Et la vie universelle, identique pour tous les êtres, circule à travers tous les règnes, animant aussi bien le brin d'herbe que le cerveau du grand quadrumane.

Trois règnes constituent le corps matériel de chacun des continents de notre Planète, et chacun de ces trois règnes manifeste un centre particulier de l'organisme terrestre. Le règne minéral en est l'ossature, le centre de digestion et d'excrétion, le règne végétal en est le centre animique digérant le minéral et purifiant sans cesse l'air atmosphérique indispensable à tous les êtres ; enfin, le règne animal en est le centre intellectuel, évoluant l'instinct et l'intelligence à travers l'ascension pénible vers la conscience (1).

*Ce qui supporte* tous les principes en action sur la Planète, c'est la Terre avec sa triple évolution minérale, végétale et animale.

*Ce qui anime*, Ce sont l'Eau et l'Air. L'Eau agissant dans la Nature comme la partie liquide du sang dans l'homme, et l'Air agissant dans la Nature comme le globule du sang dans l'homme.

---

(1) L'âme des minéraux se développe sous l'action des planètes.
L'âme des végétaux sous l'action du soleil, et en se développant elle se multiplie ; car chaque graine de la semence renfermée dans le calice des fleurs est une âme distincte que recouvre une légère enveloppe d'eau et de terre.
ROBERT FLUDD (XVI$^e$ siècle.)
Voy. aussi *La Vie Universelle*, de Michel de Figanières.

*Ce qui meut*, ce sont les forces physico-chimiques produites par les combinaisons des rayons solaires avec la matière organique ou inorganique, c'est le mouvement dans son essence que les anciens appelaient Feu.

De la Terre, de l'Eau, de l'Air et du Feu, tels sont les quatre principes que nous voyons agir dans la Nature si nous abandonnons le champ de l'analyse pour rester sur le terrain essentiellement général. Nous ne craignons donc pas d'être taxé d'ignorance ou d'être accablé sous le poids du ridicule en osant revenir, à la fin du XIXe siècle, aux quatre éléments de l'ancienne physique des initiés.

Mais nous venons d'analyser là, seulement un coin de notre planète. Les forces physico-chimiques, l'Air, l'Eau et la Terre constituent uniquement les principes en action dans la portion de la Nature qui nous entoure immédiatement, ce que les anciens appelaient le *Monde élémentaire*. Poursuivons notre analyse.

Nous venons de voir des faits se passant sur une faible partie de notre planète. L'emploi de l'analogie nous permet d'espérer que, de même qu'une même loi dirige la marche d'une cellule et celle d'un organe dans l'homme, de même une loi identique doit diriger la marche d'un continent et celle de toute la Planète, conçue comme un être organique spécial.

Notre planète, isolée dans l'Espace, baigne alternativement la plus grande partie d'un de ses hémisphères dans le fluide solaire. De là, l'existence du jour et de la nuit correspondant à une aspiration et une expiration de l'être humain. Dans l'organisme humain : le fluide réparateur, le sang, circule à travers les organes qu'il baigne. Dans l'organisme du monde, au contraire, ce sont les planètes (organes du système solaire), qui circulent dans le fluide solaire réparateur. La Terre aspire le mouvement par l'équateur et l'expire par les pôles (1).

Notre planète reçoit du monde extérieur trois influx spéciaux :

1° Celui du Soleil ;

2° Celui de la Lune, satellite de la Terre ;

3° Celui des autres planètes du système solaire. (Nous considérons les étoiles fixes comme trop éloignées pour avoir une action spéciale sur les planètes.)

L'étude de ces courants fluidiques et de leur action physiologique constitue l'astrologie.

Mais notre Terre dégage de son côté plusieurs fluides.

1° Elle est immédiatement entourée d'une couche atmosphérique spéciale ;

2° Elle est lumineuse vue des autres planètes.

3° Elle possède une force d'attraction particulière qui agit tant sur les corps placés à la surface de la planète que sur la lune et spécialement aussi sur les autres planètes du système.

La Lune étant une dépendance cosmique de la

---

(1) La lumière, en se mêlant à l'air invisible a produit l'éther, autre espèce de feu plus subtil et plus actif, principe de la génération et de l'organisme, véhicule de la vie dans toute l'étendue de l'Univers.

. . . . . . . . . . . . . . . . . . . . . . . .

L'éther n'est pas à proprement parler un corps, mais un terme moyen, une sorte de médiateur entre les corps et la force vivifiante dont ils sont pénétrés, c'est-à-dire l'âme du monde.    R. FLUDD (XVIe siècle).

Terre rentre dans sa sphère d'attraction, et la planète unie à son satellite forme un système planétaire. La Lune agit vis-à-vis de la Terre comme le Grand sympathique vis-à-vis de l'organisme humain, et elle régularise et distribue la force dynamique, et par là préside à l'accroissement et à la décroissance de tous les organismes vivants, sur la Terre.

Mais la Terre et son satellite ne forment qu'un des organes de notre système solaire qui, seul, constitue un tout, un organisme spécial dans l'Univers.

Un système solaire est composé :

D'organes matériels hiérarchisés en trois catégories :

1° Les Satellites obéissant à l'attraction d'une Planète ;

2° Les Planètes obéissant à l'attraction d'un Soleil ;

3° Un Soleil obéissant à l'attraction d'un centre particulier.

Entre les satellites et les planètes agissent les forces physico-chimiques et les fluides dits élémentaires.

Entre les Planètes et le Soleil agissent les forces cosmiques et les fluides dits astraux.

Entre le Soleil et le centre d'attraction plus élevé agissent les forces psychiques et les fluides dits principiateurs.

Pour une planète d'un système solaire, le (ou les) satellite agit donc comme l'abdomen agit dans l'homme, le soleil agit comme le cœur dans l'homme, et le centre d'attraction du Soleil agit comme la tête dans l'homme.

En résumé, un système solaire comprend trois ordres de principes :

Ce qui supporte : Les organes du système : satellites, planètes et Soleil.

Ce qui anime : fluide dynamique émané du Soleil.

Ce qui meut : force d'attraction localisée dans les satellites de la planète et dans le soleil et émanée du centre d'attraction du Soleil.

*Ce qui gouverne :* La puissance cosmique appelée Nature ou Destin.

L'ancienne physique des hermétistes considérait l'Univers comme constitué de trois plans *ou mondes.*

1° Le monde élémentaire constitué par les forces en action sur notre planète, appelé aussi monde sublunaire, et dont le domaine s'étendait de la Terre à son satellite : La Lune (domaine des forces physico-chimiques.)

2° Le monde des orbes constitué par les forces en action dans le système solaire, et dont le domaine s'étendait du soleil aux planètes du système (domaine des forces astrales.)

3° Le monde empyrée constitué par les forces en action dans l'Univers tout entier, et dont le domaine, s'étendait du centre (encore peu déterminé scientifiquement) d'attraction de notre soleil aux soleils situés dans la même sphère d'attraction (domaine des forces-principes.)

Et ces trois plans ne constituaient pas des centres d'action strictement délimités. De même que, dans l'homme, on retrouve dans toutes les parties de l'organisme de la lymphe, du sang et de l'action nerveuse, quoique l'abdomen, le thorax et la tête soient les plans qui centralisent l'action de ces trois éléments, de même, dans la moindre planète on retrouve des forces physiques, de la vie et de l'attraction, manifestation respective du monde élémentaire, du monde des orbes et du monde empyrée.

### L'ARCHÉTYPE

Lorsque nous voulons nous figurer l'homme, c'est toujours l'image de son corps physique qui se présente la première à notre esprit.

Et cependant, un peu de réflexion suffit pour nous faire comprendre que ce corps physique ne fait que supporter et manifester l'homme véritable, l'Esprit qui le gouverne.

On peut enlever des millions de cellules de ce corps physique en coupant un membre sans que pour cela l'unité de la Conscience subisse la moindre atteinte. L'homme intellectuel qui est en nous est indépendant en lui-même des organes qui ne sont que des supports et des moyens de communication.

Il n'en est pas moins vrai cependant que, pour nous, dans notre état actuel, ces organes physiques sont des plus utiles, sont mêmes indispensables pour nous permettre de remonter à l'action de l'Esprit et de la comprendre. Sans cette base toute physique, nos déductions prendront le caractère vague et mystique des données exclusivement métaphysiques.

Mais une analyse toute superficielle peut seule nous conduire à confondre l'homme intellectuel avec l'homme organique, ou à rendre la Volonté entièrement solidaire de la marche des organes.

Or, quand il s'agit de traiter la question de Dieu, on tombe la plupart du temps dans un des excès que nous venons de signaler à propos de l'homme.

L'ensemble des êtres et des choses existants supporte et manifeste la Divinité comme le corps physique de l'homme supporte et manifeste l'Esprit.

Vouloir traiter de Dieu sans s'appuyer sur toutes ces manifestations physiques, c'est risquer de se perdre dans les nuages de la métaphysique, c'est demeurer incompréhensible pour la plupart des intelligences. C'est donc en nous appuyant sur la constitution de l'homme d'une part et sur celle de l'Univers de l'autre que nous allons nous efforcer de nous faire une idée de Dieu.

Dans l'homme, nous avons vu un être physique, ou plutôt organique, fonctionnant d'une façon machinale aussi bien durant la veille que pendant le sommeil. Au-dessus de cet être organique, nous en avons déterminé un autre : l'être intellectuel entrant en action dès le réveil et se manifestant presque exclusivement pendant l'état de veille.

La partie organique de l'être humain répond à l'idée que nous nous sommes faite de la Nature. C'est la même loi fatale et régulière qui dirige la marche de l'homme organique, comme celle de l'Univers, ce dernier étant formé d'organes cosmiques au lieu d'être formé d'organes humains.

L'être intellectuel dans l'homme répondra par suite, mais d'une façon très élémentaire, à l'idée que nous pouvons nous faire de Dieu. Les rapports de l'homme physique à l'homme intellectuel nous éclaireront sur les rapports de la Nature et de Dieu, comme les rapports entre l'être physique et l'Esprit dans l'homme peuvent nous éclairer logiquement sur les rapports de l'Homme avec Dieu.

Par là, nous pouvons dès maintenant poser en principe, que si notre analogie est vraie, Dieu, quoique manifesté par l'Humanité et par la Nature, quoique agissant sur ces deux grands principes cosmiques, a cependant une existence propre et indépendante.

Mais l'Unité Première ainsi conçue n'a pas plus à intervenir dans la marche des lois naturelles que l'Esprit conscient de l'homme, n'intervient, à l'état normal, dans la marche du cœur et dans celle du foie.

L'homme est le seul créateur et le seul juge de sa destinée. Il est libre d'agir à sa guise dans le cercle de sa fatalité, autant qu'un voyageur peut, dans un train ou dans un steamer, agir comme il lui plaît dans sa cabine ou dans son compartiment. Dieu ne peut pas plus être rendu complice des fautes humaines que le chef du train ou le capitaine du steamer ne sont responsables des fantaisies des voyageurs qu'ils conduisent en avant.

Il faut donc, afin d'éviter toute erreur dans la suite, bien distinguer que Dieu, tel qu'il apparaît au premier abord, est l'ensemble de tout ce qui existe, de même que l'homme est l'ensemble de tous les organes et de toutes les facultés qui apparaissent en premier lieu.

Mais l'homme véritable, l'Esprit, est distinct du

corps physique, du corps astral et de l'être psychique qu'il perçoit et qu'il domine. De même Dieu-Unité est distinct de la Nature et de l'Humanité qu'il perçoit et qu'il domine. A parler d'une façon grossière, la Nature est le corps de Dieu, et l'humanité est la vie de Dieu, mais autant que le corps matériel est le corps de l'homme, et le corps astral et l'Etre psychique sont les principes vitaux de l'homme ; il s'agit là de l'homme organique et non de l'homme Esprit, qui, encore une fois, n'use de ces principes que comme moyen de manifestation (1).

Il n'en est pas moins vrai cependant que l'Esprit de l'homme est en relation par le sens interne avec la moindre parcelle de son organisme, parcelle sur laquelle il ne peut agir, mais qui, elle, peut se manifester à l'Esprit par la souffrance. De même, Dieu est présent médiatement ou immédiatement dans la moindre parcelle de la création, il est en chacun de nous ; comme la conscience humaine est présente à titre de réceptrice ou de motrice consciente dans chacune de nos cellules corporelles.

La Nature et l'Homme agissent donc librement

---

(1) D'abord, Dieu n'existe qu'en puissance, dans l'unité ineffable : c'est la première personne de la Trinité ou Dieu le Père ; puis il se révèle à lui-même et se crée tout un monde intelligible ; il s'oppose comme la pensée, comme la raison universelle ; c'est la seconde personne de la Trinité ou Dieu le Fils, enfin, il agit et il produit, sa volonté s'exerce et sa pensée se réalise hors de lui : c'est la troisième personne de la Trinité ou l'Esprit. Dieu, passant éternellement par ces trois états, nous offre l'image d'un cercle dont le centre est partout et la circonférence nulle part.

(*Philosoph. mor.*, sect. I, liv. II, ch. IV.)

R. FLUDD (XVIe siècle).

entourés de toutes parts par l'action divine circonférentielle, qui entraîne l'Univers vers le Progrès, sans intervenir despotiquement dans les lois naturelles ou dans les actions humaines. Ainsi le capitaine du steamer qui agit sur le gouvernail de son navire vogue vers le but du voyage sans intervenir dans le détail de la machinerie motrice (image de la nature), ou dans les occupations des passagers. Le capitaine gouverne circonférentiellement le système général ; il n'a que faire de ce qui se passe à l'intérieur des cabines.

Cependant l'action du capitaine s'exerce sinon immédiatement, du moins médiatement.

1.º Sur la machinerie par le porte-voix.

2.º Sur les voyageurs par les règlements de bord élaborés par le capitaine (1).

En Kabbale, on appelle *Père* le principe divin qui agit sur la marche générale de l'Univers (action sur la Barre), *Fils* le principe en action dans l'Humanité, et *Saint-Esprit* le principe en action dans la Nature. Ces termes mystiques indiquent les diverses applications de la force créatrice universelle (2).

### L'UNITÉ

L'Univers conçu comme un tout animé est composé de trois principes qui sont : la Nature, l'Homme et Dieu, ou, pour employer le langage des hermé-

---

(1) Le principe unique de l'univers, c'est le *père* de la triade intelligible        PORPHYRE (IIIᵉ siècle).
(2) Voy. les œuvres de Saint Denis : *L'Aréopagite*.

tistes, le Macrocosme, le Microcosme et l'Archétype (1).

L'homme est appelé microcosme ou petit monde parce qu'il contient *analogiquement* en lui les lois qui régissent l'Univers (2).

La Nature forme le point d'appui et le centre de manifestation générale des autres principes.

L'homme agissant sur la Nature par l'action, sur les autres hommes par le Verbe, et s'élevant jusqu'à Dieu par la Prière et l'Extase constitue le lien qui unit la création au créateur.

Dieu enveloppant de son action providentielle les domaines dans lesquels agissent librement les autres principes, domine l'Univers dont il ramène tous les éléments à l'unité de direction et d'action.

Dieu se manifeste dans l'Univers par l'action de la Providence qui vient éclairer l'homme dans sa marche ; mais qui ne peut s'opposer dynamiquement à aucune des deux autres forces primordiales (3).

(1) Il y a trois mondes, le monde archétype, le macrocosme et le microcosme, c'est-à-dire Dieu, la nature et l'Homme.
R. FLUDD (XVI° siècle).

(2) L'homme forme à lui seul tout un monde appelé *le microcosme* parce qu'il offre en abrégé toutes les parties de l'univers. Ainsi la tête répond à l'empyrée, la poitrine au ciel éthéré ou moyen, le ventre à la région élémentaire.
R. FLUDD (XVI° siècle).

(3) C'est la nature qui préside à notre naissance, qui nous donne un père, une mère, des frères, des sœurs, des relations de parenté, une position sur la terre, un état dans la société ; tout cela ne dépend pas de nous : tout cela, pour le vulgaire, est l'ouvrage du hasard ; mais pour le philosophe pythagoricien, ce sont les conséquences d'un ordre antérieur, sévère, irrésistible, appelé Fortune ou Nécessité.

Pythagore opposait à cette nature contrainte une nature libre qui, agissant sur les choses forcées comme sur une

L'homme se manifeste dans l'Univers par l'action de la Volonté qui lui permet de lutter contre le Destin et d'en faire le serviteur de ses conceptions. Dans l'application de ses volitions au monde extérieur, l'homme a toute liberté de faire appel aux lumières de la Providence ou d'en mépriser l'action.

La Nature se manifeste dans l'Univers par l'action du Destin qui perpétue d'une manière immuable et dans un ordre strictement déterminé les types fondamentaux qui constituent sa base d'action.

*Les faits* sont du domaine de la Nature, *les Lois* du domaine de l'homme, *les Principes* du domaine de Dieu.

Dieu ne crée jamais qu'en Principe. La Nature développe les Principes créés pour constituer les faits, et l'homme, établissant, par l'emploi que fait sa volonté des facultés qu'il possède, les relations qui unissent les faits aux Principes, transforme et perfectionne ces faits par la création des Lois.

Mais un fait, quelque simple qu'il soit, n'est jamais que la traduction par la nature d'un principe émané de Dieu, et l'Homme peut toujours rétablir

---

matière brute, les modifie et en tire à son gré des résultats bons ou mauvais. Cette seconde nature était appelée Puissance ou Volonté : c'est elle qui règle la vie de l'homme et qui dirige sa conduite d'après les éléments que la première lui fournit.

La Nécessité et la Puissance, voilà, selon Pythagore, les deux mobiles opposés du monde sublunaire où l'homme est relégué, les deux mobiles tirent leur force d'une cause supérieure, que les anciens nommaient *Némésis*, le décret fondamental, et que nous nommons Providence.

FABRE D'OLIVET (*Vers dorés*, 5ᵉ examen, 1825).

le lien qui relie le fait visible au principe invisible, et cela par l'énonciation d'une Loi. (Fondement de la méthode analogique.)

\*\*\*

Un steamer est lancé sur l'immense Océan et vogue vers le but assigné pour le terme du voyage.

Tout ce que contient le steamer est emporté en avant.

Et cependant chacun est libre d'organiser sa cabine comme il lui plaît. Chacun est libre de monter sur le pont contempler l'infini ou de descendre à fond de cale. Le progrès en avant s'effectue chaque jour pour la masse totale; mais chaque individualité est libre d'agir à sa guise dans le cercle d'action qui lui est dévolu en partage.

Toutes les classes sociales sont là sur ce navire, depuis le pauvre émigrant, qui couche tout habillé dans un sac, jusqu'au riche yankee, qui occupe une bonne cabine.

Et la vitesse est la même pour tous, riches, pauvres, grands et petits, tous aboutiront en même temps au terme du voyage.

Une machine inconsciente fonctionnant d'après des lois strictes meut le système tout entier.

Une force aveugle (la vapeur) canalisée dans des tubes et des organes de métal générée par un facteur spécial (la chaleur) anime la machine tout entière.

Une volonté, dominant et la machine organique et l'ensemble des passagers, gouverne tout: le capitaine.

Indifférent à l'action particulière de chaque passager, le capitaine, les yeux fixés sur le but à atteindre, la main à la barre, conduit l'immense organisme vers le terme du voyage, donnant ses ordres à l'armée des intelligences qui lui obéissent.

Le Capitaine ne commande pas directement l'hélice qui meut le steamer, il n'a d'action immédiate que sur le *gouvernail*.

Ainsi l'Univers peut être comparé à un immense steamer dont ce que nous appelons Dieu tient le gouvernail ; la Nature est la machinerie synthétisée dans l'hélice qui fait marcher tout le système aveuglément d'après des lois strictes, et les humains sont des Passagers.

Le Progrès existe, général, pour tout le système, mais chaque être humain est absolument libre dans le cercle de sa fatalité.

Telle est l'image qui peint assez clairement les enseignements de l'Occultisme sur cette question.

### INVOLUTION ET ÉVOLUTION DES PRINCIPES

Les Trois Principes viennent chacun d'un monde ou plan différent et ils y retournent plus ou moins longtemps après la mort.

Le corps physique, le cadavre, tire ses éléments constituants du plan matériel auquel lesdits éléments retourneront quelque temps après la mort physique. On peut hâter cette réintégration par le feu (crémation) ou la retarder au contraire par des substances que cataleptisent les cellules matérielles du cadavre (momification). Tout cela dépend du but que poursuit celui qui se livre à l'une quelconque de ces pratiques.

Le corps astral qui vient du monde des orbes, du plan de Destin, de la sphère des Archons, dit Valentin dans *Pistis Sophia*, se divise après la mort suivant l'aimantation qui lui a été donnée durant l'incarnation. Si l'être n'est pas purifié par le sacrifice ou la souffrance, le corps astral reste attaché jusqu'à la seconde mort au Principe supérieur (1).

L'Être forme alors un Elémentaire qu'on peut évoquer dans certaines conditions (2).

La destinée de l'Esprit dépend de l'aimantation qui lui a été donnée. S'il a été constamment attiré par les plaisirs matériels et les satisfactions égoïstes il est *écorcifié* et il devra dissoudre ses écorces dans les tourbillons astraux.

S'il a été au contraire évolué vers l'altruisme et les voies rudes de sacrifice et de la douleur, il est tout préparé pour fuir *le torrent des générations* et pour devenir, par la fusion avec l'âme sœur, le premier élément de réintégration divine d'une série d'âmes (1).

---

(1) Voyez à ce sujet notre étude sur *l'Etat de trouble et l'Evolution posthume de l'Etre humain*. 1 brcch. in-8. Chamuel, éditeur, ainsi que nos études sur le corps astral dans *l'Initiation*.

(2) Voy. *le Temple de Satan*, par Stanislas de Guaita, 1 vol. in-8, Chamuel éditeur.

(1) Les étudiants sérieux qui voudront approfondir ce point si intéressant devront étudier *Pistis Sophia* (traduction française d'Amélinau) et la faisant précéder de la lecture des *Commentaires* que nous avons établis pour éclairer cette œuvre, les ouvrages de *Michel de Figanieres* sont aussi recommandés à ce propos.

## LE RÈGNE HOMINAL

L'homme ne doit pas être considéré à l'état d'être isolé ; car dans cet état il ne forme qu'une cellule de l'Humanité totale. C'est la connaissance des liens qui unissent la cellule humaine à l'Humanité, à ce que Fabre d'Olivet appelle *le Règne Hominal* qui forme la base de la morale qui règle les rapports des hommes entre eux sur terre. C'est ce qui ressortira clairement des extraits suivants dans l'enseignement de Fabre d'Olivet.

Je ne considère pas l'Homme dans son isolement individuel ; mais dans l'universalité de son espèce, que j'ai appelée *Règne hominal*. Ce Règne se présente toujours à moi comme un être unique, jouissant d'une existence intelligible, qui devient sensible par l'individualisation. Quand les philosophes ont dit que la Nature ne fait que des individus, ils ont dit vrai, en appliquant cet axiome à la nature physique ; mais ils ont dit une absurdité s'ils l'ont étendu à la Naturelle intellectuelle : cette nature supérieure ne fait, au contraire, que des Règnes modifiés d'abord en Espèces, ensuite en Genres et enfin en Individus, par la Nature inférieure. Dans le Règne hominal les espèces sont des Races distinguées par la couleur, les formes physiognonomiques et le lieu natal : les genres sont des nations ou des peuples, diversifiés par le langage, le culte, les lois et les mœurs : les individus sont des hommes, particularisés par leur position respective dans ces nations ou dans ces Races et portant dans cette position leurs facultés propres et leur volonté individuelle. Tous les hommes qui composent un être rationnel dont ils sont les membres sensibles ; cet être rationnel, qu'on appelle *Corps politique*, *Peuple* ou *Nation*, possède une double existence morale et physique et peut être considéré, ainsi que l'homme individuel, sous le triple rapport de son corps, de son âme ou de son esprit, comme être corporel et instinctif, animique et passionné, spirituel et intelligent. Cette double existence n'est pas toujours dans des proportions harmoniques ; car souvent l'une est forte quand l'autre est faible, et l'une vivante quand l'autre est morte. La même inégalité qui existe parmi les hommes existe aussi parmi les peuples : chez les uns les passions sont plus développées que chez les autres ; il y en a de purement instinctifs comme de purement intellectuels.

Or, il existe deux grands moyens d'élaboration qui, quoique employés sous diverses formes et désignés par différents noms, n'en sortent pas moins d'une même cause pour arriver à un même résultat. Ces deux moyens sont :

L'Unité et la Divisibilité agissant dans *Les Principes*.
L'Attraction et la Répulsion agissant dans *Les Eléments*.
La Formation et la Dissolution agissant dans *La Sphère politique*.
La Vie et la Mort agissant dans *Les Individus*.

C'est au moyen de *la formation* que le Règne hominal tend à ruiner les individus qui le composent depuis la particularisation la plus absolue, c'est-à-dire depuis cet état d'isolement individuel où l'homme ne connaissait que lui-même, n'a pas même l'idée du lien conjugal, le premier de tous, jusqu'à l'universalisation sociale, où le même culte, les mêmes lois, la même langue, réunissent tous les hommes.

C'est au moyen de la dissolution que le mouvement contraire a lieu, et que le Règne hominal, après avoir recueilli les fruits de l'universalisation sociale, retombe dans la particularisation absolue en repassant par toutes les phases politiques, depuis l'Empire universel jusqu'à la plus étroite individualisation de l'homme sauvage.

Ainsi donc, le Règne hominal renferme en lui tout l'Univers. Il n'y a absolument hors de lui que la Loi divine qui le constitue, et la cause première d'où cette Loi est émanée. Cette cause première est appelée Dieu, et cette Loi divine porte le nom de *Nature*. Dieu est Un ; mais comme la Nature paraît d'abord offrir un second principe différent de Dieu et qu'elle même renferme un triple mouvement d'où paraissent résulter trois différentes natures : la nature providentielle, la nature volitive et la nature fatidique, il suit de là que l'homme individuel ne peut rien saisir qui ne soit double dans ses principes, ou triple dans ses facultés. Lorsque, par un grand effort de son intelligence, il arrive à l'idée vraie de Dieu, alors il atteint le fameux quaternaire de Pythagore, hors duquel il n'y a rien.

. . . . . . . . . . . . . . .

La Nécessité *providentielle* agit par assentiment; la Nécessité *fatidique* par sensation. Le sentiment qui dépend de la volonté adhère librement à l'une ou à l'autre de ces deux nécessités, on les repousse également pour rester dans son centre. La Volonté peut rester dans son centre animique aussi longtemps qu'elle ne se divise pas.

Fabre d'Olivet a ainsi posé les bases les plus solides qu'ait pu établir la tradition Pythagoricienne. Reprenant la question dans ses Principes vivants et l'éclairant à la lumière de l'Eglise des Patriarches et de la fulgurante révélation chrétienne, l'auteur des *Missions* (1), le marquis de Saint Yves d'Alveydre a révélé aux intellectuels la seule voie politique compatible avec l'initiation : *la Synarchie*. C'est grâce à cette lumière sociale que nos amis Barlet et Lejay (2) ont pu déterminer avec précision les lois de vie, de croissance et de mort de la Société *considérée comme un organisme ayant la faculté de créer et de détruire ses organes*. Telle est la route tracée pour tous ceux qui voudront connaître, en dehors des luttes stériles des partis, l'art sacré de l'organisation des collectivités humaines.

---

(1) *Mission des Souverains.*
   *Mission des Juifs.*
   *Mission des Français.*
   *Jeanne d'Arc victorieuse.*
(2) *Sociologie synthétique.*

# CHAPITRE X

### LE PLAN ASTRAL

Il ne faut pas considérer l'homme, soit individuel, soit collectif, comme isolé du reste de la Nature visible et invisible. C'est là l'erreur des matérialistes. Nous aurions pu arrêter ici les nouveaux chapitres ajoutés à ce Traité élémentaire, mais il nous a semblé indispensable de rappeler les notions que tout étudiant doit posséder sur le plan Invisible de la Nature et sur les êtres invisibles avec lesquels l'homme peut être en rapport.

On trouvera tous les détails qui pourraient intéresser les lecteurs sur ces points, d'abord dans le très remarquable ouvrage de Stanislas de Guaita, *la Clef de la Magie noire* (1), qui est le travail le plus élevé publié sur cette question jusqu'à ce jour, ensuite dans nos essais personnels : *Traité de Magie pratique*, et surtout *la Magie et l'Hypnose*. Les notes suivantes ne sont qu'un rapide résumé destiné à fixer les points principaux.

La partie visible de l'homme nous manifeste la partie invisible comme le récepteur du télégraphe reproduit la dépêche envoyée de loin.

---

(1) STANISLAS DE GUAITA : *la Clef de la Magie noire*, 1 vol. in-8 de 900 pages. Chamuel, 1896.

Dans la Nature, il existe également, d'après l'occultisme, toute une partie invisible, à côté des objets et des forces physiques qui frappent nos sens matériels.

De même que dans l'homme invisible circulent des fluides et des cellules (fluides sanguin et nerveux, hématies et leucocytes), facteurs incessants de l'organisme, de même dans la Nature invisible circulent des forces et des êtres, facteurs incessants du plan physique (1).

L'occultiste, qui a constaté dans l'homme l'existence d'un corps astral, facteur et conservateur des formes organiques, ne saurait s'arrêter dans l'étude de la Nature, à la constatation des forces physico-chimiques ou des résultats de l'évolution. Ces choses visibles ne sont, encore une fois, que le résultat de principes invisibles à nos sens physiques.

Rappelons-nous que la partie invisible de l'homme comprend deux grands principes : le corps astral et l'être psychique d'une part, et l'Esprit conscient d'autre part.

La Nature conçue comme une entité spéciale comprend également, dans sa partie invisible, un plan astral, un plan psychique d'une part, et un plan divin d'autre part.

La connaissance du plan astral est indispensable si l'on veut comprendre les théories présentées par l'occultisme pour expliquer tous les phénomènes en

---

(1) L'âme se fait son corps à elle-même, c'est-à-dire que non-seulement elle le gouverne et l'anime, mais qu'elle le façonne.
         PORPHYRE (IIIᵉ siècle).

apparence étranges, susceptibles d'être produits par l'homme, développé d'une façon particulière.

Le sujet est fort obscur en lui-même. Cependant, il suffit de s'appuyer le plus possible sur la constitution de l'homme pour comprendre ce qui nous reste à exposer.

Qu'entend-on par ce terme, en apparence si bizarre, de plan astral ?

Nous allons nous servir de quelques comparaisons, assez grossières il est vrai, mais aussi très suggestives, pour nous mettre sur la voie d'une définition compréhensible de ce terme.

Voici par exemple un artiste qui a l'idée de faire une statuette. Que lui faut-il pour réaliser son idée ? De la matière, un peu de terre par exemple. Est-ce tout ?

Sans doute, oui, au premier abord. Mais supposez le malheureux artiste manchot ou paralysé.

Qu'adviendra-t-il ?

Il arrivera que son idée de statuette sera aussi nette que possible dans son cerveau. D'autre part, la terre sera toute prête à recevoir et manifester cette forme ; mais L'INTERMÉDIAIRE, la main, n'obéissant plus au cerveau, d'une part, et ne pouvant agir sur la matière, d'autre part, rien ne se produit.

Pour que l'idée de l'artiste puisse être manifestée par la matière, l'existence d'un intermédiaire entre l'idée et la matière est nécessaire.

Pour rappeler une de nos comparaisons les plus connues, l'idée de l'artiste peut être assimilée au cocher d'un équipage et la matière à la voiture.

L'intermédiaire entre le cocher et la voiture, c'est le cheval. Or, sans cheval, le cocher, assis sur le siège, ne peut pas plus agir sur la voiture, que, sans bras, l'artiste ne peut modeler la terre. Tel est le rôle de l'intermédiaire dans les comparaisons précédentes.

Revenons à notre artiste et à sa statuette.

Supposons que la matière, vaincue par le travail, se soit pliée aux impulsions de la main qui la pétrit, et que la statuette soit terminée.

Qu'est-ce, en somme, que cette statuette : une image physique de l'idée que l'artiste a dans le cerveau. La main a fait l'office d'un moule dans lequel la matière a été modelée, et cela est tellement vrai que, si un accident brise la statuette de terre, l'ariste en retrouvera la forme originelle toujours existante dans son cerveau et pourra refaire une nouvelle statuette, image plus ou moins parfaite de l'idée qui sert de modèle.

Il existe cependant un moyen de prévenir la perte de la statuette dès qu'elle est terminée, c'est de mouler cette statuette. Par le moule, on obtient un négatif de la chose à reproduire, tel que la matière qui sortira du moule manifestera toujours la forme primitive, sans que l'artiste ait jamais à intervenir.

Il suffit donc qu'il existe un seul négatif de l'idée originale pour que des multitudes d'images positives de cette idée, images toujours identiques les unes aux autres, prennent naissance par l'action de ce négatif sur la matière.

Eh bien, chaque forme organique ou inorganique

qui se manifeste à nos sens est une statuette d'un grand artiste qui s'appelle le Créateur, ou plutôt, qui vient, d'un plan supérieur que nous appelons le plan de création.

Mais dans ce plan de création primordiale, il n'y a que des idées, des principes, de même que dans le cerveau de l'artiste.

Entre ce plan supérieur et notre monde physique, visible, il existe un *plan intermédiaire* chargé de recevoir les impressions du plan supérieur et de les réaliser en agissant sur la matière, de même que la main de l'artiste est chargée de recevoir les impressions du cerveau et de les fixer sur la matière.

*Ce Plan intermédiaire entre le principe des choses et les choses elles-mêmes, c'est là ce qu'on appelle, en occultisme, le plan astral* (1).

Qu'on ne se figure pas cependant que ce plan astral est dans une région métaphysique impossible à percevoir autrement que par le raisonnement. Nous ne saurions trop répéter que tout est étroitement emboîté dans la Nature aussi bien que dans l'homme, et que chaque brin d'herbe porte avec lui son plan astral et son plan divin. La nécessité de l'analyse nous oblige seule à séparer des choses absolument connexes. Nous venons de déterminer la qualité *d'intermédiaire* de ce plan astral ; mais ce n'est pas tout.

---

(1) Ormuzd n'a pas produit directement les êtres matériels et spirituels dont l'Univers se compose ; il les a produits par l'intermédiaire de la parole, du Verbe divin, du saint *Hanover*.

ZEND AVESTA.

19.

Si l'on a bien compris cette comparaison, il est maintenant facile de se faire une idée de ce que l'on entend en occultisme par la seconde propriété du plan astral : la création des formes.

Toute chose est d'abord créée dans le monde divin *en principe*, c'est-à-dire en puissance d'être, analogue à l'idée chez l'homme.

Ce principe passe alors dans le plan astral et s'y manifeste « en négatif » — C'est-à-dire que tout ce qui était lumineux dans le principe devient obscur, et réciproquement tout ce qui était obscur devient lumineux ; ce n'est pas l'image exacte du principe qui se manifeste, c'est le moulage de cette image. — Le moulage une fois obtenu, la création « en astral » est terminée (1).

C'est alors que commence la création sur le plan physique, dans le monde visible. *La forme astrale agissant sur la matière donne naissance à la forme physique*, comme le moule donne naissance à ces statuettes. Et l'astral ne peut pas changer les types auxquels il donne naissance, plus que le moule ne change l'image qu'il reproduit. Pour modifier la forme, il faudra créer un nouveau moule, c'est ce que pourront faire Dieu immédiatement et l'homme médiatement.

---

(1) Au-dessous du Verbe divin, de l'Intelligence ou de la Raison Universelle qui a préexisté et *présidé* à la formation des choses, nous rencontrons les *ferouers*, c'est-à-dire les *formes divines*, les types immortels des différents êtres. Le feu et les animaux ont leurs *ferouers* comme l'homme : les nations, les villes, les provinces, aussi bien que les individus.

ZEND AVESTA.

## LES FLUIDES

*Les agents : Elémentals, Elémentaires.*

Outre les fluides, fluides créateurs, de l'Archétype, et fluides conservateurs, de l'Astral, il existe des agents particuliers actionnant les fluides.

Dans notre comparaison précédente, les doigts de l'opérateur, les mille cellules qui entretiennent le mouvement et la vie de ces doigts représentent les agents dont nous parlons.

Etant donné que tout ce qui est visible est la manifestation et la réalisation d'une *idée* invisible, l'occultisme enseigne qu'il existe, dans la Nature, une hiérarchie d'êtres psychiques, de même qu'il existe dans l'homme, depuis la cellule osseuse jusqu'à la cellule nerveuse, en passant par l'hématie, une véritable hiérarchie d'éléments figurés.

Les êtres psychiques qui peuplent la région dans laquelle agissent les forces physico-chimiques ont reçu le nom d'*élémentals* ou esprits des éléments. Ils sont analogues aux globules sanguins et surtout aux leucocytes de l'homme. Ce sont les élémentals qui agissent dans les couches inférieures du plan astral en rapport immédiat avec le plan physique.

Cette question des *élémentals*, qui obéissent à la volonté bonne ou mauvaise qui les dirige, qui sont responsables de leurs actes tout en étant intelligents, a soulevé de curieuses polémiques en ces derniers temps. Les citations des auteurs anciens que nous donnons ci-dessous prouveront que l'occul-

tisme a connu et enseigné depuis longtemps l'existence des entités astrales (1).

De plus, il suffit de se rappeler que, dans notre
plan physique, un animal fort intelligent : le chien
joue le même rôle. — Le chien d'un brigand n'atta-
quera-t-il pas un honnête homme, sous l'impulsion
de son maître, et le chien du fermier ne se jette-t-il
pas sur le voleur qui tente d'entrer dans la ferme?
Dans les deux cas, le chien ignore s'il a affaire à un
honnête homme ou à un bandit; il est irresponsable
de ses actions et se contente d'obéir à son maître
qui reste, seul, entièrement responsable. Tel est le
rôle des élémentals dans l'astral (2).

Dompter des élémentaires ne peut être comparé
qu'à l'action de la discipline militaire. Le chef
d'armée a su grouper autour de lui par le dévoue-

---

(1) Je révolterai peut-être bien des gens contre moi, si je
dis qu'il y a des créatures dans les quatre éléments, qui
ne sont ni des purs animaux, ni des hommes, quoiqu'ils
en aient la figure et le raisonnement, sans en avoir l'âme
raisonnable. Paracelse en parle clairement, ainsi que Porphyre.
On prétend que ces créatures extraordinaires sont d'une
nature spirituelle; non pas d'une spiritualité qui exclut toute
matière, mais d'une spiritualité qui n'admet pour fondement
substantiel qu'une matière infiniment diluée et autant im-
perceptible que l'air.
GRIMOIRE du XVI° siècle (*Petit Albert*, p. 99 et 123).

(2) Ils habitent un lieu près de la terre; bien plus, ils
sont des entrailles de la terre; il n'y a méchanceté qu'ils
n'aient l'audace de pousser à bout; ils ont l'humeur tellement violente et insolente, c'est ce qui fait qu'ils machinent
le plus souvent et tendent des pièges et embûches des plus
violentes et des plus soudaines, et, quand ils font leurs sorties d'ordinaire, ils sont cachés en partie, et en partie ils
font violence, se plaisent fort partout où règnent l'injustice
et la discorde.
PORPHYRE (III° siècle).

ment ou la crainte des êtres conscients et responsables, qui ont bien voulu asservir leur volonté à celle du chef ou ont été forcés de le faire. Cette seconde action est bien plus difficile que l'action sur le chien. Il en est de même en astral, où l'élémenmentaire n'obéit que par dévouement ou par crainte, mais reste toujours libre de résister à la volonté du Nécromant.

Les Elémentals sont en circulation presque continuelle dans les fluides de l'Astral. Outre ces entités, il en existe d'autres de l'avis de tous les voyants. Ce sont les *Intelligences directrices* formées par les esprits des hommes qui ont subi une évolution considérable. Ces êtres analogues aux cellules nerveuses des centres sympathiques de l'homme, ont reçu des noms très divers dans toutes les cosmogonies des anciens. Nous nous contentons d'indiquer leur existence.

On trouve encore, d'après l'enseignement de la Kabbale dans le plan astral des entités douées de conscience, ce sont les restes des hommes qui viennent de mourir, et dont l'âme n'a pas encore subi toutes ses évolutions. Ces entités répondent à ce que les spirites appellent « *des esprits* », à ce que l'occultiste appelle « *des élémentaires* » (1).

Les élémentaires sont donc des entités humaines évoluées, tandis que les élémentals n'ont pas encore

---

(1) Quand on a des raisons solides de croire que ce sont *des esprits des hommes défunts* qui gardent les trésors, il est bon d'avoir des cierges bénits au lieu de chandelles communes.

GRIMOIRE DU XVIᵉ siècle (*Petit Albert*).

passé par l'humanité, point très important à retenir (3).

## L'IMAGE ASTRALE

La théorie des « images astrales » est une des plus particulières parmi celles qui sont exposées par l'occultisme, pour l'explication de phénomènes les plus étranges, aussi devons-nous la résumer de notre mieux.

A propos de notre exemple de l'artiste et de la statuette, nous avons vu qu'une des fonctions du « plan astral » était de conserver les types des formes physiques et de les reproduire, comme le moule conserve et reproduit les formes de notre statuette.

Cette propriété vient de ce fait que le plan astral peut être considéré comme un miroir du monde divin qui reproduit en négatif les idées principes, origine des forces physiques futures.

Mais l'occultisme enseigne que, de même que toute chose ou tout être projette une ombre sur le plan physique, de même tout projette *un reflet* sur le plan astral.

Quand une chose ou un être disparaît, son reflet en astral persiste et reproduit l'image de cette chose

---

(3) La réintégration sera universelle; elle renouvellera la nature et finira par purifier le principe même du mal. Toutefois, pour cette œuvre, les êtres inférieurs ont besoin de l'assistance de ces esprits qui peuplent l'intermonde entre le ciel et la terre. Il faut donc entrer en commerce avec eux; établir des *communications* par degré jusqu'à ce qu'on parvienne aux plus puissants.

MARTINEZ PASQUALLY (XVIII<sup>e</sup> siècle).

ou de cet être, telle que cette image était au moment précis de la disparition. — Chaque homme laisse donc « en astral » un reflet, une image, caractéristique. — A la mort, l'être humain subit un changement d'état caractérisé par la destruction de la *cohésion* qui maintenait unis des principes d'origine et de tendance très différentes.

Le corps physique ou enveloppe charnelle retourne à la Terre, au monde physique d'où il était venu.

Le corps astral et l'être Psychique éclairés par la Mémoire, l'Intelligence et la Volonté des souvenirs et des actions terrestre passent dans le plan astral surtout dans ses régions les plus élevées où ils constituent un élémentaire ou un « esprit. »

La somme de ces aspirations les plus nobles de l'être humain, dégagée de la mémoire des choses terrestres autant que le somnambule est dégagé des souvenirs de l'état de veille, en un mot *l'idéal* que l'être humain s'est créé pendant la vie, devient une entité dynamique qui n'a rien à voir avec le MOI actuel de cet individu et passe dans le monde divin.

C'est cet idéal plus ou moins élevé qui sera la source des existences futures et qui en déterminera le caractère.

C'est en se mettant en relation avec ces « images astrales » que le voyant retrouve toute l'histoire des civilisations évanouies et des êtres disparus. Une découverte toute récente, celle de la *Psychométrie* est venue montrer que ces affirmations de l'occultisme, qu'on pourrait prendre pour de la métaphysique pure, correspondent à des réalités absolues.

Supposez que votre reflet dans un miroir persiste, après votre départ, avec sa couleur, ses expressions et toutes ses apparences de réalité, et vous aurez une idée de ce qu'on peut entendre par « l'image astrale d'un être humain. »

Les anciens connaissaient parfaitement ces données et appelant : *ombre* l'image astrale, qui évoluait dans les régions les plus inférieures du plan astral, *mâne* l'entité personnelle, le MOI qui évoluait dans les régions supérieures de l'astral et enfin *esprit* proprement dit l'idéal de l'être.

Que les incrédules ou ceux qui se figurent que l'occultisme est une invention moderne écoutent Ovide (1) :

Dans l'évocation d'un être défunt, il faudra donc bien prendre garde si l'on a à faire à son « image astrale » où à son MOI véritable.

Dans le premier cas, l'être évoqué se conduira comme un reflet dans un miroir. Il sera visible, il pourra faire quelques gestes, il sera photographiable ; mais il ne PARLERAS PAS. Tel est le fantôme de Banco dans *Macbeth*, fantôme visible seulement pour le Roi, et qui ne profère aucune parole.

Shakespeare était fort au courant des enseignement de l'occultisme.

Dans le second cas, l'être évoqué PARLERA, et plusieurs mortels pourront le voir en même temps.

---

(1) Il y a quatre choses à considérer dans l'homme : les mânes, la chair, l'esprit et l'ombre ; ces quatre choses sont placées chacune en son lieu, la terre couvre *la chair*, *l'ombre* voltige autour du tombeau, *les mânes* sont aux enfers, et *l'esprit* s'envole au ciel.

OVIDE.

C'est le cas du fantôme mis en action par Shakespeare dans *Hamlet*.

Les phénomènes spirites dits de « Matérialisation » étaient connus de tout temps. Agrippa au xvie siècle en donne une théorie complète, d'après l'occultisme, dans sa Philosophie occulte. Si cependant le xvie siècle semblait encore trop rapproché, le lecteur peut lire avec fruit tous les détails d'une évocation d'après l'occultisme dans Homère, Odyssée, chant XI, où l'image astrale s'appelle Εἴδωλον (1).

## RÉSUMÉ

En résumé, le plan astral intermédiaire entre le plan physique et le monde divin renferme :

1º Des entités directrices présidant à la marche de tout ce qui évolue en astral. Ces entités psychiques sont constituées par les hommes supérieurs des humanités antérieures, évolués par leur propre initiative. (Esprits directeurs de la Kabbale.)

---

(1) Voici, du reste, à titre de curiosité, la description d'une conversation « par coups frappés », en 1528:

« Advint aucuns jours après qu'Anroinette ouyt quelque chose entour d'elle faisant aucun son, et comme soubz ses pieds frapper aucun petiz coups, ainsi qui heurteroit du bout d'un baston dessoubz ung carreau ou un marchepied. Et sembloit proprement que ce que fesait ce son et ainsi heurtait fust dedans terre profondément; mays le son qui se faisait estoit ouy quasi quatre doye en terre toujours soubz les pieds de la dicte pucelle. *Je l'ay ouy maintes fois et en me répondant sur ce que l'enqueroys frapoit tant de coups que demandoys.*

« Adrien de Montalembert (1528). »

S'ensuit toute une conversation entre l'âme de la morte et les nonnes, communication obtenue entièrement par coups frappés.

2° Des fluides particuliers formés d'une substance analogue à l'électricité, mais douée de propriétés psychiques : la lumière astrale.

3° Dans ces fluides circulent des êtres divers, susceptibles de subir l'influence de la Volonté humaine : les Elémentals, souvent constitués par les *idées vitalisées* de l'homme.

4° Outre ces principes propres au plan astral, nous y trouvons encore : les formes de l'avenir prêtes à se manifester dans le plan physique, formes constituées par la réflexion en négatif des idées créatrices du monde divin.

5° Les « images astrales » des êtres et des choses, réflexion en négatif du plan physique,

6° Des fluides émanés de la Volonté humaine ou du monde divin et actionnant l'astral.

7° Des corps astraux d'êtres surchargés de matérialité (suicidés), d'êtres en voie d'évolution (élémentaires) et d'Entités humaines traversant l'astral, soit pour s'incarner (Naissance), soit après s'être désincarnés (Mort). On peut aussi y rencontrer les corps astraux d'adeptes ou de sorciers en période d'expérimentation.

\*
\* \*

A titre de développement et d'application des données précédentes, nous allons terminer ce chapitre par un emprunt à une étude complète sur l'*Astral*, publié par le maître F.-Ch. Barlet et qui mérite une attention très grande de la part de tout étudiant sérieux.

# NOTES SUR L'ASTRAL
## par F.-Ch. Barlet (1).

Si c'est dans son propre organisme que l'âme, après avoir formulé quelque désir, cherche l'éther nécessaire pour l'incorporer, elle le trouve en opérant sur le fantôme ou partie inférieure de son corps astral (*Linga Sarira, Than Nephesh*) par l'intermédiaire de son principe magnétique central (*Kama, Khi* ou *Ruach*). Elle peut alors, comme nous l'avons décrit, agir, traduire son désir en acte ou en geste du corps matériel, avec le secours de la force vitale qui l'imprègne en même temps que le corps astral.

Mais soit qu'elle ne le veuille ou qu'elle ne le puisse pas, l'âme n'achève pas toujours cette réalisation extérieure bien qu'elle n'y puisse renoncer ; en ce cas, elle peut du moins extérioriser l'ébauche astrale, et dans ce but, aspirer l'éther ambiant avec une ardeur proportionnée à sa convoitise, l'informer par son Verbe en un tourbillon astral, sans noyau, imprégner cette forme de son propre magnétisme et le lancer, par son centre intermédiaire, comme nous l'avons dit (par l'âme du corps spirituel *Kama, Khi, Ruach*) à la recherche d'un organisme plus capable que le sien de la réalisation rêvée (2).

---

(1) Ces pages remarquables sont extraites d'une étude parue en deux fois dans l'*Initiation*, en novembre 1896 et en janvier 1897.
(2) C'est ce double courant d'aspiration et projection astrale que le Dr Baraduc vient tout récemment de réussir à photographier.
Le lecteur est prié aussi de se reporter à ce sujet à l'In-

Voilà un être de plus dans l'atmosphère astrale ; c'est cette sorte d'élémental auquel la philosophie hindoue donne le nom très expressif de *Kama-manasique*, comme étant né de Mana (l'âme humaine, siège du désir) avec le concours de *Kama* (la force magnétique) (4).

Pour être un être complet, il lui manque le corps d'atomes protyliques que sa forme attend et, comme par son origine même, il le désire plus ou moins ardemment, il constitue dans l'astral une *force po-*

---

génieux article de M. Descrespe (*Initiation* de septembre 1895) sur ce courant qu'il nomme *Exergone*.

(4) Pour donner à ce sujet difficile autant de netteté que possible, il n'est pas inutile de bien préciser le terme de *force* employé souvent dans cette étude, comme représentant un être, sans que nous ayons eu l'occasion de le définir.

Il faut se représenter que d'après les principes posés ici, tout dans la nature est personnifié bien que spirituel Aussi bien que l'atome, l'âme est une monade, et nous savons que la matière n'est qu'un jeu de résistances des monades.

Or, on appelle *Forces* ici des êtres monadiques dépourvus non de puissance (c'est-à-dire de mouvement, par conséquent) mais d'initiative, livrés à l'initiative des autres : on peut dire qu'ils sont comme les *esclaves* dans le monde des monades.

Si l'on se reporte à la constitution humaine, on comprendra mieux peut-être cette définition en remarquant que chacune des trois trinités comprend une spontanéité, une *force* et un instrument d'informations (chacun de ces éléments étant composé d'un ensemble d'atomes, donc de monades. Par exemple, en cas de sensation pour le corps physique, la spontanéité est extérieure et apparaît par le corps matériel, est transmise par la *force* vitale, et traduite par le corps astral.

Pour l'âme, la spontanéité est dans l'esprit ; elle se transmet par la *force* de l'esprit intérieur et se traduit en désir dans l'âme ancestrale.

Pour le corps spirituel, la spontanéité est tantôt dans le fantôme, tantôt dans l'âme ancestrale (selon le sens). Kama est toujours la force.

*tentielle* (1) mobile, qui se traduira en force vive dès qu'elle rencontrera les conditions propres à cette transformation d'énergie.

C'est ce que l'on traduit en représentant les élémentaux de cette classe comme des êtres innocents, mais avides d'existence, en quête des individualités incarnées qui peuvent leur donner une réalité corporelle; s'attachant après elles avec tout l'acharnement de la possession; de véritables vampires pour l'âme.

Ces êtres éthérés peuvent recevoir de leur créateur, moyennant certaines conditions, un but précis : c'est ce qui explique, par exemple, l'effet des bénédictions, des malédictions, des envoûtements de tous genres. Mais, la plupart du temps, cette direction précise leur manque; ils n'ont qu'une impulsion indéfinie qui les laisse errants pour ainsi dire à l'aventure dans la foule astrale, au milieu des vivants qu'ils convoitent, capables seulement, par leur origine, d'être attirés par les désirs, les forces et les élémentaux de même genre.

C'est ainsi que les pensées sont des êtres doués d'une existence propre du moment qu'elles sont *exprimées*, c'est-à-dire extériorisées par leur auteur (2).

(1) D'après la définition précédente de la force, on peut se représenter la *force potentielle* comme l'atome éthéré qui a reçu une certaine impulsion définie, spéciale, mais actuellement empêchée par une force contraire plus puissante. Pour continuer la même comparaison, ce sont des monades esclaves chargées d'une mission qu'elles ne peuvent accomplir immédiatement mais à laquelle elles ne renoncent pas : mandataires fidèles de la volonté qui les a dirigées, elles l'accompliront dès qu'elles en trouveront la faculté.

(2) Il est presque inutile d'ajouter que nous pouvons projeter hors de nous une force magnétique chargée de force vitale seulement (c'est-à-dire empruntée au corps seul), ou

Rassemblées par sympathies analogiques, selon la loi mécanique de force de même direction, elles se multiplient en se concentrant en une résultante commune. C'est alors que tout le monde ressent, avec une conscience plus ou moins obscure, qu'une *idée est dans l'air*, ou que tout au moins les sensitifs la perçoivent et l'énoncent parfois comme une réalité déjà assurée, mais qui, pour le présent, est encore invisible, encore en puissance d'être. On reçoit d'eux alors un pressentiment, une prévision de choses futures, un oracle.

Les désirs humains ne sont pas seuls à former de pareils élémentaux; la plupart des animaux en expriment d'adaptés à la nature de leurs désirs, d'inspirés peut-être aussi par la vue des organes plus perfectionnés qu'ils voient fonctionner chez les autres êtres terrestres. Ainsi peut s'expliquer l'abondance de ces organes isolés et de ces monstrueux accouplements d'organes qui se manifestent flottant dans l'astral à presque tous les débutants en clairvoyance. Ce sont les désirs, non encore accomplis par l'Universel, de l'être inférieur en aspiration idéale vers de nouveaux perfectionnements; les efforts de la *Nature* pour s'élever vers la puissance et l'unité de l'Etre, efforts qui se traduiront par les modifications différentielles que Darwin nous a si bien révélées.

Enfin, la mer astrale qui abrite cette innombrable

---

de corps astral, à l'exclusion de désir, on fait alors du magnétisme pur ou de l'extériorisation de corps astral plus ou moins diffus (ce dernier cas étant spécialement celui des médiums).

population est agitée, en même temps, elle-même, en tous sens, de mouvements ondulatoires d'une autre source. Les actes, les émotions des êtres incarnés, les désirs même et les mouvements consécutifs des êtres éthérés, produisent autant de vibrations lumineuses, calorifiques, électriques, magnétiques surtout, qui se propagent, comme on le sait, dans ce milieu, en s'y croisant sans se détruire, qui s'y conservent, en partie réfléchis par l'enveloppe du tourbillon supérieur et y persistent pendant un temps mesuré sur leur intensité et leur finesse.

Ainsi la forme éthérée, ou l'acte qui la réalise, en matière, n'ont qu'une durée finie comme eux : la force qui les a créés s'épuise en s'exerçant dans la masse où elle est plongée; ils périssent rongés, pour ainsi dire, par les flots de la mer immense où ils naissent, résorbés dans le feu astral; mais l'influence qu'ils ont engendrée leur survit propagée dans l'astral à l'état de vibrations d'un caractère personnel; elles modifient le régime de ce milieu commun en y créant des *lignes de force*, des *habitudes* nouvelles, et, avec elles, de nouveaux désirs. De cette façon il n'est pas d'être, pas de geste, pas d'acte, pas de pensée particulière qui ne contribue à transformer le corps astral de la planète et, par lui, les aspirations de ses habitants.

C'est ainsi que l'astral enregistre toutes nos manifestations vitales, faisant, dans la biologie de notre astre, fonction de la mémoire, pour le plus grand profit de l'évolution que nous venons y accomplir.

## RAPPORTS DE L'AME HUMAINE AVEC L'ASTRAL TERRESTRE

Représentons-nous maintenant l'âme incarnée plongée dans ce milieu dont toute la planète est imprégnée; car c'est la loi commune que le plus subtil pénètre le plus dense qu'il environne.

Nous avons dit que l'organe central de notre Constitution (*Ruach*, *Kama* ou *Khi*) est capable d'absorber aussi bien que d'émettre toute production éthérée, vibration ou condensation. Il est l'organe de réception comme d'émission de l'astral terrestre (1); nous en sommes donc pénétrés spécialement, grâce à lui, par une véritable assimilation nutritive, puisqu'il répand aussitôt ses effluves de part et d'autre dans l'âme animale et le corps astral. Vitalisants ou vampires, les microbes astraux pénètrent par lui notre organisme tout entier, corporel et animique, y ramenant la vie, ou y glissant le poison de l'envoûtement. C'est par lui que le thérapeute nous pénètre des effluves vivifiantes empruntées aux sources bienfaisantes de la Nature, par lui que le Mage noir nous assassine lâchement dans la surprise des forces ennemies invisibles.

C'est encore par ce même organe magnétique que pénètrent en nous une foule de désirs, de passions avides du fait, se répandant par l'âme passionnelle jusqu'au fond de notre âme spirituelle pour la trou-

(1) Comme la bouche l'est pour l'air : aussi les Chinois le définissent-ils « souffle de vie »; on sait, en effet, la puissance magnétique particulière du souffle.

bler de ses inquiétudes, la subjuguer de ses déterminations.

Voilà donc notre âme humaine (*Neschamah, Manas, Thân*) sollicitée à l'action de trois directions différentes qui correspondent aux trois mondes où nous vivons en même temps :

Les sensations du monde physique perçues par notre corps y produisent une attitude qui peut, comme on l'a vu, pénétrer par l'intermédiaire de l'âme animale jusqu'à la volonté et la déterminer puissamment en lui présentant, pour ainsi dire, tout préparé pour la réaction réflexe le geste sollicité. La suggestion hypnotique par l'attitude n'est que la production expérimentale et exagérée de cet effet.

Au pôle opposé, l'effervescence de notre imagination, remplie de formes éthérées que créent nos émotions et mêmes les intuitions descendues des mondes supérieurs, est transmise par l'âme animale et le corps astral jusqu'à nos forces vitales pour les provoquer.

Enfin les effluves émotionnelles reçues du dehors par le centre magnétique se répercutent, comme on vient de le voir, dans chacun de nos deux autres centres pour y engendrer d'autres forces, d'autres virtualités enquête de réalisation.

Voilà contre quelles ardeurs la puissance de notre monade directrice, de notre volonté, qui est notre seul *Moi* véritable, doit lutter constamment en réglant à son tour ses désordres, en commandant les résistances ou les consentements, en opposant sa souveraineté aux pouvoirs de toutes les monades suzeraines dont son empire est formé.

Mais comment cette souveraineté peut-elle s'exercer utilement? Comment peut-elle triompher de toutes les révoltes, commander notamment à l'astral interne ou externe ? Nous ne le savons que trop, nous sommes bien plus souvent le jouet de nos émotions que le maître : la plus grande part de nos actes ne sont que réflexes ; très souvent même nous n'en avons pas conscience, tant elles ont d'empire sur nous les forces éthérées qui nous envahissent.

C'est toujours la volonté, la monade principale, qui commande l'acte, mais c'est rarement la nôtre elle-même; le plus souvent, c'est à un vouloir étrange que nous obéissons. Pour que le nôtre domine, il lui faut un surcroît d'énergie que Schopenhauer, dans son langage subtil, fait parfaitement ressortir en disant que nous *voulons* toujours un acte, mais qu'il reste à savoir si NOUS *voulons vouloir*. Il conclut à la négation en affirmant que c'est *la Volonté Universelle* qui veut en nous.

Sophisme de pure forme qu'il est très important de signaler parce que la philosophie panthéiste s'y enferme très aisément. Il est vrai que c'est la Volonté universelle, c'est-à-dire *Dieu*, qui veut en nous quand notre *Moi* commande tout l'inférieur mais il faut ajouter que c'est de notre consentement, avec notre assentiment et seulement avec lui. Autrement dit notre *Volonté*, quand elle s'exerce réellement, est sur terre l'instrument de la volonté divine, et, réciproquement, elle ne peut commander aux autres vouloirs qu'à la condition d'être

Une avec la Volonté divine, d'être la *Bonne Volonté* (1).

C'est là notre loi suprême, parce que notre but, la raison d'être de l'homme terrestre est de concourir sur la planète au grand œuvre de la vivification du Néant en accomplissant dans sa sphère, comme tout autre monade, la *Volonté* divine, par l'élévation des êtres inférieurs (2). Seulement, au contraire des vouloirs qui le précèdent dans la chaîne évolutive, l'homme est libre d'accepter ce rôle sublime ou d'y refuser son concours à la condition seulement que son sort dépende de son choix. Se refuse-t-il au choix même en prétendant sa propre puissance indépendante et capable de tout, il tombe alors dans la faute impardonnable. Il doit céder ou disparaître! En ces deux refus est la source de tout le mal terrestre.

*Des possibilités humaines.* — Mais voyons avec quelques détails le fonctionnement de la lutte, dont

---

(1) Ici se présente la grave erreur présentée par le comte de Gabalis avec tant d'humour et malheureusement mise en pratique par quelques égarés. Elle consiste à croire que cette élévation doit consister en une incorporation hybride. Ils se livrent donc en proie aux élémentaux sous le prétexte d'en faire des êtres humains, c'est renouveler le sacrilège inutile qu'une singulière légende nous raconte qu'accomplit un Boudha en se livrant en pâture à une panthère en quête de nourriture pour ses petits.

(2) Cette assertion semble à première vue en contradiction avec toute opération magique, mais ce n'est qu'une apparence : si l'opération est d'ordre supérieur, c'est que nous sommes les coopérateurs du Divin ; si elle est d'ordre inférieur, elle n'a pu être obtenue précisément qu'en abandonnant notre volonté à d'autres puissances ; cela sera éclairé un peu plus loin. C'est pourquoi il est dit ici : « quand *notre* volonté s'exerce *réellement* »...

l'âme humaine est le champ, entre les instincts aveugles de la Nature, du Néant en désir de puissance immédiate, et les sollicitations providentielles vers les efforts définitifs de son affranchissement. L'immortalité en est le prix.

Cette lutte, la plupart d'entre nous en sont à peine conscients ; nous vivons presque tous encore par l'instinct, paresseusement bercés par les appels de la Providence. Parmi ceux mêmes qui en ont quelque conscience, parmi ceux notamment qui ressentent les influences astrales, il y en a bien peu encore qui sachent les comprendre ou en profiter.

Ces derniers, de qui nous nous occuperons seuls, se partagent en quatre classes : deux actives ou masculines, deux passives ou féminines ; dans chacune de ces deux catégories on distingue, en effet, une classe plus particulièrement sensible aux forces supérieures, l'autre plutôt aux forces inférieures.

Tous se distinguent du commun par une surabondance de fluide éthéré dans leur constitution, mais les uns sont particulièrement aptes à retenir en eux cet excès ou à le projeter au dehors quand et où ils veulent ; chez les autres, au contraire, il s'échappe constamment à flots, sans direction spéciale, pour faire place à de nouvelles effluves. Leurs désirs excèdent leur faculté de concentration ; au lieu de projeter l'éther ambiant, comme les précédents, ils l'aspirent pour compenser leurs irrémédiable dépertition. Ceux-ci sont les *médiums* de tous genres, qui peuvent vaticiner, devenir bardes et prophètes mêmes s'ils appartiennent à une sphère

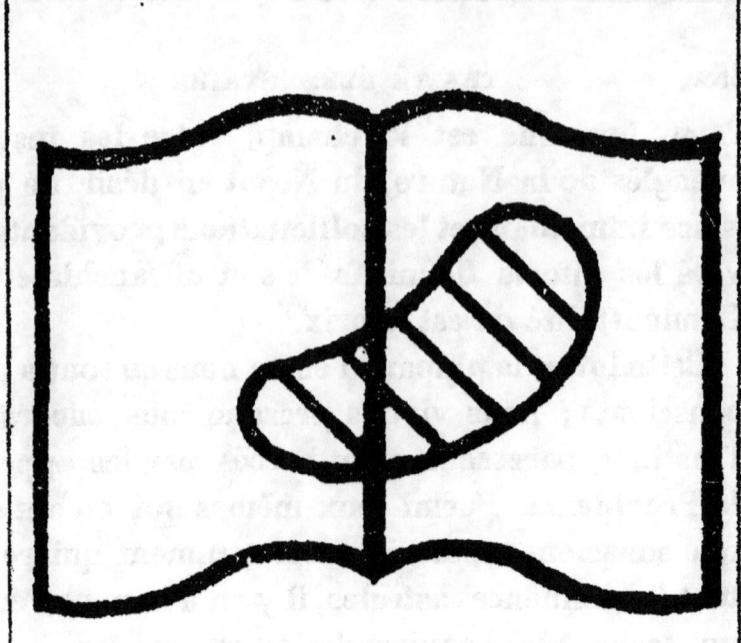

**TABLEAU DE LA CONSTITUTION HUMAINE** par Barlet (*Voir l'article :* L'Astral, Initiation de janvier 18..)

| | ANATOMIE | | | PHYSIOLOGIE | |
|---|---|---|---|---|---|
| | KABBALE | HINDOUS | CHINOIS | DU DEHORS AU DEDANS (lire de haut en bas) Passivité | DU DEDANS AU D... (lire de bas en haut) |
| Le Cadavre (tissus charpente) | *Gaph* (ou Gaphah) | *Pupa* ou Sthula Sharira | *Xuong* (Substance organique) | Action physico-chimique | Développement de... dans le muscle (avec dégagement de...) |
| La Force vitale (sang et fibre) | *Nephesh-Chajini* (ou Coacha gaph) | *Prana* ou Ivatma — (Souffle vital) | *Mau* (Le sang) | Excitation du muscle par irritabilité | Excitation de la fo... ou irritabili... |
| La Force sensitive (cellule nerveuse) (fantôme) | *Nephesh* | *Linga Sarira* (Corps astral) | *Than* (Le mouvement) | Sensation par les nerfs | Ébranlement de la... éthérée du co... (vibration nerv...) |
| Le Fluide électro-magnétique | *Ruach* — Inférieur / Moyen / Supérieur | *Kama Rupa* (Ame animale) | *Than-Thuy* (Passage de Khi en Than) / *Khi* (Le souffle de vie) / *Thân-Khi* (Passage de Khi en Thân) | Perception de la sensation par la matière éthérée mise en action (Sensation extériorisable) / Transformation de la force physique en force psychique / Perception du principe d'excitation supérieure (Conscience de la mise en action de la matière éthérée) | Commandement ... sur la matière é... (forme externe de la...) / Transformation du ... d'action en force ... / La pensée comme p... d'action |
| L'Ame ancestrale des Egyptiens qu... ...au corps) ...prit extérieur de ...edenborg) | *Neschamah* | *Manas* inférieurs — *Manas* supérieurs | *Than* Lumière et Chaleur | Sentiment (Constatation de la qualité et quantité de la force agissante) | Pensée mise en te... ou potentialité d'... (vouloir, désir...) |
| L'Ame proprement dite ...prit intérieur de ...edenborg) | *Chayah* | *Buddhi* (Ame spirituelle) | *Tinh* Association des idées | Perception de la forme supérieure ou principe de la force agissante | Forme interne de la... ou Verbe |
| L'Esprit ...e supérieure) | *Yeshida* | *Atma* (pur esprit) | *Wun* Volonté céleste | Perception de l'unité de la force agissante donnant son rapport avec l'unité individuelle actionnée | Pensée en son principe |

assez élevée pour attirer l'éther dynamisé par les forces supérieures.

Ceux-là sont les *Magnétiseurs* si les fluides qu'ils concentrent et projettent sont ceux des forces corporelles ; les *Initiés* de tous degrés s'il sont capables de recueillir l'éther élaboré par les puissances animiques et celles d'ordre supérieur.

Le tableau suivant permettra d'embrasser d'un coup d'œil cette classification fort simple.

|  | FORCES INFÉRIEURES | FORCES SUPÉRIEURES |
|---|---|---|
| PASSIF (absorbant et déperdant) | *Médiums* (notamment ceux à effets physiques) | *Médiums psychiques* devins, bardes, prophètes |
| ACTIF (concentrant et émettant) | *Magnétiseurs* (guérisseurs, etc.) | *Initiés et adeptes* (thérapeutes, alchimistes, théurges) |

Ce ne sont pas là des distinctions superflues ; elles vont nous permettre de comprendre ce que peuvent et ce que doivent être les rapports de l'homme avec l'astral.

Pour l'intelligence des réalisations permises à la constitution humaine par rapport à l'Astral, il faut se rappeler que notre appareil magnétique (*Ruach, Kama* ou *Khi*) est un organe essentiellement central, capable de se répandre de part et d'autre vers le corps ou vers l'âme de façon à modifier l'équilibre de notre constitution jusqu'à la transformer complètement.

Cette force, sorte de réserve générale, est à la disposition de la Monade principale ou *Moi*, autrement dit de la *Volonté*, de la spontanéité individuelles. Toutefois, par son extrême mobilité, elle échappe aisément à cet empire, soit par défaut constitutionnel, soit sous l'influence de puissances plus considérables, ainsi que nous l'avons dit plus haut et résumé dans le tableau précédent.

Dans ses mouvements, cet organe éthéré entraîne toujours quelque portion de l'un des deux autres éléments extrême du corps spirituel (le fantôme, *Nephech*, *Linga Sarira* ou *Than*, et l'âme ancestrale, *Neschamah*, *Manas* ou *Thân*) et même de tous les deux. Ce déplacement qui peut se faire soit vers l'âme, soit vers le corps, soit au dehors, dépend en quantité et en direction ou de la volonté du Moi, ou d'une force extérieure. Ainsi, par exemple, c'est en agissant directement sur ce centre de gravité de l'organisme que le magnétiseur produit sur son sujet tous les phénomènes que l'on sait : curatifs s'il dirige la réserve sur la force vitale à laquelle il peut ajouter une partie de la sienne, fascinateurs et stupéfiants s'il congestionne l'âme ancestrale aux dépens du fantôme, opération qu'Eliphas Lévy a rendue d'une manière saisissante en nous la représentant comme une ivresse de lumière astrale.

Munis de cette double clef, la distinction des diverses sortes de constitution à excédent de fluide éthéré et le jeu du centre magnétique dirigeable, nous allons aisément comprendre et classer les phénomènes que produit l'invisible.

Considérons d'abord les constitutions passives, portées à l'aspiration éthérée par suite de leurs propres déperditions. Les forces ou atomes dynamisés qui se croisent dans l'éther ambiant, heurtant leur centre magnétique, le déplacent constamment, d'où leur impressionabilité exagérée. Si leur constitution morale, leurs habitudes animiques, facilitent ce déplacement vers les organes corporels en tendant, en même temps, à les isoler plus ou moins des organes spirituels peu entraînés, le sensitif deviendra un médium à effets physiques, un sujet magnétisable, hypnotisable, facile à la suggestion, à l'obsession, à la léthargie (1).

Si le déplacement a plus de tendance vers les régions animiques, l'esprit intérieur (*Chayad, Buddhi, Tinh*) retenant davantage l'âme ancestrale (*Neschamah, Manas, Thân*) prend une certaine conscience, plus ou moins nette selon la spiritualité, des forces qui l'ont assaillie. Nous assistons alors aux phénomènes de lucidité, de clairvoyance, de clairaudience, de prévision, de prophétie peut-être même (2).

Ces phénomènes présentent une foule de nuances selon l'intensité de l'influence extérieure, la mobi-

---

(1) L'extrême mobilité peut suffire à elle seule à porter temporairement toute la force sur le corps, même quand l'âme est bien développée en spiritualité et en intelligence ; tel fut le cas, par exemple, du célèbre médium Home. Un médium à effets physiques n'est donc pas nécessairement à tendances matérielles ; mais inversement un médium matériel produira nécessairement les effets physiques.

(2) Il faut seulement ajouter cette remarque parfaitement développée en un savant travail de M. G. de Massue dans le *Journal du Magnétisme* du 7 octobre 1896, que la Prophétie est un acte spontané des Puissances supérieures sur lequel la volonté du prophète n'a aucune action, tandis que les autres facultés sont susceptibles de développement volontaire.

lité constitutionnelle et le degré de spiritualité du sujet. Ainsi tel ne verra que les êtres les plus voisins là où d'autres percevront les plus éloignés; l'un ne percevra que les objets matériels, un autre distinguera nettement les êtres astraux et les vibrations éthérées. Il peut arriver que ces déplacements du centre magnétique se produisent sous l'influence de forces accidentelles, c'est-à-dire de forces que ne dirige aucune volonté spéciale; dans ce cas, il n'en résultera que de simples hallucinations donnant au hasard l'apparence d'une pensée.

A l'inverse, il se peut qu'une volonté de beaucoup supérieure à celle du sujet s'empare de lui complètement; il suffit pour cela qu'elle occupe son centre magnétique : on assiste alors aux phénomènes lamentables de l'*obsession* et même de la *possession* dont la médiumnité donne trop souvent le dangereux exemple. C'est le cas des apparitions où un invisible, généralement inconnu, s'empare du fantôme, et même de l'âme du médium en léthargie, pour se manifester en apparitions tangibles et actives.

Enfin, si le passif joint à la faculté absorbante de sa constitution une grande énergie de désirs (provenant de la prédominance de l'*âme ancestrale* ou *Manas* inférieur), il devient un véritable vampire astral pour tous ceux qui l'approchent parce qu'il appelle sur lui-même l'action de leur volonté. Ainsi s'explique l'action particulière et souvent surprenante de certaines femmes sur les êtres masculins; c'est même aussi à un degré supérieur l'explication du charme féminin en général. Les anciens en avaient parfaitement symbolisé l'influence particulière sur les âmes les plus viriles par la domination de Vénus sur Mars, de Dalila sur Samson et autres légendes analogues.

Observons maintenant le tempérament actif.

Il est à peu près inutile de répéter ce que nous avons noté déjà : qu'il sera magnétiseur ou psychologue selon que son centre magnétique sera porté vers le corps ou vers l'âme et que, psychologue, il disposera à son gré de ce déplacement. Ce qui nous importe le plus de connaître, c'est l'usage qu'il va pouvoir faire de la force qu'il sait ainsi absorber, concentrer et diriger.

Il peut d'abord la projeter sur ses semblables plus passifs, par contrainte, en les occupant, pour ainsi dire, par surprise avec la complicité de leur centre magnétique. Ils produisent alors une sorte d'obsession plus ou moins irrésistible, dont Donato a donné jadis des preuves publiques bien connues.

Honte et malheur sur celui qui exerce cette faculté relativement facile dans le but de nuire à son semblable ! Outre la dégradation de son âme, il risque un véritable choc en retour, une réaction égale à l'action, qui retombe sur l'auteur du crime, invisible, parfois à sa grande surprise. Tel est le cas de l'envoûtement dont il est aisé de comprendre par ce qui précède la possibilité et le mécanisme.

L'actif peut, à l'inverse, forcer les émanations magnétiques de ceux qu'il influence à prendre une direction qui lui permette de les absorber lui-même. C'est le magnétisme par attraction ; charme plus difficile à pratiquer, mais plus puissant et plus efficace que son opposé, le magnétisme par contrainte; il a cette force de l'Amour qui domine toute la création.

A un degré très élevé et très difficile en proportion, cette pratique donne à l'opérateur le don de lecture dans la pensée, en laissant généralement le sujet parfaitement inconscient des intimités qu'il dévoile (1). Il est aisé de concevoir que cet exercice demande autant d'élévation spirituelle que de volonté, puisqu'il suppose que la force centrale soit transférée dans un esprit intérieur très développé. C'est une des fonctions précieuses du psychologue.

Au lieu d'agir sur ses semblables, l'actif peut agir sur soi-même. Porte-t-il ses forces magnétiques sur son organisme corporel, il y produit tous les effets curatifs et jusqu'à ces prodiges où excellent les fakirs de l'Inde et de l'Afrique, consistant à guérir instantanément les blessures les plus graves.

Il pourra aussi se mettre, par sa seule volonté, en état de somnambulisme de tout degré et même acomplir en cet état des sorties du corps astral où le corps spirituel est intéressé tout entier (fantôme, centre magnétique et âme ancestrale), entraînant même une partie de l'esprit intérieur (*Chayah, Buddhi* ou *Tinh*) de façon à réaliser l'ubiquité complète, à apparaître avec toutes les facultés humaines en quelque lieu distant de celui où gît son corps endormi.

(1) Le médium aussi peut lire dans la pensée, mais, quand il le fait, c'est inconsciemment; tandis qu'il s'agit ici d'une lecture voulue.

Il est aisé de comprendre les difficultés de pareils accomplissements. La force de volonté n'y suffit pas toujours pour prévenir l'attaque d'êtres invisibles à volonté supérieure encore, désireux d'occuper la forme corporelle abandonnée ; il en peut résulter soit un trouble organique très souvent mortel si l'opérateur se précipite trop brusquement au secours de la dépouille, soit au moins *l'aliénation mentale (alienum in mente)* s'il n'y peut rentrer.

En outre, on doit bien penser quel développement psychique est nécessaire pour réaliser une activité spirituelle égale à celle que suppose l'ubiquité volontaire.

L'extase qui permet à l'âme de pénétrer jusqu'aux régions ultra-terrestres, est du même ordre.

Ce sont phénomènes réservés aux psychologues les plus élevés, mais si, par hasard, la pensée du mal en donne la force à une intelligence aussi puissante qu'il faut alors la supposer, nous devons plaindre bien amèrement l'âme qui exerce ainsi de pareils pouvoirs !

Enfin l'actif peut diriger ses effluves magnétiques sur les êtres invisibles et les forces naturelles elles-mêmes. Il produit alors les phénomènes d'ordre magique.

C'est ainsi qu'il est permis à l'homme, par exemple, d'activer la végétation, comme on sait que le font couramment certains fakirs ; ou, à l'inverse, soustraire au végétal et à l'animal lui-même une partie de ses effluves magnétiques chargées de la force vitale qui leur est propre pour la porter là où il lui plaît.

Il peut modifier jusqu'aux forces physiques, de façon par exemple, à se rendre invisible dans l'atmosphère, à s'y élever par le prodige de la lévitation, à produire ou modifier les phénomènes météorologiques, à décomposer la matière, en la réduisant à son canevas éthéré, de façon à la rendre invisible et perméable, pour la restituer ensuite où il lui plaît, et autres opérations du même ordre. L'Alchimie appartient, on le voit, à ce genre de phénomènes. Il donne lieu à une observation générale fort importante.

C'est une loi universelle que l'étendue des pouvoirs accordés à une créature est exactement proportionnée à son avancement sur la route indéfinie qui s'étend du Néant aux béatitudes conscientes de l'Etre. Les fonctions de la Nature qui sont opérées, pour la plus grande part, par l'Esprit lui-même, parce que le Néant est trop faible encore pour y avoir une initiative suffisante; les fonctions cosmiques, surtout, physico-chimiques, météorologiques, qui sont d'ordre universel, d'intérêt général, ne peuvent être abandonnées à des créatures incapables encore d'en comprendre le but aussi bien que le fonctionnement, incapables surtout de les accomplir avec désintéressement. Le commandement aux forces et aux esprits naturels est donc de ceux qui exigent la plus grande perfection morale, la plus haute spiritualité; de ceux aussi qui ne peuvent l'exercer que pour le bien universel, comme des auxiliaires acceptés de la Volonté divine. C'est là l'ordre des phénomènes *théurgiques* aussi rares que sublimes parce qu'ils supposent une âme supérieure déjà à l'humanité commune, prête pour les régions célestes.

Cependant l'ambition et l'orgueil de l'homme sont si grands qu'il est peu de pouvoirs qu'il convoite autant que ceux-là quand il croit pouvoir les usurper, et il le peut en effet, tant est grande la latitude que lui a laissé son créateur ! Mais à quels risques ? Nous allons le dire.

Cette usurpation constitue l'*œuvre magique*, le *Naturalisme* et jusqu'aux basses œuvres de la sorcellerie. Après les explications précédentes, quelques mots peuvent suffire à les définir.

La Magie cérémonielle est une opération par laquelle l'homme cherche à contraindre par le jeu même des forces naturelles, les puissances invisibles de divers ordres à agir selon ce qu'il requiert d'elles. A cet effet, il les saisit, il les surprend, pour ainsi dire, en projetant, par l'effet des *correspondances* que suppose l'Unité de la Création, des forces dont lui-même n'est pas le maître, mais auxquelles il peut ouvrir des voies extraordinaires. De là ces pantacles, ces substances spéciales, ces conditions rigoureuses de temps et de lieux qu'il faut observer sous peine des plus grands dangers, car, si la direction dirigée est tant soit peu manquée, l'audacieux est exposé à l'action de puissances auprès desquelles il n'est qu'un grain de poussière.

La Magie cérémonielle est d'ordre absolument identique à notre science industrielle. Notre puissance est presque nulle auprès de celle de la vapeur, de l'électricité, de la dynamite ; mais, en leur opposant, par des combinaisons appropriées, des forces naturelles aussi puissantes qu'elles, nous les concentrons, nous les emmagasinons, nous les contraignons à transporter ou à briser des masses qui nous annuleraient, à réduire à quelques minutes de temps des distances que nous ne pourrions parcourir qu'en plusieurs années ; à nous rendre mille services.

La Magie suppose donc une confiance audacieuse dans la science et en elle seule ; elle ne demande que l'intelligence, la connaissance des forces invisibles ; elle en usurpe l'usage, car il doit être réservé à ceux que l'*Amour* de l'Etre a élevés à la hauteur du sacrifice de soi-même (arcane XII du tarot). C'est pourquoi la *Lumière d'Egypte* nous la représente, avec raison, comme le suicide des éléments féminins de l'âme humaine ; les Anciens l'avaient symbolisée dans la révolte et le châtiment de Prométhée.

Encore Prométhée avait-il conquis la science qui faisait son orgueil, mais pour un Prométhée, combien de pauvres magiciens ignorants, misérables cuisiniers de l'Astral, parfaitement ignorants de ces réactions dont ils n'ont recueilli que la routine et qui se brûlent cruellement à ses feux !

La seconde voie détournée qui conduit à la production des prodiges est celle du *Naturalisme*. Loin de demander aucune audace, elle est toute passive, bien qu'intellectuelle encore ; inverse de la précédente, on peut la représenter comme le suicide des éléments *masculins* de l'âme.

Elle consiste à se soumettre aux esprits naturels au lieu de les dominer. C'est le procédé de beaucoup de fakirs et de médiums de tous genres.

Il est clair que par lui on pourra produire comme ces esprits, et même mieux qu'eux, puisqu'on leur prête une force supérieure, tout ce que peut engendrer leur puissance avec le secours d'un organisme incarné : croissances rapides de végétaux, guérisons instantanées, hallucinations par courants puissants d'élémentaux *Kama-manasiques* sur le centre magnétique des spectateurs et autres prodiges de même valeur auxquels se plaisent, en Inde surtout, quantité de praticiens de bas étage.

Ces pratiques ne sont pas sans séduction : il y faut nécessairement une certaine religion, une certaine sainteté, une spiritualité apparente pour se soumettre aux invisibles éthérés souvent très puissants dans leurs sphères, et par là obtenir leur concours. Mais quel est le prix de ces inutiles vanités?

Adorer les esprits naturels, s'identifier à eux, leur prêter l'organisme humain, c'est faire un acte de régression contre nature ; c'est identiquement renouveler cette chute de l'Ange chantée par Lamartine. Sans doute on aide puissamment l'action de ces esprits d'ordre inférieur et leur action est universelle comme la nôtre, mais en se décomposant soi-même en tant que personnalité consciente pour redescendre à leur niveau. C'est en même temps un acte de haute ingratitude envers la Providence dont le secours divin a amené l'homme jusqu'aux portes du ciel. Enfin, on ne peut s'empêcher de reconnaître dans cet effort d'une misérable ambition une sorte de bassesse qui le met bien au-dessous des hardiesses, nobles du moins, de la magie cérémonielle !

La *Sorcellerie* est une autre forme de ces passivités plus répugnantes encore, en ce qu'à la faiblesse du procédé, elle ajoute l'ignominie et la lâcheté du mal qui se cache pour assouvir les plus viles passions. Il est parfaitement inutile d'en rappeler les terribles retours : on les juge assez par la considération des esprits auxquels le sorcier livre son âme.

### CONCLUSIONS

Si maintenant nous rassemblons d'un coup d'œil toutes ces possibilités actives ou passives qui embrassent la série des phénomènes dits occultes, il va nous être aisé de voir lesquels sont désirables et ce qu'ils supposent.

Le *Médium* nous paraîtra plus à plaindre qu'à encourager tant qu'il ne sera pas dirigé, soigné même par quelque initié d'ordre élevé et de haute science capable de l'arracher aux influences néfastes qui menacent la passivité, tant qu'il ne sera pas lui-même d'une spiritualité assez développée pour échapper autant que possible aux influences inférieures. Alors, et alors seulement, comme voyant, comme explorateur de l'invisible, il pourra être de quelque utilité dans la pénurie des adeptes pour suppléer à l'insuffisance des initiés; mais ses explorations demanderont toujours à être commentées.

A son plus haut degré de pureté, il deviendra un prophète, mais nous devons nous rappeler que la prophétie est un don absolu spontané et accidentel de l'Universel; l'exercice régulier n'en peut être espéré.

Rendons hommage, du reste, aux médiums spirites en reconnaissant non seulement la bonne foi, mais la pureté morale, le dévouement même de la plupart d'entre eux. Si l'amour-propre ou quelque ambition entre parfois dans les mobiles qui déterminent leur début, il arrive toujours aux plus remarquables d'éprouver par la suite beaucoup plus de fatigue, de déboires, de répulsion, que d'encouragement dans l'exercice de leurs facultés et souvent c'est au prix de leur santé qu'ils le poursuivent.

En dehors des conditions de très haute moralité dont nous venons de parler, nous ne pouvons ajouter aucune certitude aux visions, aux discours, aux apparitions même qui nous viennent par la médiumnité. Nous savons bien qu'elles peuvent être ou le produit de simples hallucinations, ou l'expression de ces désirs inassouvis (*élémentaux Kama-manasiques*) qui flottent autour de nous, ou la manifestation de quelque pauvre âme en peine enfermée par le dragon de feu dans l'épaisse atmosphère astrale. Le médium peut enfin nous donner encore comme célestes, et presque avec plus de raison que dans des cas précédents, les inspirations inconscientes de son propre esprit descendues par l'âme spirituelle et l'organe magnétique, selon la voie que nous avons tracée, jusqu'à l'expression parlée, écrite ou mimée.

Nous savons aussi que les pensées, les désirs de même ordre en se multipliant se rassemblent en un corps assez puissant souvent pour figurer une personnalité forte et bien déterminée; ils produisent alors sur l'âme astrale de nos médiums le tableau réalisé de ce qui, dans l'atmosphère éthérée n'est peut-être qu'un potentiel éphémère (1). C'est ainsi que les époques troublées comme la nôtre de vagues anxiétés publiques, d'aspirations multiples, peuvent être fécondes en fausses prophéties, expression des craintes et des vœux variables de l'âme nationale. L'évangile nous le dit, elles précèdent des temps de haute spiritualité, mais elles ne les annoncent que par le désir des créatures qui les présentent, non par l'inspiration directe de l'Universel divin qui nous apporte avec les prophéties réelles la bénédiction d'espoirs suprêmes.

Nous devrons montrer la même réserve pour les agissements hypnotiques et magnétiques qui n'ont point pour but exclusif l'utilité de nos semblables. Dans cet ordre l'expérience que la science justifie demande elle-même une prudence et une humanité extrêmes; l'état intellectuel de notre époque peut seule l'excuser.

Quant à la magie cérémonielle et au naturalisme nous ne pouvons que les condamner autant pour leur inutilité que pour les dangers formidables qu'ils comportent et l'état d'âme qu'ils supposent. Mais notons bien les limites de cette condamnation; elle n'atteint nullement l'emploi des ressources magiques (pantacles, correspondances, etc.), par l'Initié de haut grade : coopérateur et mandataire de la volonté divine, celui-ci ne fait alors qu'en observer les lois universelles et dans un intérêt universel. Son opération constitue la *Théurgie* et non *la ma-*

---

(1) Voir dans l'*Initiation* de juin 1896, sous le titre de « Génération du Futur », le bel article de notre cher frère de Guaita sur ce sujet.

*gie cérémonielle*. On entend en effet ici, sous cette dernière dénomination l'opération où la *Volonté humaine* et *l'intelligence humaine* sont seules en exercice même sans le concours divin.

C'est la distinction que l'histoire a faite entre Moïse et les magiciens du pharaon, et plus clairement encore entre saint Paul et Simon le Mage quand elle nous présente ce dernier demandant à l'Apôtre de lui vendre le secret de sa puissance : Mage au lieu de Magicien il aurait su qu'il est des pouvoirs que la Sainteté d'un *Parfait* peut seule procurer.

Il ne nous reste à rappeler que les accomplissements de haut magnétisme attractif qui produit la lecture dans la pensée ;

L'automagnétisme qui développe ou les facultés spirituelles de lucidité en pleine conscience, ou l'extase dans le sommeil magnétique spécial avec la connaissance directe ;

Et encore cette action voulue sur les forces naturelles dont l'Alchimie est une des manifestations les plus connues.

Or tous les prodiges de cet ordre supposent, nous l'avons dit, un état moral des plus élevés avec la volonté la plus pure ; tous nécessitent la spiritualité ; disons plus, la sainteté, l'union plus ou moins intime avec l'Universel, avec la Volonté divine.

Aussi voyons-nous que la Sainteté mystique, c'est-à-dire cette union seule, sans aucun exercice spécial, donne déjà la plupart de ces dons après lesquels court en vain, bien souvent, l'ambitieuse vanité du Magicien : la lucidité, la lecture de pensées, le don de guérir, l'ubiquité, l'extase, la connaissance directe. L'Initié apprend à les perfectionner par les entraînements appropriés, mais il les perfectionne seulement ; il n'y a que l'Amour mystique du Divin qui les lui donne « *par surcroît* ».

C'est ce que nous exprime avec autant de justesse que de raison notre cher frère *Amo* quand il nous recommande l'Amour pour élever à l'*Unité* directrice de toutes les forces du monde !

La raison nous en doit apparaître clairement si nous nous rappelons l'origine et le but de l'Univers tel que nous le font apparaître les belles théories rajeunies par le savant P. Leray.

Dieu nous a créés pour que nous accomplissions en lui la spiritualisation du Néant. Parvenus avec son secours providentiel jusqu'aux confins des mondes où l'âme s'agite encore dans les ombres confuses du destin ; en possession de la Liberté ; en vue de la Lumière et de l'*Unité* vers laquelle toutes les Unités se rassemblent dans les transports de l'Amour, nous n'avons qu'une fin : nous arracher à la fatalité, et, avec nous en faire sortir le monde éthéré que nous devons emporter au delà des anneaux du Dragon. Nous n'avons qu'un moyen : accomplir par notre Volonté la Volonté Divine comprise et assentie.

Si notre faiblesse n'y peut suffire encore, la Providence y supplée par les châtiments ou les sollicitations de la vie commune qui se passe à l'abri des redoutables forces astrales. Aux plus courageux elle offre une voie plus rapide, mais beaucoup plus pénible aussi, celle de la triple vie mystique au bout de laquelle ils sont armés chevaliers de la milice céleste, et maîtres des pouvoirs que cet état comporte : le maniement de la force plastique du Cosmos, de l'Astral, en vue de la coopération avec l'Eternel.

Mais aux ambitieux, aux imprudents, aux pervers, la réponse la plus douce que la Providence puisse faire est le coup de foudre qui les arrache à leurs œuvres impies avant qu'ils aient eu le temps d'y retarder ou d'y perdre leur immortalité (1).

(1) F. Ch. Barlet l'*Astral* (*Initiation*), de janvier 1897.

# CHAPITRE XI

LA SCIENCE OCCULTE ET LA SCIENCE CONTEMPORAINE — L'IMAGINATION ET LE RÉALISME. — BACON, TROUSSEAU, CLAUDE BERNARD (CITATIONS). — LES SOCIÉTÉS D'INITIATION AU XIX° SIÈCLE. — LE MARTINISME. — LES MAITRES. — LES MIRACLES DE L'UNITÉ.

Nous voici parvenu au but que nous nous étions désigné. Quelques textes bien authentiques d'auteurs anciens nous ont révélé une science presque aussi riche que la nôtre expérimentalement et surtout théoriquement; curieux de pénétrer plus avant, nous avons suivi cette science jusque dans les sanctuaires de l'initiation égyptienne; nous avons retrouvé le grand secret qu'on y renfermait : l'existence et la mise en œuvre d'un agent universel, unique dans son essence, triple dans ses manifestations.

Connaissant les éléments de la théorie, nous avons voulu savoir comment elle était mise en pratique.

C'est alors que la Science antique nous est apparue complète, munie de ses méthodes spéciales, basées sur l'emploi de l'analogie, et de ses divers moyens de diffusion. Le prêtre égyptien nous a révélé avec quel art l'histoire symbolique transmettait aux générations les grands secrets de l'Hermétisme; les tableaux des correspondances nous ont livré les clefs de la Magie théorique; enfin les pantacles et leur explication ont fait tomber devant nous le troisième voile derrière lequel pouvaient se cacher les secrets du sanctuaire.

Les trois premiers chapitres nous ont fait connaître la théorie, les trois suivants nous livrent la réalisation; enfin la troisième partie, nous dévoile la Réalisation de la Science antique.

Nous croyons avoir assez montré les raisons qui nous conduisaient à proclamer l'existence d'une science réelle hors du domaine des Sciences contemporaines; là ne doit cependant pas se borner notre étude.

Voyons la situation que ces deux Sciences occupent l'une par rapport à l'autre.

Nous savons déjà que ces deux Sciences ne forment en réalité que les aspects opposés d'une seule et même Science; l'une d'elles, la Science occulte, s'occupant surtout du général et de la synthèse; l'autre, la Science contemporaine, s'occupant principalement du particulier et de l'analyse. Ces considérations suffisent à elles seules pour montrer clairement la position respective de ces deux aspects de la Vérité.

Chaque fois que la Science expérimentale a voulu, par ses méthodes, établir une synthèse, elle n'a abouti qu'à des résultats vraiment dérisoires eu égard au travail employé. C'est alors qu'elle a abandonné l'étude du général aux rêveurs de toute école, se contentant de la connaissance du monde sensible. Toutefois l'absence de lien entre toutes les branches du savoir se fait chaque jour sentir davantage ; la suggestion à distance, les manifestations d'une force encore inconnue chez les Spirites, étudiées par les savants les plus éminents de tous les pays (1), ont amené de force la science de la Matière dans le domaine de l'Esprit. Les derniers sceptiques craignant d'être convaincus de force, ne veulent plus voir les phénomènes inexpliqués et croient par là empêcher la Vérité de se produire. Ils invoquent à tout propos l'opinion du fondateur officiel de la méthode expérimentale, de Bacon, qui leur a pourtant dit justement les illusions auxquelles les conduirait l'emploi trop irréfléchi des Mathématiques :

« Au lieu d'exposer les raisons des phénomènes célestes, on ne s'occupe que d'observations et de démonstrations mathématiques ; or, ces observations et ces démonstrations peuvent bien fournir quelque hypothèse ingénieuse pour arranger tout cela dans sa tête, et se faire une idée de cet assemblage, mais non pour savoir au juste comment et pourquoi tout cela est réellement dans la nature : elles indiquent tout au plus les mouvements apparents, l'assemblage artificiel, la combinaison arbitraire de tous ces phénomènes, mais non les causes véritables et la réalité des choses ; et quant à ce sujet, c'est avec fort peu de jugement que l'astronomie est rangée parmi les sciences mathématiques ; cette classification déroge à sa dignité. » (Bacon, *De Dign. et Increm. Scienc.*, l. III, c. IV.)

(1) Voy. *La Magie et l'Hypnose.*

Tous les grands hommes disent que l'étude du visible ne suffit pas, que l'invisible seul renferme les vérités les plus utiles à connaître; qu'importe. Tout cela n'avait pas échappé à la merveilleuse sagacité des initiateurs antiques qui savaient montrer avec tant d'art, à l'aspirant, la différence entre le monde sensible et le monde intelligible :

« Avant l'ouverture des Mystères d'Isis, on donnait au récipiendaire une petite boîte en pierre dure figurant, au dehors, un pauvre animal symbolique, un petit insecte, un scarabée.

« Pouah ! aurait dit un sceptique moderne. Mais en ouvrant ce modeste hiéroglyphe, on trouvait en dedans un œuf d'or pur, renfermant, sculptés dans des pierres précieuses, les Cabires, les Dieux révélateurs et leurs douze Maisons sacrées.

« Telle était l'exquise méthode suivant laquelle l'antique Sagesse renfermait pieusement dans la Parole et dans le Cœur la connaissance de la Vérité; et cette symbolique voilée, cet hermétisme à triple sceau devenait de plus en plus savant, à mesure que le degré de la Science se rapprochait davantage du divin Mystère de la Vie universelle (1). »

De tous côtés les sciences se buttent au monde des causes premières, et, faute de vouloir l'étudier scientifiquement, paralysent le progrès.

Ceci apparaît surtout clairement dans une des sciences les plus utiles à l'humanité, science qu'on est contraint d'appeler encore un art : la Médecine.

(1) Saint-Yves d'Alveydre, p. 67.

La Médecine doit étudier de si près le monde invisible, les causes premières, que tôt ou tard elle atteint leur domaine.

Dans ces derniers temps elle s'est lancée tête baissée, dans le Matérialisme, protestant avec juste raison contre les rêveries de la Métaphysique dans laquelle elle gravitait. L'anatomie pathologique a victorieusement répondu à l'appel des audacieux novateurs et, entassant découverte sur découverte, a fermé la bouche aux partisans d'un animisme incompris ou d'un vitalisme qui ne sera admis que plus tard et grâce aux miracles de la méthode homœopathique.

La topographie des centres nerveux découverte, l'alliance étroite de la clinique et des démonstrations physiologiques enfin opérée, la Médecine matérialiste pouvait être fière de son œuvre et allait proclamer sa victoire quand ce monde de l'invisible qu'on avait relégué pour toujours fit de nouveau son apparition.

La suggestion à distance, indiscutable malgré l'opposition systématique des retardataires, l'existence de plus en plus probable du fluide niée d'abord avec tant d'acharnement, les phénomènes produits par les spirites, étudiés et reconnus réels par les savants officiels (1) de tous pays, forcent, comme je l'ai déjà dit, les investigateurs impartiaux à aborder le domaine de l'immatériel et à augmenter par là les éléments de la future synthèse qui réunira le phénomène au noumème.

(1) En Angleterre, Crookes; en Allemagne, Zœlner; en France, le Dr Gibier. (Voy. *La Magie et l'Hypnose*.)

Or, je ne crains pas d'affirmer que, quels que soient les efforts entrepris pour édifier de nouvelles investigations, quels que soient les noms dont on décore les découvertes, on rentrera forcément dans le domaine de l'antique science occulte.

Que peut-il résulter de tout cela ? Une réaction contre le matérialisme plus grande encore qu'on n'en a jamais vu et, comme il est difficile d'atteindre un juste milieu, une réaction vers le Mysticisme.

C'est pourquoi je voudrais montrer que la Vérité ne sortira pas plus d'un extrême que de l'autre et faire comprendre à tous l'idée élevée contenue dans la phrase de Louis Lucas qui sert d'épigraphe à ce traité :

« *Concilier la profondeur des vues théoriques anciennes avec la rectitude et la puissance de l'expérimentation moderne* », tout est là.

Quand je pose ainsi les deux domaines dans lesquels doit graviter la Médecine, l'Idéalisme et le Matérialisme, qu'on ne croie pas que ce sont là rêveries tirées de mon imagination. Tous les maîtres ont senti cette distinction, et ceux qui affirment que l'hypothèse n'a rien à voir en science méconnaissent cette belle remarque de Trousseau :

« Dès que vous avez un fait, un seul fait, appliquez-y tout ce que vous possédez d'intelligence, cherchez-en les côtés saillants, voyez ce qui est en lumière, laissez-vous aller aux hypothèses, courez au-devant s'il le faut (1).

Le professeur Trousseau avait bien compris l'inu-

---

(1). *Introduction à la Clinique de l'Hôtel-Dieu*, p. 33.

tilité des études médicales pour la plupart de ceux qui s'y livrent avec les méthodes contemporaines et ce sont des pages entières qu'il me faudrait citer, si je voulais montrer à quel point il s'en irrite :

« Comment se fait-il donc que l'intelligence devienne plus paresseuse à mesure que les notions scientifiques se multiplient, contente de recevoir et de jouir, peu soucieuse d'élaborer et d'enfanter (1) ? »

« Vous, autour de qui les moyens abondent, gâtés, énervés, rassasiés par ce qui vous est si abondamment offert, vous ne savez que recevoir et qu'engloutir et votre intelligence paresseuse étouffe d'obésité et meurt improductive.

« De grâce, un peu moins de science et un peu plus d'art, messieurs (2). »

Voilà comment ce grand maître avait senti ces deux domaines dont je parlais tout à l'heure et il les avait désignés sous les noms d'Art de la Médecine, correspondant à l'Idéalisme, et de Science de la Médecine, correspondant au Réalisme.

Tous les penseurs, je le répète, ont compris cette distinction et la physiologie proclame encore l'unité de l'imagination et de la Science par la bouche de Claude Bernard quand il dit :

« La Science ne contredit pas les observations et les données de l'Art et je ne saurais admettre l'opinion de ceux qui prétendent que le positivisme scientifique doit tuer l'inspiration. Suivant moi, c'est le contraire qui arrivera nécessairement.

(1) Loc. cit., p. 38.
(2) Loc. cit., p. 39.

« J'ai la conviction que, quand la physiologie sera assez avancée, le poète, le philosophe et le physiologiste s'entendront tous (1). »

De quelque manière qu'on juge Claude Bernard, il est impossible de ne pas lui reconnaître une merveilleuse sagacité dans la manière de conduire ses recherches. Il sentait admirablement la Vérité et il est curieux de constater la justesse avec laquelle il a vu l'inutilité du matérialisme expérimentalement parlant :

« Si ce n'était m'écarter du but de ces recherches, je pourrais montrer facilement qu'en physiologie, le matérialisme ne conduit à rien et n'explique rien (2). »

« Les propriétés matérielles des tissus constituent les moyens nécessaires à l'expression des phénomènes vitaux ; mais, nulle part, ces propriétés ne peuvent nous donner la raison première de l'arrangement fonctionnel des appareils. La fibre du muscle ne nous explique, par la propriété qu'elle possède de se raccourcir, que le phénomène de la contraction musculaire ; mais cette propriété de la contractilité, qui est toujours la même, ne nous apprend pas pourquoi il existe des appareils moteurs différents, construits les uns pour produire la voix, les autres pour effectuer la respiration, etc.; et, dès lors, ne trouverait-on pas absurde de dire que les fibres musculaires de la langue et celles du larynx ont la propriété de parler ou de chanter, et celles du diaphragme la propriété de respirer. Il en

(1) Claude Bernard (*Science expérimentale*), p. 366).
(2) *Science Expérimentale*, p. 361 (Physiologie du Cœur).

est de même pour les fibres et cellules cérébrales; elles ont des propriétés générales d'innervation et de conductibilité, mais on ne saurait leur attribuer pour cela propriété de sentir, de penser, ou de vouloir.

« Il faut donc bien se garder de confondre les propriétés de la matière avec les fonctions qu'elles accomplissent. » (Claude Bernard, *la Science expérimentale*, p. 429. Discours de réception à l'Ac. française.)

J'ai voulu faire ces quelques citations pour montrer qu'on peut allier, sans être un halluciné, la matière à l'idée et la Science à l'Art ; bien plus, que les Sciences générales qui sont du domaine de l'Occultisme doivent entrer pour beaucoup dans l'étude des Sciences spéciales dépendant du monde sensible.

La Science occulte a donc de ce fait une utilité pratique. Au reste, les applications qu'en a faites Louis Lucas suffiront, je pense, pour convaincre les plus incrédules.

Ce point admis, il nous reste à savoir quelles sont les difficultés que présente l'étude de la Science occulte et comment on peut parvenir à sa connaissance.

On remarquera que, dans les applications pratiques de la Science occulte, je n'ai parlé que peu des pouvoirs extraordinaires qu'on pouvait acquérir par son usage, ni de la fabrication de l'or par la pierre philosophale, et cela parce que je ne considère actuellement l'Occultisme que comme une de nos sciences contemporaines et que je tiens à me baser sur des données sinon admises, du moins très admissibles par la majorité des contemporains. C'est pour cette raison que je ne veux parler des difficultés de l'étude de cette Science que dans l'acquisition de la Théorie.

Voyez les barrières qui se dressent à l'entrée de toutes nos modernes sciences, essayez d'apprendre la physique ou l'astronomie si vous ignorez les mathématiques, essayez d'apprendre la Médecine sans franchir les terribles obstacles de la nomenclature anatomique, partout vous trouverez le chemin d'autant plus fermé que ceux qui sont arrivés tiennent moins à avoir de concurrents futurs. Quand vous aurez sainement jugé ces difficultés, considérez la Science occulte et cherchez franchement s'il faut beaucoup d'études pour apprendre les grandes lois du Ternaire et de l'Unité universelle ?

La vraie science doit être accessible à tous, la lumière du jour suffit pour apprendre la Vérité et les livres ne sont trop souvent utiles qu'à faire des vaniteux.

L'érudition est une belle chose, je suis le premier à le reconnaître ; mais elle ne suffit pas, l'étude sur la Nature bien dirigée conduit plus vite au but que l'étude sur les livres.

Mais comment diriger cette étude ? C'est ici qu'il faut parler des sociétés d'initiation.

Anciennement l'instructeur se bornait à lancer le récipiendaire dans la voie qu'il préférait après l'avoir muni des connaissances suffisantes pour éclairer sa route. Les petits mystères remplissaient ce but.

Aujourd'hui les méthodes d'instruction diffèrent. L'homme qui cherche à se développer seul est considéré comme un déclassé et mérite bientôt l'épithète flatteuse, pour qui sait l'apprécier, d'original.

L'éducation ancienne visait presque uniquement à « originaliser » les gens, l'éducation moderne tend, au contraire, à grouper les intelligences par grandes classes. Aussi malheur aux déclassés !

Ceci dit, quels sont les moyens qu'un curieux peut mettre en usage en la présente année pour apprendre la Science antique ou Science occulte ?

Ces moyens sont de deux ordres différents :

1° Instruction personnelle ;

2° Instruction par les Sociétés.

L'instruction personnelle est la seule vraiment utile et le travail des Sociétés doit se borner à guider le postulant. On acquiert cette instruction en étudiant soit dans la nature, soit dans les livres une fois en possession de certaines données.

Ces données forment le fond de toutes les initiations et ce traité n'a qu'un but, c'est de faciliter la tâche des récipiendaires et des initiateurs autant qu'il est en mon pouvoir. Je ne me fais aucune illusion sur les défauts inhérents à mon travail ; mais le lecteur m'excusera, je pense, vu la difficulté de l'entreprise.

De toute manière, le chercheur consciencieux hésite toujours à suivre les conseils des livres et un guide vivant lui semble de beaucoup préférable à toutes les bibliothèques du monde.

C'est alors qu'il s'adresse aux sociétés d'initiation.

La première qui se présente à lui, c'est la Franc-Maçonnerie.

Loin de moi la pensée de considérer cette vaste association comme dénuée de tout intérêt au point de vue de la Science occulte, comme le font quelques auteurs modernes. La Franc-Maçonnerie, ainsi que je l'ai développé dans le *Traité méthodique de Science occulte*, possède des symboles et des secrets très élevés ; mais à l'insu de ses membres. Ceux-ci ont perdu la clef qui ouvre le sens de la PAROLE mystérieuse INRI et les Rose-Croix francs-maçons peuvent continuer à pleurer cette perte. Quelques vastes intelligences, entre autres Ragon, ont fait de courageux efforts pour relever l'intellectualité de l'association au point de vue occulte ; mais comment apprendre la partie la plus élevée de la Science à des gens qui n'en possèdent pas les premières données ?

La lumière que la Franc-Maçonnerie promet à ses adeptes sous le sceau du serment le plus rigoureux, elle ne peut la donner qu'à ceux qui sont assez instruits pour l'acquérir seuls et qui, par suite, n'ont aucun besoin d'engager leur liberté.

Le curieux qui veut être vraiment initié chez les E∴ de la V∴ perd donc son temps, théoriquement parlant, quoique ce soit peut-être la seule société au monde qui lui fournisse d'aussi abondantes ressources pour la pratique journalière de la vie.

Ceci dit, nous devons toute notre reconnaissance à la Franc-Maçonnerie pour les services qu'elle a rendus à la pensée en agissant contre les sectarismes et les despotismes de toute époque.

Saura-t-elle continuer sa route sans devenir elle-même sectaire ?

Où faut-il donc s'adresser pour trouver des guides vivants dans les études en occultisme, à défaut de la Franc-Maçonnerie ?

### LES SOCIÉTÉS D'INITIATION.

Notons d'abord que certains rites maç∴ de l'étranger ont conservé une grande valeur symbolique; en France même le rite tout kabbalistique de Misraïm se dresse encore comme gardien fidèle des hauts enseignements symboliques, en face des politiciens ignorants qui ont envahi les temples.

Mais la Franc-Maçonnerie a été créée par les *illuminés* rose-croix (1) pour servir de centre de culture et de recrutement pour les ordres les plus purs et les plus élevés. Quand les élèves veulent en remontrer à leurs maîtres et brisent les symboles traditionnels pour en inventer d'adéquates à leur milieu, alors les maîtres abandonnent les imprudents à leur rapide dissolution et font sortir de l'ombre des sanctuaires secrets les hautes fraternités en les autorisant à créer des cercles extérieurs; car les *Supérieurs Inconnus* sont toujours là.

Les Initiés véritables d'Orient ou d'Occident se reconnaissent toujours et savent communier à une même source; car tous deux connaissent la mission divine du Christ. Mais certains Européens ont voulu

---

(1) Ashmole, R. Fludd, étaient des frères illuminés de la Rose-Croix.

présenter comme une pure initiation orientale, une adaptation entière d'éléments hétéroclites puisés partout, et ce fut là une des plus grandes erreurs de la *Société théosophique*, dont tous les initiés français se retirèrent brusquement. Nul plus que l'auteur du présent ouvrage ne respecte la conviction loyale et sincère, nul plus que lui ne reconnaît qu'il existe en Orient des initiés du plus grand savoir; mais ces initiés se rattachent aux sanctuaires secrets du Brahmanisme et jamais au Bouddhisme. Parmi les Brahmines, peu, sont initiés aux grands mystères, et ils se reconnaissent immédiatement en ce qu'ils possèdent les clefs de la langue atlante primitive, le *watan*, qui sert de racine fondamentale au sanscrit, à l'hébreu et au chinois, aussi bien qu'à l'écriture hiéroglyphique.

Lorsque nous affirmons que les doctrines propagées par la *Société théosophique* sont le résultat non pas d'une initiation, mais d'une compilation, nous ne venons pas nier l'existence d'une initiation ni d'un ésotérisme d'Orient; nous ne venons pas non plus faire aucun parallèle. Nous prétendons que cette société ne représente pas un centre initiatique d'Orient et nous prétendons cela parce que nous avons *vu* de vrais initiés orientaux qui nous ont prouvé, en nous donnant la clef réelle de l'Arcane AZT grâce au watan, que initiation et compilation font deux (1). Cela dit, reconnaissons en toute

(1) Pour preuve de la réalité de notre opinion, voir dans la *Revue des Revues* du 1ᵉʳ avril 1897 (12, avenue de l'Opéra, Paris), un article d'un oriental, *d'un Indou*, Zeaeddin Akmal de Lahore, très sévère pour ceux qu'il appelle « les plagiaires de l'occultisme oriental ». Voir aussi le résumé des

conscience les efforts faits par cette société pour propager en Occident l'étude de la terminologie sanscrite.

Les sociétés d'initiation occidentale les plus accessibles et qu'on puisse nommer sans indiscrétion, sont :

La Rose-Croix ;

L'Ordre Martiniste.

Les sociétés alchimiques, astrologiques et hermétiques dérivées du Mart... ou affiliées à lui :

*L'Ordre Kabbalistique de la Rose-Croix*, dont le Grand-Maître est Stanislas de Guaita, délivre ses grades exclusivement à l'examen. Il est aujourd'hui complètement fermé.

*L'Ordre Martiniste* est un centre actif de diffusion initiatique. Il est constitué pour propager rapidement et d'une manière étendue les enseignements de l'occulte et les grandes lignes de la tradition occidentale chrétienne. Fortement centralisé par un Suprême Conseil de vingt et un membres, siégeant à Paris, les Délégués généraux et spéciaux, les Loges, les Groupes et les Initiateurs libres de l'Ordre Martiniste rayonnent donc en France et dans toute l'Europe, en Afrique et dans les deux Amériques. Aucune société initiatique ne possède en Occident le nombre de Loges et de Membres que

---

opinions de Max Muller et des grands orientalistes dans le *Bouddhisme*, par M. de Laffont. Un vol. in-18, Chamuel, éditeur.

Nous donnons toutes ces références pour éviter à d'autres les ennuis que nous avons éprouvés nous-mêmes après être entrés dans cette société dont nous fûmes obligés de sortir volontairement avec Barlet.

compte l'Ordre Martiniste qui, grâce à ses affiliations, est en relations suivies avec les Babystes de Perse, les sociétés d'occultisme de Chine, et toutes les associations religieuses de l'Islam, et plusieurs centres de l'Inde auprès desquels les pourparlers sont entamés.

Au-dessous de l'Ordre Martiniste fonctionne le *Groupe Indépendant d'études ésotériques*, avec ses cent quatre branches et correspondants, et, parallèlement à l'Ordre, *la Faculté des Sciences Hermétiques* distribuant dans son centre de Paris et dans ses écoles annexes de Liège, de Madrid, de Berne et de Buenos-Ayres, à l'étranger; de Lyon et de Bordeaux en France, un enseignement progressif conduisant, par l'examen, aux diplômes de bachelier, licencié et docteur en sciences hermétiques (1).

D'autre part, les études spéciales d'alchimie se poursuivent sous la direction de la *Société alchimique de France*, dirigée par un comité de chercheurs compétents, et dont M. Jollivet-Castelot est secrétaire général (19, rue Saint-Jean, à Douai).

Ainsi se dresse l'enseignement spiritualiste et hermétique, en face de l'enseignement athée et matérialiste, ainsi se forme ce puissant état-major d'intellectuels qui, en cas de crise sociale, garderont le dépôt des vérités vivantes qui leur ont été confiées.

Mais, en ces derniers temps, un effort plus consi-

(1) Pour tous détails sur ces centres d'initiation ou d'enseignement, s'adresser 5, rue de Savoie, Paris, à M. Sédir directeur-adjoint du groupe et professeur à la Faculté des sciences hermétiques, ou à M. Sisera, administrateur délégué.

dérable a encore été tenté, et, sous le nom d'*Union Idéaliste universelle*, tous les chefs des grands mouvements philanthropiques d'Europe et d'Amérique se sont unis, groupant en un seul faisceau une armée de 30,000 intellectuels et des journaux en toute langue.

## LES MAITRES

Les Sociétés d'initiation ont pour but principal d'évoluer le nature humaine et de la rendre apte à recevoir les influences directes des plans supérieurs. Elles développent surtout l'intellectualité bien que ne négligeant pas la spiritualité ; de là un des axiomes qu'on y enseigne : *l'initiation est toujours individuelle* et la société ne peut qu'indiquer la route, en permettant d'éviter les sentiers dangereux.

Existe-t-il en Europe des *maîtres* véritables à côté, en dehors ou en dedans des centres initiatiques. A cette question je répondrai nettement par l'affirmative, en France il existe des maîtres véritables de l'ordre intellectuel comme de l'ordre spirituel, ce sont en ce moment deux hommes vivant au milieu de la société actuelle, bien que d'une vie spéciale et je vais esquisser le portrait de chacun d'eux. Mais auparavant il me faut répondre à une objection de certains ignorants qui prétendent qu'un vrai maître ne pourrait vivre dans notre atmostphère tant physique que sociale.

Cela serait vrai pour un maître d'égoïsme développé sur le seul plan mental et qui ne se sent pas la puissance de sacrifice nécessaire pour abandonner le paradis éthéré qu'il s'est créé, pour venir partager la souffrance et la vie empoisonnée des créatures qu'il veut sauver. Ces maîtres là se contentent d'agir *par inspiration* sur les cerveaux de certains hommes qui traduisent ces impressions plus ou moins nettement. C'est là du raffinement cérébral ; ce n'est pas du dévouement total.

Au seuil de la vie nouvelle de l'occident une figure se dresse, sublime exemple de tous les actes non seulement super-humain mais encore divin, c'est le Christ. La souffrance le plus terrible qu'ait eu à ressentir la personne du Dieu-Sauveur ; ce ne sont pas les tourments tout humains de la passion et de la croix ; c'est la descente totale dans la matière, c'est la limitation du principe de toute étendue, c'est la soumission constante du principe spirituel aux exigences du corps de chair ; à commencer par le vertige nécessaire de l'embryonnat et la perte de contact avec le plan divin, jusqu'à la reprise de l'union avec le Père, maintenue intégrale pendant trois ans de vie terrestre. La voilà la souffrance absolue, impossible à atteindre pour un Fakir ou pour une *évolué* à quelque plan qu'il appartienne. Et c'est là un mystère si terrible et si lumineux que *ceux qui ne savent pas* nient avec colère, avec rage la possibilité pour un être super-humain de vivre dans le milieu physique et ne peuvent comprendre la limitation dans le Temps et dans l'Espace de l'Etre Divin, pour qui ici et là-bas sont toujours connexes. On verra maintenant pourquoi j'ai tenu à détruire cette objection avant de parler des deux maîtres dont je vais dire quelques mots. De ces deux hommes que j'ai pris pour exemple l'un représente la maîtrise de l'intellectualité, l'autre la maîtrise absolue de la spiritualité.

Le maître intellectuel est un homme à cheveux blancs dont la figure respire la bonté et dont l'être tout entier rayonne le calme et la paix de l'âme. Sa voie d'initiation fut toujours la voie de la douleur et du sacrifice. Il fut initié à la tradition occidentale par les centres les plus élevés, il fut initié à la tradition d'Orient par deux des plus grands dignitaires de l'Eglise brahmanique dont l'un fut le Brahatma des centres saints de l'Inde. Comme tous les élèves de la véritable initiation orientale, il possède tous les cahiers d'enseignement dont chaque page est contresignée par le Brahmine responsable de la transmission de la Parole sainte, la lecture de ces cahiers nécessite la connaissance approfondie non seulement du sanscrit et de l'hébreu (que ces brahmines pourvus de hauts grades initiatiques connaissent à fond); mais encore des langues primitives dont les hiéroglyphes et le chinois sont des adaptations.

Outre les connaissances des Vidâs et par suite des Mantras les plus saints, des sept sens du Sepher et des clefs kabbalistiques, le maître intellectuel possède la preuve réelle de son grade c'est la *clef vivante* qui permet de transformer en adaptation immédiate à l'homme, à l'art, à la société ces connaissances qui, sans cela, formerait une encyclopédie de belles choses mortes et glacées, ce qui est le partage des académies; mais non des véritables initiés. Sous ses doigts les rythmes des anciens chants druidiques se forment et naissent prodigieux et troublants, les secrets des anciennes formes gothiques et des futures architectures de fer et de verre se formulent, traduisant en langage architectural les paroles vivantes du Christ, les anges de la révélation. Et je pourrai poursuivre encore des pages et des pages sans atteindre le fond de cette science prodigieuse qui n'est telle que parce qu'elle est vivante et qui ne vit que parce qu'elle prend sa source dans le Principe de l'Amour. Dire au prix de quelles souffrances atroces, ce maître intellectuel est parmi nous, alors que déjà la moitié de son âme est réintégrée, ce serait faire frémir les hommes qui ne connaissent que de nom les mystères des *dwidjas* qu'on traduit exotériquement par *deux fois nés* et dont la vraie traduction est *vivant sur deux plans à la fois*.

Il me reste à parler du maître spirituel. Celui-ci est descendu alors que le premier est monté ; celui-ci sait tout, mais il enseigne à descendre et à acquérir la certitude que l'homme qui sait qu'il ne sait rien, commence seulement à comprendre la science ; que celui qui ne possède rien qu'un grabat et qui prête son grabat à qui n'en possède pas est plus riche que tous les riches, le maître spirituel quand il veut enseigner, peut soit parler, ce qui est rare, soit *faire voir* ce qui est plus commun pour lui. Possesseur de biens physiques qui lui permettraient de vivre en oisif, le maître consacre toute sa vie à la guérison des pauvres et des affligés. Et ces guérisons même indiquent au plus aveugle de quel plan descend l'Esprit qui commande à la maladie et à la Mort elle-même.

Dans les rues de la ville qu'il habite, on le voit passer humble entre les humbles ; aussi les pauvres gens seuls le bénissent et le connaissent. Cet ouvrier qui le salue avec respect lui doit sa jambe qu'on allait couper et qui fut guérie en une heure ; cette femme du peuple qui accourt à son passage, vint le trouver alors que son enfant râlait et le maître dit : « Femme, vous êtes plus riche, de par votre dévouement incessant et votre courage devant les épreuves que les riches de la terre ; allez, votre enfant est guéri. » Et rentrée chez elle, la mère constate le miracle qui déconcerte et irrite les médecins. Cette famille d'artisans courut à lui alors que depuis dix-huit heures leur fille unique était morte, il vint et devant dix témoins, la morte sourit et ouvrit de nouveau les yeux à la lumière. Demandez à tous ces gens, le nom de cet homme, ils vous diront : C'est le *Père des Pauvres*.

Interrogez cet homme; demandez-lui qui il est, d'où il tient ces pouvoirs étranges et terribles, il vous répondra : *Je suis moins qu'une pierre. Il y a tant d'êtres sur cette terre qui sont quelque chose que je suis heureux de n'être rien. J'ai un ami qui est, lui, quelque chose. Soyez bon, patient dans les épreuves, soumis aux lois sociales et religieuses de votre patrie, partagez et donnez ce que vous avez, si vous trouvez des frères qui ont besoin et mon ami vous aimera. Quant à moi, pauvre envoyé, j'écris sur le livre évident de mon mieux, et je prie le Père comme jadis le fit Notre Sauveur le Christ qui rayonne en gloire sur la Terre et dans les Cieux et au cœur duquel on par-*

*vient par la grâce de la Vierge de Lumière : Mariah dont le nom soit béni.*

Je ne terminerai pas ces pages, que ma reconnaissance rend si douces, par le rappel des injures et des sarcasmes dont les savants, les satisfaits, les critiques accablent le maître. Il les ignore, leur pardonne et prie pour eux. Cela suffit.

Cet homme dont je viens d'esquisser le caractère, et avec quelle gaucherie eu égard à son élévation, de même que le précédent, n'est pas un mythe, un être nuageux perdu au fond de quelque pays inaccessible. C'est un être de chair et d'os, vivant de la vie sociale dont il a assumé toutes les charges et plus encore. Et rappelant que, sauf dans le jeûne du désert, le modèle de la race blanche : le Christ a vécu pendant sa vie terrestre, du régime mixte de la majorité des hommes, le maître vit comme tous ses frères humains.

Aussi ne parlerai-je que des œuvres humaines et passerai-je sous silence les transports dans les autres phases d'existence, les communications instantanées en dehors du temps et de l'espace et la direction des Esprits. Un homme vraiment libre a seul le droit d'écrire sur le livre de vie ; les autres ne font qu'y lire. — Apprenez donc à lire avant de vouloir écrire.

*
* *

Il n'est pas nécessaire, je le répète, de suivre une société quelconque pour apprendre l'occultisme ; chacun peut y parvenir seul et les sociétés ne peuvent et ne doivent servir qu'à indiquer la route que l'étudiant devra parcourir après. Ce traité suffira, je l'espère, malgré ses imperfections pour rendre clairs et faciles à comprendre les auteurs modernes en Science occulte dont j'ai publié les ouvrages dans la petite bibliographie intitulée : *l'Occultisme contemporain* (1).

On verra par là que les lois que l'antiquité nous a transmises à travers ses symboles ne sont pas vaines et que, depuis la politique jusqu'à la philosophie, l'actif et le passif, l'autorité et le pouvoir, la Foi et la Science s'opposent pour mieux s'unir lors de la renaissance de la Synthèse scientifique, sociale et religieuse.

De tout temps le pouvoir a compris qu'il ne pouvait gouverner les hommes qu'en s'emparant de leur intellectualité.

Faire servir l'enseignement au profit exclusif de ses idées, tel est le but de tout despotisme.

De tous temps il s'est trouvé des protestataires opposant l'enseignement de l'Unité intégrale à l'enseignement partiel du despote.

Empêcher le pouvoir de violenter l'initiation, tel est le but éternel de l'autorité.

La lutte de l'autorité et du pouvoir, voilà la clef de l'Histoire.

Le pouvoir, sentant que l'autorité s'oppose à sa domination, la persécute partout où il peut l'atteindre.

L'autorité sous les persécutions des despotes entoure ses enseignements du plus profond mystère.

(1) Voir aussi le Catalogue de la Librairie Chamuel, 5, rue de Savoie, Paris.

L'antiquité nous montre les rois déspotiques, s'efforçant vainement de lutter contre la science enseignée dans les mystères égyptiens.

Plus tard, les prêtres juifs, disciples du prêtre égyptien Moïse, ne comprenant plus la vérité intégrale dont ils sont les dépositaires, veulent s'opposer aux enseignements du Fils de Dieu.

Puis c'est l'Église qui s'est emparée du pouvoir. Au nom de la foi, l'Inquisition persécute comme hérétiques tous ceux qui veulent ajouter à son enseignement écourté.

L'autorité représentée par les templiers gnostiques, les alchimistes, puis par les francs-maçons, oppose ses mystères aux persécutions de l'Église.

A la Révolution française, la franc-maçonnerie arrive au pouvoir; le ternaire chrétien : Foi-Espérance-Charité est remplacé par son équivalent maçonnique : Liberté-Egalité-Fraternité.

Fidèle à l'éternelle loi, la Franc-Maçonnerie lutte aujourd'hui contre l'Église au nom de la Science. Elle veut faire disparaître tout ce qui s'oppose à son enseignement incomplet.

Malheur à celui qui veut unir les deux inséparables : la Science et la Foi Les fanatiques de la Foi le font disparaître parce qu'il s'appuie sur la Science, les fanatiques de la Science parce qu'il s'autorise de la Foi.

Et pourtant ne voit-on pas toujours la Lumière et l'Ombre s'unir dans la Pénombre, l'Homme et la Femme s'unir dans l'amour?

L'Histoire tout entière nous crie que jamais le Palais n'opprimera le Temple en vain, que jamais le

Temple ne subsistera s'il veut exercer simultanément le pouvoir et l'autorité.

Dans le corps humain, résumé du monde, le pouvoir est exercé par le cœur, l'autorité par le cerveau. Le cœur ne tarde pas à cesser son mouvement s'il est soustrait à l'influence nerveuse.

Le pape qui unit le temporel au spirituel, le roi qui unit la royauté à la religion sont des monstruosités par devant la Nature et leur œuvre est tôt ou tard frappée de mort.

Les monstres ne produisent que de tristes rejetons.

Au seuil de notre Histoire se dresse un prêtre d'Osiris chargé par la Providence de donner un nouveau culte à l'éternelle Religion ; Moïse, fidèle aux enseignements reçus dans les temples, annonce ainsi la Loi de la Politique.

« A l'Empire arbitral succéda l'empire arbitraire dont le nom caractéristique est la voie du tigre, Nimerod, le Césarisme.

« Ce type gouvernemental voulut dominer par la violence militaire l'État social terrestre, comme le pôle nord domine sur la planète.

Dans ce type, le Pôle gouvernemental, le Pouvoir anarchique ou personnel, s'opposa au Règne de Dieu, à l'Ordre social qui est la Face réfléchie de IEVE dans l'Humanité.

De là cet axiome des orthodoxes : Nimerod, l'arbitraire gouvernemental, le Pouvoir personnel et tout ce qui y a trait, est l'Opposé, l'Antipode du Règne de Dieu, l'Adversaire empêchant la physionomie de IEVE de se réfléchir dans l'État social (1). »

(1) Saint-Yves d'Alveydre, *Mission des Juifs*, p. 296.

Aujourd'hui comme toujours, il est des hommes qui comprennent l'unité des sciences et l'unité des cultes.

S'élevant au-dessus de tous les fanatismes religieux, ils démontrent que tous les cultes sont la traduction d'une seule et même religion.

S'élevant au-dessus de tous les fanatismes philosophiques, ils démontrent que toutes les philosophies sont l'expression d'une seule et même science.

Quand ils ont montré au Catholique, au Juif et à l'Indou que leurs cultes cachent au fond les mêmes symboles, revivifiés par le Christ, quand ils ont fait comprendre à tous que Jehovah, Jupiter, Osiris, Allah, sont différentes conceptions d'un seul et même Dieu, quand ils ont proclamé l'unité de la Foi, ils s'adressent aux philosophes.

Ils montrent aux matérialistes qu'ils n'ont vu qu'un côté de la Nature, mais que leurs observations sont justes.

Ils montrent aux idéalistes qu'ils n'ont également vu qu'une face de la vérité, mais que, de leur côté, ils ont aussi raison.

Idéalisant le Matérialisme et matérialisant l'Idéalisme, ils proclament l'Unité de la science dans l'équilibre qui résulte de l'analogie des contraires.

Puis, s'élevant encore, ils font voir que, de même que le Polythéisme et le Monothéisme ne sont que deux conceptions différentes d'une même foi, de même que l'Idéalisme et le Matérialisme ne sont que deux conceptions différentes d'une même science :

De même la Science et la Foi ne sont que deux conceptions différentes de l'unique et éternelle Vérité et ils proclament l'unité de la Religion et de la Philosophie dans une même synthèse dont ils énoncent ainsi la devise :

CE QUI EST EN HAUT EST COMME CE QUI EST EN BAS
POUR ACCOMPLIR LE MIRACLE DE L'UNITÉ

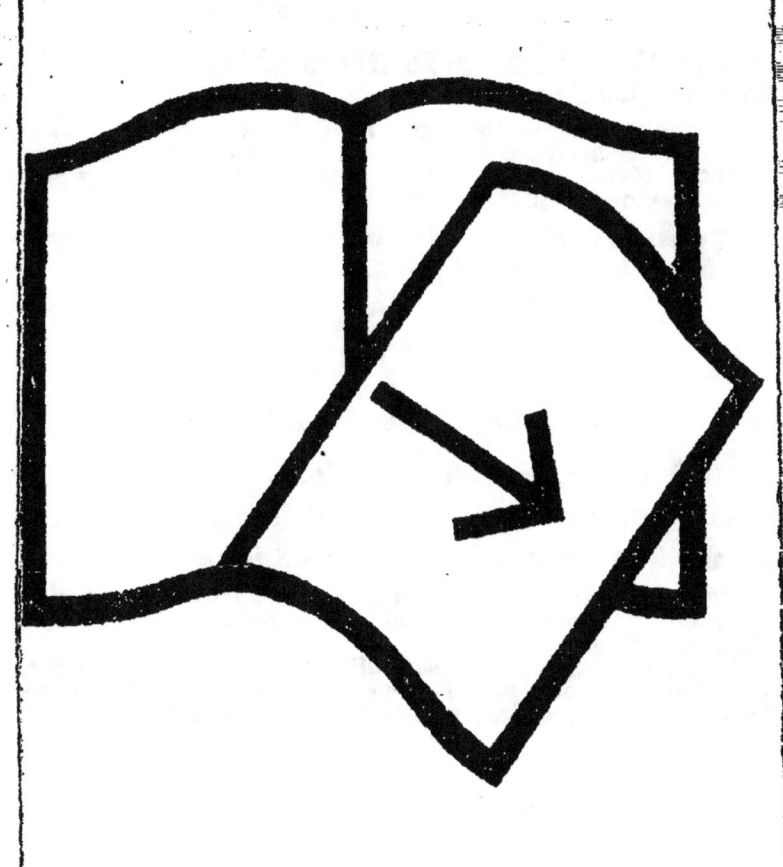

Documents manquants (pages, cahiers...)
NF Z 43-120-13

DE LA PAGE 398
A LA PAGE 418

**Extériorisation de la Motricité.** — Vol. in-18 carré avec dessins.

> Ce nouveau livre collectionne les documents d'expériences sur les mouvements d'objets sans contact ; il relate surtout des expériences inédites, particulièrement convaincantes, accompagnées de photographies des phénomènes.

**L'Envoûtement.** — *Documents historiques et expérimentaux.* Broch. in-18 jésus.

## ANALOGIE

### LOUIS MICHEL (DE FIGANIÈRES)

**Clef de la Vie.** — 2 vol. in-18 jésus.

**Vie universelle.** — 2 vol. in-18 jésus.

**Plus de Mystères.** — Vol. in-18 jésus.

> Ouvrages célèbres dont l'éloge n'est plus à faire et dont la nouvelle diffusion dans le public intéressera vivement les savants et les philosophes.
> Nous recommandons tout particulièrement les œuvres splendides et profondes de Louis Michel à tous ceux qui voudront étudier sérieusement et apprendre à pratiquer la méthode analogique.
>
> P.

## ASTROLOGIE

### HAATAN (ABEL)

**Traité d'Astrologie judiciaire.** — Vol. in-8 carré avec nombreux tableaux, tables, figures et dessins, et deux portraits rares.

> Cet ouvrage, le premier qui remette en lumière la véritable science astrologique, présente l'avantage de permettre à chacun l'érection rapide d'un thème généthliaque. Les nombreuses tables qui l'accompagnent évitent les calculs longs et pénibles qui nécessiteraient la connaissance de la trigonométrie sphérique. Enfin les données astrologiques qu'il renferme rendent aisée l'interprétation des présages.

## ALCHIMIE

### HAVEN (MARC)

**La Vie et les Œuvres de Maître Arnaud de Villeneuve.** — Beau vol. in-4 couronne, avec un portrait d'Arnaud de Villeneuve et une planche repliée (pantacle hermétique).

> Etude des plus sérieuses et des plus documentées sur la vie et les œuvres du célèbre philosophe et hermétiste ; l'auteur ajoute, aux mérites du savant, ceux d'un styliste rare et savoureux.

### ROGER (BACON)

**Lettres sur les prodiges de la nature et de l'art.** — *Caractères magiques : Puissance du Verbe ; Instruments merveilleux ; Suggestion mentale ; L'art de prolonger la vie ; Atavisme Cryptographie ; Pierre philosophale ; Poudre à canon ; Machine à voler ; Cloche à plongeur ; Ponts suspendus.* Broch. in-18 de 70 pages.

Traduction absolument inédite et commentaire du savant et regretté hermétiste A. POISSON.

### JOLIVET-CASTELOT (F.)

**Hylozoïsme. — Alchimie. — Les Chimistes unitaires.** — Broch. in-18 jésus.

Etudes hardies sur l'avenir de la chimie, dans lesquels l'auteur indique les rapports des théories hermétiques et des expérimentations contemporaines.

**Comment on devient Alchimiste.** — *Traité d'Hermétisme et d'Art spagyrique.* — Un beau vol. in-8 avec nombreuses figures. (Préface de Papus.)

### A. POISSON (*Philophote*)

**La Vie et les Œuvres de Nicolas Flamel.** — Un vol. in-8.

**Cinq traités d'Alchimie.**

## MYSTIQUE

### LEADE (JEANNE)

**Le Messager céleste de la Paix universelle.** — Traduit de l'anglais pour la première fois par P. Sédir. Broch. in-8 écu, avec un pantacle inédit.

Jeanne LEADE fut la célèbre fondatrice de la Société des Philadelphes ; le présent opuscule est un des moins connus qu'elle ait écrits : on saura gré à M. SEDIR de l'avoir fait connaître aux savants et aux mystiques français.

## BIBLIOTHÈQUE ROSICRUCIENNE

*publiée par le Traducteur de* La Lumière d'Égypte

### RABBI ISSA'CHAR BAER

**Commentaire du Cantique des Cantiques**

### R. P. ESPRIT SABATIER
**L'Ombre idéale de la Sagesse universelle**

### MARTINEZ DE PASQUALLY
**Traité de la Réintégration.**

### JEAN TRITHÈME
**Traité des Causes secondes.**

### GICHTEL
**Theosophia Practica.**
Recommandé spécialement à tous les martinistes.

## MAGNÉTISME

### DURVILLE (H.)
**Traité expérimental de magnétisme.** — *Cours professé à l'école pratique de magnétisme et de massage.* — Tome I, *Physique magnétique.* Vol. in-18 raisin avec portrait de l'auteur et nombreux dessins.

Ce livre attendu, depuis longtemps, et dont le premier volume sera bientôt suivi de plusieurs autres, sera un des plus complets écrits de nos jours sur le magnétisme.

### BUÉ (A)
**Le Magnétisme curatif.** — I. *Manuel technique* avec portrait de Mesmer. Vol. in-18 de 221 pages.

II. — *Psycho-Physiologie.* — Hypnotisme, Somnambulisme, Fascination, Clairvoyance. Loi phénoménale de la vie, Fort vol. in-18 jésus avec dessins.

La première partie expose tout d'abord la pratique de la Thérapeutique magnétique; la seconde en établit la théorie d'après les idées de Louis Lucas que l'auteur a beaucoup étudié.

## SPIRITISME

### DELANNE (GABRIEL)
**Le Phénomène Spirite.** — *Témoignage des Savants; Étude historique; Exposition Méthodique de tous les Phénomènes; Discussion des Hypothèses; Conseils aux Mé-*

diums ; *La Théorie philosophique*. Vol. in-18 de 325 pages avec nombreuses gravures.

> Le meilleur résumé, le plus clair et le plus scientifique des innombrables volumes spirites publiés depuis Allan-Kardec.

**Le Spiritisme devant la Science.** — (Troisième édition). Vol. in-18 jésus de 470 pages.

> Un des plus remarquables ouvrages écrits sur le spiritisme en ces dernières années.

**L'Évolution animique.** — *Essai de psychologie physiologique, d'après le Spiritisme*. Vol. in-18 jésus. (Sous presse).

### FUGAIRON (Dr)

**Essai sur les Phénomènes électiques des êtres vivants.** — *Explication scientifique des phénomènes dits spirites*. Vol in-18.

> Une des rares études que l'on connaisse actuellement où l'on suive une méthode absolument scientifique dans ces recherches délicates.

### DOBISCO (CONSTANTIN-ALEXANDROWITCH DE)

**Traits de Lumière.** — *Recherches Psychiques ; Preuves matérielles de la vie future; Spiritisme expérimental au point de vue scientifique* (Préface de PAPUS). Vol. in-8 carré avec gravures).

> Compte-rendu extrêmement curieux d'expériences et de phénomènes spirites, entièrement inédits dont la nouveauté a excité au plus haut degré l'attention des spécialistes.

### BELLEMARE (ALEXANDRE)

**Spirite et chrétien.** — Vol. in-18 de 426 pages.

> Ce livre qui a coûté à son auteur plusieurs années de méditations et de travail, est un des meilleurs écrits à propos du spiritisme et de la religion chrétienne ; il a eu un grand succès dans le monde des spirites pratiquants.

### CAILLIÉ (RENÉ)

**Dieu et la Création.** — 4 fasc. in-18 jésus.

## HISTOIRE DES RELIGIONS

### LAFONT (G. D.)

**Le Buddhisme.** *Précédé d'un essai sur le Védisme et le Brahmamisme*. Vol. in-18 jésus.

> Ce livre appuyé sur les documents les plus sérieux des ouvrages

des grands orientalistes tels que Eug. et Em. Burnouf, A. de Rémusat, Oldenberg, Colebrooke, Schlagintweit, Foucaux, a pour but : 1° de prouver qu'au temps des grandes civilisations de l'antiquité, l'Inde notamment avait une religion monothéiste plus élevée que celle des hébreux, et que de l'Inde nous vient la philosophie des Grecs et partant la nôtre ; 2° de définir le Buddhisme primitif tel qu'il a été établi par Cakyamuni et de montrer qu'il n'a rien à voir avec la théosophie moderne qui prétend s'y attacher; 3° Enfin ce livre contient de nombreux extraits de grands ouvrages sacrés ; des Védas, des Upanischads, de la Bhagavad-Gîtâ, des lois de Manou de Lalita-Vistara, et des Sutras, traduits par Eug. et Em. Burnouf, Langlois, Loiseleur-Deslongchamps, Pauthier, Oldenberg, Foucaux, etc., et résume l'opinion des grands indianistes sur la question.

**Le Mazdéisme.** — Etude des plus élevées et des plus profondes sur la Religion des anciens persans et sur la doctrine des Mages.

---

# EXPLICATION

## DE

### L'HIÉROGLYPHE ALCHIMIQUE DE NOTRE-DAME DE PARIS

#### Par Cambriel.

« A l'une des trois grandes portes d'entrée de l'église Notre-Dame, cathédrale de Paris, et sur celle qui est du côté de l'Hôtel-Dieu, se trouve sculpté sur une grosse pierre, au milieu de ladite porte d'entrée, et en face du Parvis, l'hiéroglyphe reproduit en tête du chapitre VII de cet ouvrage, représentant le plus clairement possible tout le travail, et le produit ou le résultat de la pierre philosophale.

### I

« Au bas de cet hiéroglyphe qui est sculpté sur un long et gros carré de pierre, se trouvent au côté gauche et du côté de l'Hôtel-Dieu deux petits ronds pleins et saillants représentant les *Natures métalli-*

*ques* brutes ou sortant de la mine (qu'il faudra préparer par plusieurs fusions et des aidants salins).

## II

« Du côté opposé sont aussi les deux mêmes ronds ou *natures* ; mais travaillées ou dégagées des crasses qu'elles apportent des mines lesquelles ont servi à leur création.

## III

« Et en face, du côté du Parvis, sont aussi les deux mêmes ronds ou *natures* mais perfectionnées ou totalement dégagées de leurs crasses par le moyen des précédentes fusions.

« Les premières représentent les corps métalliques qu'il faut prendre pour commencer le travail hermétique.

« Les deuxièmes travaillées nous manifestent leur vertu intérieure et se rapportent à cet homme qui est dans une caisse, lequel étant entouré et couvert de flammes de feu, prend naissance dans le feu.

« Et les troisièmes perfectionnées, ou totalement dégagées de leurs crasses se rapportent au dragon babylonien (1) ou mercure philosophal, dans lequel se trouvent réunies toutes les vertus des natures métalliques.

« Ce dragon est en face du Parvis et au-dessus de cet homme qui est entouré et couvert de flammes de

---

(1) C'est là le Télesme d'Hermès et le mouvement de Louis Lucas (Papus).

feu, et le bout de la queue de ce dragon tient à cet homme, pour désigner qu'il sort de lui et qu'il en est produit, et ses deux serres embrassent l'athanor pour désigner qu'il y est ou qu'il doit y être mis en digestion, et sa tête se termine et se trouve dessous les pieds de l'évêque.

. . . . . . . . . . . . . . . . . . . . . .

« Je dirai donc que de cet homme, qui a pris naissance dans le feu et par le travail des aigles volants (1) représentés par plusieurs fleurs formées de quatre feuilles jointes dont est entouré le bas de sa caisse, est produit le dragon babylonien dont parle Nicolas Flamel, ou le mercure philosophal.

« Ce mercure philosophal est mis dans un œuf de verre, et cet œuf est mis en digestion ou en longue coction dans l'athanor ou fourneau terminé en rond ou voûte, sur laquelle voûte sont placés les pieds de l'évêque au-dessous desquels se trouve la tête du dragon. De ce mercure il résulte la vie représentée par l'évêque qui est au-dessus dudit dragon.

« Cet évêque porte un doigt à sa bouche pour dire à ceux qui le voient, et qui viennent prendre connaissance de ce qu'il représente : « Si vous reconnaissez et devinez ce que je représente par cet hiéroglyphe, taisez-vous!... (2). »

(1) Distillations (Papus).
(2) Cambriel, *Cours de philosophie hermétique*, pp. 30 et suiv.

# ÉSOTÉRISME DU PATER NOSTER

Le « Pater » a toujours été considéré comme une des plus ésotériques d'entre les prières chrétiennes. D'après la tradition, le Christ aurait, au moment du sacrifice, adressé cette merveilleuse invocation à son Père céleste, et tous les occultistes ont présent à l'esprit le travail d'Eliphas Lévi sur le verset occulte du « Pater ».

Quelle que soit l'origine réelle de cette prière, il est facile d'en déterminer l'essence hautement initiatique par une analyse, même sommaire. Nous allons tenter de présenter à nos lecteurs, dans les quelques pages suivantes, un premier résumé de nos recherches à ce sujet. Nous ne doutons pas que des esprits mieux préparés que le nôtre, concernant ce sujet, ne puissent pousser bien loin une étude que nous ne ferons qu'effleurer.

Il faut considérer dans le « Pater » :

1° La Prière en elle-même ;

2° Les divisions qu'elle présente et leur raison d'être ;

3° Les adaptations de cette Prière d'après les principes de l'Analogie.

LA PRIÈRE.

Le « Pater » comprend deux parties : 1° *Une*

*partie exotérique*, seule connue de la généralité des catholiques d'Occident;

2° *Une partie ésotérique*, connue des Églises d'Orient et dont l'énonciation est réservée aux prêtres.

La partie exotérique comprend la révélation des forces qui agissent dans les trois mondes et l'analyse de leurs moyens d'action.

La partie ésotérique rattache ces forces à leur principe par la révélation des mystères du Grand-Arcane. C'est la synthèse des enseignements dont l'analyse est contenue dans la première partie.

Donnons pour mémoire le texte français de ces deux parties.

## PARTIE EXOTÉRIQUE

Père nôtre qui es aux Cieux,
Que Ton Nom soit sanctifié,
Que Ton Règne arrive,
Que Ta Volonté soit faite — *sur la Terre comme au Ciel.*

\*
\* \*

Donne-nous aujourd'hui notre Pain Quotidien,
Pardonne-nous nos offenses,
*Comme nous les pardonnons à ceux qui nous ont offensés* (1).

---

(1) Rappelons le texte latin de ce verset :
*Dimitte nobis debita nostra sicut et nos dimittimus debitoribus nostris.*
Ce qui doit être traduit exactement :
*Remets nous notre dû comme nous remettons à ceux qui nous doivent leur dû à notre égard.*

Préserve-nous de la Tentation,
Et délivre-nous du Mal.

## PARTIE ÉSOTÉRIQUE

*Parce que Tu es,*
La Royauté et la Régle et la Force en action dans les Æons (cycles générateurs).

Tel est le texte de la Prière, dans lequel nous avons du reste indiqué déjà les divisions sur lesquelles nous reviendrons tout à l'heure.

Pour l'instant qu'il nous suffise de constater que les mots employés sont très généraux.

*Père, Nom, Règne, Volonté, Terre, Ciel.*

*Pain, Pardon, Dettes* (ou offenses), *Tentations, Péché.*

Cela nous indique dès maintenant que ce sont des *Lois* auxquelles nous avons affaire, c'est-à-dire que, d'après la méthode chère aux anciens, chacun de ces mots est une *clef analogique* permettant d'adapter la loi énoncée à toute une série de réalités. C'est à un essai de quelques-unes de ces adaptations que nous consacrerons notre prochaine étude. Revenons aux divisions capitales qu'il faut établir entre les versets.

### DIVISION DES VERSETS

Nous savons que l'occultisme, sans distinction de date ni d'écoles, enseigne l'existence de trois mondes;

1°. Le Monde Divin ;
2° Le Monde Moral ou Astral ;
3° Le Monde Physique.

M. Amelineau, dans son savant travail sur la Gnose égyptienne, insiste sur ce fait que *toutes les écoles gnostiques* sont d'accord sur l'existence des trois mondes. Il en est de même de toutes les écoles kabbalistiques, alchimiques ou théurgiques.

Or les trois premiers versets correspondent au Monde Divin caractérisé par trois termes.

*Père, Nom, Règne,* et synthétisé par le terme Volonté.

*Terre, Ciel,* sert de lien entre les deux mondes.

*Pain, Pardon, Offense,* correspondent au monde de la Volonté humaine.

Enfin *Tentation* et *Péché* se rapportent à la chair et au monde physique.

### Monde Divin

Dieu est analysé sous sa triple manifestation :

Le Père (*Notre Père*) considéré comme existant dans *tous les Cieux*, c'est-à-dire dans tous les plans où notre Idéal peut se révéler soit en physique, en astral ou en divin.

Ce Père se manifeste par deux autres aspects, le Verbe (*Ton Nom*) dont la véritable connaissance doit être réservée aux initiés pour ne pas être profanée (soit sanctifié) ;

Le Saint-Esprit (*Ton Règne*), réalisation vivante de la Divinité dans toutes ses incarnations et dont l'initié appelle partout l'avènement total (*qu'il arrive*).

Enfin l'Unité Divine apparaît dans cette mystérieuse invoévolution de la Volonté (*Ta Volonté*) dont le courant d'amour parcourt toute la création depuis la Matière (*la Terre*) dans tous ses plans jusqu'à l'Esprit, l'Idéal (le Ciel) dans toutes ses hiérarchisations.

C'est ce mystérieux courant (évoqué par Hermès au début de sa Table d'Émeraude) qui lie le monde Divin au monde humain que nous allons maintenant aborder.

### Monde Humain

A tous les instants de Notre vie le courant d'Amour divin pénètre en nous et nous apporte le *Pain* spirituel dont nous devons quotidiennement nous assimiler les influences salutaires. Mais, le plus souvent, nous fermons notre âme à cet influx divin qui, semblable au Soleil éclairant la Terre, ne peut cependant pas pénétrer au fond de la grotte que nous creusons nous-mêmes en nous enfonçant dans la matière au lieu d'évoluer vers l'Esprit.

Quel est donc le moyen d'ouvrir notre être au Pain quotidien de spiritualité ?

Le Verset suivant va nous l'apprendre.

Chaque offense faite à notre Immortalité divine est une *dette* que nous contractons librement envers nous-même et dont nous devrons nous acquitter par les souffrances de la prochaine incarnation. Ainsi que l'enseignait Pythagore, nous générons sans cesse notre avenir par l'emploi que fait notre volonté du Présent. Or, il est un moyen d'ouvrir rapidement la porte de notre ciel intérieur, c'est de sacrifier un peu de notre *égoïté* en faveur d'un peu de notre *universalité*. Notre vie *égoïste* est *en nous*, mais notre vie *morale* est *dans les autres*. Ce n'est qu'en agissant au profit des *autres* que nous agissons en mode d'évolution ; tandis qu'en agissant à notre profit nous agissons en mode d'involution, d'obscurcissement.

Si quelqu'un m'injurie, il contracte avec moi une dette morale dont je suis libre de retarder le règlement à mon gré. Il devient, de par son action, mon esclave. Si je regarde la haine de son action et si je pense à la vengeance, je m'*égoïse*, je génère volontairement le mal qui me tue spirituellement. Mais, si je *pardonne*, je m'universalise, j'agis en mode divin, et je détruis non seulement le mal que j'allais me faire, mais encore le mal que mon ennemi s'était fait à lui-même ; j'avance, dans la mesure de mes moyens, l'évolution de l'humanité tout entière en rendant *attractives* deux âmes qui seraient restées, peut-être des siècles, *répulsives* l'une à l'autre, et qui auraient retardé la réintégration finale.

Le Pardon volontaire est donc bien la méthode d'appel à la Providence la plus merveilleuse qui nous ait été révélée.

De là l'importance capitale de ce mot au point de vue de la création consciente, par l'homme de son Immortalité.

### *Monde Physique.*

Cette création de Péché, c'est-à-dire du mal pour nous-même, est en effet la clef de notre incarnation dans le monde de la Chair, dans ce monde de la *Tentation physique*. C'est l'Adam spirituel qui, par son désir de s'unir à la Matière dans l'espoir d'être plus *fort* que Dieu, a créé en ses molécules, c'est-à-dire en nous, la Tentation vers le monde d'en bas. Notre époque est gravement malade d'une erreur issue de même source.

Entre deux puissances, l'*Idée* nue et sans forces apparentes et l'*Argent* en apparence si puissant comme levier universel, le profane court à l'argent et ne tarde pas à s'apercevoir que cette puissance ce n'est que l'illusoire et que le tas d'or diminue au fur et à mesure qu'on veut en diffuser l'influence dans un grand nombre d'êtres. L'idée, au contraire, se multiplie par le nombre d'êtres qui l'incarnent, s'accroît avec le Temps. Entre l'Esprit, idéal subtil, et la Matière, manifestation immédiate, Adam a choisi cette dernière ; de là le Mal, le Péché, l'Incarnation que chacune des molécules adamiques, c'est-à-dire chaque être humain, doit *tuer* en faisant appel à l'Union avec l'Idée-Providence par le Sacrifice progressif de la Matière-Destin.

La clef de toute cette évolution, de cette union possible de Dieu et de l'Homme est contenue dans un seul Principe : *le Pardon*.

On peut terminer ici le « Pater » si l'on ne possède que les deux premiers degrés de l'initiation ; mais les « pneumatiques » vont aller plus loin et évoquer le grand mystère de la constitution divine.

Nous lèverons le voile autant qu'il est possible de le faire sans danger par le parallèle suivant :

Ca- Tu ES

| | |
|---|---|
| LA ROYAUTÉ | Principe du Père. |
| LA RÈGLE | Principe du Fils. |

|  |  |
|---|---|
| LA FORCE | Principe de l'Esprit. |
|  | dans |
| LES ÆONS | Principes créateurs du Ciel, de l'homme et de la Terre, c'est-à-dire des Trois-Mondes. |
|  | Manifestations de la Volonté divine (les Æons correspondant aux Ælohim de Moïse). |

Résumons tout ce que nous avons déterminé jusqu'à présent dans un tableau final, et nous remettrons à l'article suivant l'étude si intéressante des *adaptations du Pater*.

| | | |
|---|---|---|
| MONDE DIVIN | Notre Père qui es dans les Cieux. | *Père* |
| | Que ton nom soit sanctifié. | *Verbe* |
| | Que ton règne arrive. | *L'Esprit* |
| INVO-ÉVOLUTION (Lien) | Que ta Volonté soit faite sur la Terre comme au Ciel. | Passage du Divin au Moral |
| MONDE MORAL (*L'homme*) | Donne-nous aujourd'hui notre Pain quotidien. | Influence constante de la Providence sur NOUS |
| | Pardonne-nous nos offenses comme nous les pardonnons à ceux qui nous ont offensés. | Auto-création de Notre Avenir par Notre Présent |
| MONDE PHYSIQUE | Préserve-nous de la Tentation. Et Délivre-nous du Péché. | Destruction du MAL par notre alliance avec Dieu |
| SYNTHÈSE | Car tu es la Royauté, Et la Règle, Et la Force en action dans les Æons (les cycles générateurs). Amen. | *Partie ésotérique* — Clef de la Révélation *Le grand Arcane* |

*
\* \*

Dans l'étude précédente parue dans *l'Initiation* d'août 1894, nous avons abordé l'Analyse de la prière du Christ sous deux aspects :

1° La constitution de cette prière en elle-même ;

2° Les divisions secrètes et leur raison d'être. Nous avions réservé l'étude des *adaptations* du *Pater Noster*.

Nous avons, en effet, hésité longtemps avant de publier les résultats de nos recherches à cet égard ; car, jamais le travail ne nous semblait assez achevé, vu la grandeur du modèle pris comme point de départ. Mais une considération importante nous permet aujourd'hui de livrer nos essais à la publication : c'est l'assurance que, si ces essais sont imparfaits, ils indiqueront du moins la voie à ceux qui, par la suite, voudront poursuivre une adaptation aussi curieuse qu'intéressante.

Nous rappellerons donc que nous avions déterminé que les termes du *Pater Noster* constituaient une série de *lois* susceptibles d'applications variées dans les trois mondes. De plus, nous avions indiqué que cette admirable prière donnait la clef de l'action divine en elle-même dans le monde moral et dans le monde matériel et de la réaction de l'humain sur le divin moyen de la grande loi du *Pardon* avec toutes ses conséquences occultes (1).

Aujourd'hui, nous allons laisser de côté toutes les considérations théoriques pour donner simplement le résultat de quelques adaptations des termes *Père, Nom, Règne, Volonté, Terre, Ciel,* etc., qui

---

(1) Voy. *Initiation* d'août 1894, p. 102.

forment les lois générales sur lesquelles sont établies lesdites adaptations.

### ADAPTATION A L'IDÉAL

#### (Image du Père dans le monde Moral)

Idéal réalisateur
qui es
dans mon Ciel intérieur,
Que ton nom nous soit manifesté
par le dévouement,
Que ton influence évolutrice
soit réalisée,
Que ton domaine s'étende en mon corps
comme il est étendu en mon cœur.
Manifeste-moi chaque jour
ta présence certaine
Excuse mes défaillances
Comme je pardonne celles
des faibles mortels, mes frères.
Préserve-moi des mirages de la matière perverse,
mais délivre-moi du désespoir.

| Car tu es la Royauté | en l'éternité |
| et l'Equilibre | de mon |
| et la Force | Intuition |

---

### ADAPTATION A LA VÉRITÉ

#### (Image du Père dans le monde Intellectuel)

Vérité vivante
qui es
en mon Esprit immortel
Que ton nom soit affirmé
par le Travail
Que ta manifestation
soit révélée,
Que *ta Loi* arrive en la matière

Comme elle est arrivée en l'Esprit.
Donne-nous chaque jour
l'Idée créatrice.
Pardonne-moi mon ignorance
comme je pardonne celle
des ignorants, mes frères.
Préserve-moi de la Négation stérile,
mais délivre-moi du doute mortel.

Car tu es le Principe } en l'unité
et l'Equilibre } de ma
et la Règle } Raison

---

## ADAPTATION A LA SOUFFRANCE

### (Principe paternel de rédemption dans le monde Matériel) (1)

O souffrance bienfaisante
qui es
dans la racine de mon incarnation,
Que ton Nom soit sanctifié
par le courage dans l'épreuve,
Que ton Influence
soit comprise
Que ton feu purificateur brûle mon corps
comme il a brûlé mon âme.
Viens chaque jour évoluer
ma nature indolente
Viens détruire ma paresse et mon orgueil
Comme tu détruis la paresse et l'orgueil
des pêcheurs, mes frères !
Préserve-moi des lâchetés qui pourraient
m'inciter à t'écarter, car toi seule
Peux me délivrer du mal que j'ai créé.

Car tu es } dans le cycle
La Purificatrice } de mes
et l'Equilibrante } existences
et la Rédemptrice }

---

(1) Les versets positifs deviennent négatifs dans le monde matériel, et réciproquement.

## ADAPTATION KABBALISTIQUE

O Iod créateur
qui es
en AIN-SOPH,
Que KETHER ton Verbe
soit sanctifié,
Que TIPHERETH splendeur de ton règne
émane ses rayons,
Que IAVE Ta loi cyclique
règne en MALCHUTH
comme elle règne en KETHER
Donne chaque jour à NESCHAMAH
l'illumination d'une des 5o portes de BINAH
Oppose la Miséricorde infinie de CHESED
aux *écorces* que je crée en mon *Imago*
lorsque, méconnaissant l'une des 32 voies de
CHOCMACH, j'émane la rigueur de RUACH
envers mes frères.
Préserve NESCHAMAH des attractions de
NEPHESCH et délivre-nous
de NAHASCH

Car tu es
RESCH. Le Principe         ou EL
TIPHERETH. La Splen-   } ou IOD }   Dans les
deur créatrice                               ÆLOHIM
IESOD. La Matrice.          ou MEM

# COMMENT JE DEVINS MYSTIQUE

*Notes d'autobiographie intellectuelle.*

A Camille Flammarion.

Beaucoup d'écrivains indépendants, quelques philosophes et certains chroniqueurs se sont souvent demandé comment il pouvait se faire que des jeunes gens élevés dans les principes de la « saine raison » à l'abri « de la superstition » abandonnent tout à coup ces enseignements positifs pour se lancer dans des études mystiques, pour s'intéresser aux problèmes religieux et philosophiques plus qu'aux évolutions politiques, et pour pousser l'extravagance jusqu'à ces recherches concernant les sciences occultes et la Magie qui dénotent, sinon une aberration totale, du moins un certain affaiblissement des facultés intellectuelles?

Ce mouvement vers le mysticisme de la jeunesse contemporaine inquiète les hommes mûrs et déconcerte leurs espérances. Veut-on permettre à un ancien partisan des doctrines matérialistes, à un médecin élevé dans les principes chers au positivisme, de raconter quelques traits de son évolution intellectuelle et de montrer au moins un cas de cette étrange intoxication mystique, suivi depuis son début jusqu'à la crise aiguë? Si les philosophes ne s'intéressent pas à cette observation, peut-être fera-t-elle le profit des aliénistes; puisqu'il est convenu dans un certain milieu de considérer tous les spiritualistes comme des dégénérés sinon comme des aliénés.

C'est la première fois que j'aborde mon autobiographie intellectuelle, et je ferai mes efforts pour être aussi concis que possible. Je préviens donc tout d'abord les confrères qui pourront être appelés à suivre mon observation que je n'ai jamais été en contact avec des professeurs religieux; qu'au contraire toutes mes études depuis l'école primaire jusqu'au doctorat en médecine, en passant par le certificat d'études primaires, le certificat de grammaire et les baccalauréats, ont été poursuivies dans des écoles laïques ou au collège Rollin. Il n'y a donc pas à chercher ici la prédisposition maladive dérivée des enseignements de l'enfance.

En 1882, je commençai mes études de médecine et je trouvai à l'Ecole de Paris toutes les chaires importantes occupées par des matérialistes enseignant les doctrines qui leur étaient chères sous couleur d'évolutionnisme.

Je devins donc un ardent « évolutionniste » partageant et propageant de mon mieux la foi matérialiste.

Car il existe une foi matérialiste que je considère comme nécessaire à tout cerveau qui veut évoluer à un certain moment. Le matérialisme qui apprend a travailler pour la collectivité sans aucun espoir de récompense puisque seul *le souvenir* de votre personnalité peut subsister après vous, cette doctrine, qui dessèche le cœur et apprend à ne saluer que les forts dans la lutte pour la vie, a cependant une action puissante sur la raison, et cela rachète un peu ses égarements et ses dangers. On sait quel parti le matérialisme a su tirer de la doctrine de l'évolution. Et cependant c'était l'étude approfondie de l'évolution qui devait me montrer la faiblesse du matérialisme et ses erreurs d'interprétation.

On m'avait dit : « Ces sels minéraux, cette terre, lentement décomposés et assimilés par la racine du végétal, vont *évoluer* et devenir des cellules du végétal. Ce végétal, à son tour, transformé par les sécrétions et les ferments de l'estomac de l'animal, deviendra du chyle et se transformera en cellules de cet animal. » Mais la réflexion me fit bientôt comprendre qu'on oubliait un des facteurs importants du problème à résoudre.

Oui, le minéral évolue et ses principes essentiels deviennent les éléments matériels de la cellule végétale. Mais à une condition, c'est que les forces physico-chimiques et le soleil lui-même viennent aider ce phénomène, c'est-à-dire à condition que des forces supérieures par leur évolution se *sacrifient* à l'évolution des forces inférieures.

Oui, le végétal digéré devient bien la base matérielle d'une cellule animale, mais à condition que du sang et de la force nerveuse (c'est-à-dire des forces *supérieures* dans l'échelle de l'évolution) viennent se sacrifier pour l'évolution de la cellule végétale et sa transformation en chyle.

En somme, toute montée dans la série, toute évolution demandait le sacrifice d'une et plus souvent de deux forces supérieures. La doctrine de l'évolution est incomplète. Elle ne représente qu'un côté du fait et néglige l'autre. Elle met à jour la loi de *la lutte pour la vie*, mais elle oublie *la loi du sacrifice* qui domine tous les phénomènes.

Possédé par cette idée que je venais de mettre au jour et qui me tenait à cœur, je résolus d'approfondir de mon mieux ma découverte et je passai mes journées à la Bibliothèque nationale. J'étais externe des hôpitaux; un an de travail, deux au plus m'auraient permis de devenir interne et d'accomplir une carrière médicale peut-être fructueuse. J'ai consacré à l'étude des ouvrages des alchimistes, de vieux grimoires magiques et des éléments de la langue hébraïque, ces années que mes collègues ont passé à étudier les œuvres des examinateurs, et, dès ce moment s'est dessiné mon avenir. Cette découverte que je croyais avoir faite, je la retrouvai dans les œuvres de Louis Lucas, puis dans les textes hermétiques, puis dans les traditions indiennes et dans la Kabbale hébraïque. Le langage seul était différent et, où nous écrivons HCL, les alchimistes dessinaient un *lion vert*, et où nous écrivons

$$2HCL + Fe = FeCl^2 + 2H,$$

les alchimistes dessinaient un guerrier (Mars, le Fer) dévoré par le lion vert (l'acide).

En quelques mois, ces fameux grimoires m'étaient aussi faciles à lire que les ouvrages, bien plus obscurs, de nos pédants chimistes contemporains. Et, de plus, j'apprenais à manier cette merveilleuse *mé-*

*thode analogique*, si peu connue des philosophes modernes, qui permet de rattacher toutes les sciences en une commune synthèse et qui montre que les anciens ont été purement et simplement calomniés au point de vue scientifique, par l'ignorance historique inqualifiable des professeurs de science de nos jours.

\* \*

C'est en étudiant les livres hermétiques que j'eus les premières révélations sur l'existence d'un principe en action dans l'être humain et qui rend compte si facilement de tous les faits hypnotiques et spirites.

J'avais appris à l'Ecole de médecine que toute maladie correspond à une lésion cellulaire et qu'aucune fonction ne peut s'exercer sans un travail cellulaire. Tous les phénomènes psychiques, tous les faits de volition et d'idéation, tous les faits de mémoire correspondaient à un travail de certaines cellules nerveuses, et la morale, les idées de Dieu et du Bien étaient le résultat mécanique produit par les effets de l'hérédité ou du milieu sur l'évolution des cellules nerveuses. Quant aux philosophes dits « spiritualistes » et aux « théologiens », ils devaient être considérés soit comme des ignares ne sachant ni l'anatomie ni la physiologie, soit comme des aliénés plus ou moins malades suivant le cas. Un livre de psychologie n'avait quelque valeur que s'il était fait par un médecin et si ce médecin appartenait à l'Ecole des gens « instruits » et raisonnables, c'est-à-dire à l'Ecole matérialiste officielle. Et l'on disait aux naïfs qui croyaient encore à l'âme : « L'âme ne s'est jamais rencontrée sous votre scapel. » Voilà en quelques mots le résumé des opinions philosophiques qu'on nous enseignait.

J'ai toujours eu la dangereuse manie de n'accepter une idée qu'après l'avoir étudiée moi-même sous toutes ses faces. D'abord ravi par l'enseignement de l'Ecole, j'en vins peu à peu à avoir quelques doutes que je demande la permission d'exposer.

L'Ecole enseignait que rien ne s'accomplit sans la mise en action d'organes d'autant plus nombreux, que la *division du travail* est mieux établie dans l'organisme. Or, lors de l'incendie de l'Hôtel-Dieu, on avait vu des paralytiques, dont les jambes étaient atrophiées et dont les nerfs n'existaient plus à l'état d'organes, recouvrer tout à coup l'usage des membres jusque-là inutiles. Mais ce n'était encore là qu'un faible argument.

Les expériences de Flourens avaient démontré que nos cellules se renouvellent toutes en un temps qui, pour l'homme n'excède pas trois ans. Quand je revois un ami trois ans après une visite antérieure, il n'y a plus en cet ami *aucune* des cellules matérielles qui existaient auparavant. Et cependant *les formes* du corps sont conservées, la ressemblance qui me permet de distinguer mon ami existe toujours. Quel est donc *l'organe* qui a présidé à cette conservation des formes, alors qu'aucun organe du corps n'a échappé à cette loi? Cet argument est un de ceux qui m'ont toujours le plus frappé. Mais je devais aller encore plus loin.

Claude Bernard, en étudiant les rapports de l'activité cérébrale avec la production de l'idée, avait été amené à constater que la naissance de chaque idée provoquait la mort d'une ou plusieurs cellules nerveuses, si bien que ces fameuses cellules nerveuses, qui étaient et qui sont encore le rempart de l'argumentation des matérialistes, reprenaient, d'après ces recherches, leur véritable rôle, celui d'*instruments* et non celui d'agents producteurs. La cellule nerveuse était le moyen de manifestation de l'idée et ne générait pas elle-même cette idée. Une nouvelle constatation appuyait encore la valeur de cet argument.

Toutes les cellules de l'être humain sont remplacées en un temps déterminé. Or, quand je me rappelle un fait arrivé dix ans auparavant, la cellule nerveuse qui, à l'époque, avait enregistré ce fait, a été remplacée cent ou mille fois. Comment la mémoire du fait s'est-elle conservée intacte à travers cet hécatombe de cellules ? Que devient ici la théorie de la cellule génératrice ?

Et même ces éléments nerveux auxquels on fait jouer un tel rôle dans les faits du mouvement sont-ils si indispensables à ce mouvement alors que l'embryologie nous apprend que le groupe de cellules embryonnaires qui constitue plus tard le cœur, bat rythmiquement alors que les éléments nerveux du cœur ne sont *pas encore constitués*.

Ces quelques exemples choisis au hasard parmi une quantité de faits m'avaient conduit à constater que là encore le matérialisme faisait faire fausse route à ses adeptes en confondant l'instrument inerte avec l'agent effectif d'action.

La preuve que le centre nerveux fabrique l'idée, nous dit le matérialiste, c'est que toute lésion du centre nerveux se répercute sur les faits d'idéation et que, si une lésion se produit dans votre troisième circonvolution frontale gauche, vous deviendrez aphasique et aphasique d'un genre particulier suivant le groupe de cellules nerveuses atteint par la lésion.

Ce raisonnement est tout simplement absurde, et, pour le démontrer, nous allons appliquer les mêmes raisonnements à un exemple quelconque : tel le télégraphe.

La preuve que l'appareil télégraphique fabrique la dépêche, c'est que toute lésion de l'appareil télégraphique se répercute sur la transmission de la dépêche et que, si je coupe le fil télégraphique, la dépêche ne peut plus passer.

Voilà exactement la valeur des raisonnements matérialistes : *ils oublient le télégraphiste* ou ils veulent ignorer son existence.

Le cerveau est à un principe spirituel qui existe en nous exactement ce que l'appareil transmetteur est au télégraphe. La comparaison est vieille, mais elle est toujours excellente.

Le matérialiste vient nous dire : « Supposons que le télégraphiste n'existe pas, et raisonnons comme s'il n'existait pas. » Puis il pose une affirmation dogmatique : « Le transmetteur télégraphique marche tout seul et produit la dépêche d'après une série de mouvements mécaniques provoqués par les reflexes. » Une fois cela posé, le reste marche tout seul, et le matérialiste conclut joyeusement que l'âme n'existe pas et que le cerveau produit de lui-même les idées, comme l'appareil télégraphique produit la dépêche. Et il ne faut pas toucher à ce raisonnemement : c'est un *dogme positiviste*, aussi sectairement enseigné et défendu qu'un dogme religieux.

Je sais ce qu'il m'en coûte d'avoir découvert l'inanité de ces raisonnements : j'ai été accusé de *roublardise*, parce qu'on a supposé qu'un matérialiste qui devenait mystique ne pouvait être qu'un *roublard* ou un aliéné. Grâces soient rendues à nos adversaires d'avoir encore choisi le premier terme. Mais passons.

De même que nous pouvons constater que les cellules matérielles du corps sont simplement les outils de *quelque chose* qui conserve les formes du corps à travers les disparitions de ces cellules, de même nous pouvons voir que les centres nerveux ne sont que les *outils* de quelque chose qui utilise ces centres comme instruments d'action ou de réception.

Et l'Anatomiste armé de son scalpel ne découvrira pas plus *l'âme* en disséquant un cadavre que l'ouvrier armé de ses pinces ne découvrira le télégraphiste en démontant l'appareil télégraphique ou le pianiste en démontant le piano. Il est inutile, je pense, de démontrer davantage l'inanité du raisonnement qu'opposent toujours les soi-disant philosophes positivistes à leurs adversaires.

Avant de terminer ces lignes, je tiens encore à appeler l'attention sur deux « trucs » de raisonnement utilisés par les matérialistes dans les discussions et qu'ils servent généreusement quand ils se sentent inférieurs à leurs adversaires.

Le premier truc est celui du « renvoi aux SCIENCES spéciales et aux mémoires obscurs » qu'on juge inconnus du naïf adversaire.

Comment, Monsieur, vous osez parler des fonctions cérébrales, et vous ignorez la cristallographie ?

Vous osez traiter ces questions, et vous n'avez pas lu le dernier mémoire de M. Tartempion sur les fonctions cérébrales de l'homme tertiaire et du poisson rouge ? Allez à l'école, Monsieur, et ne revenez discuter avec moi que quand vous « saurez » les éléments de la question que vous abordez. Or, ceux qui nous soutiennent ces balivernes sont généralement de brillants élèves de l'Ecole de médecine qui ne connaissent de la psychologie et de la philosophie que le nom... et encore !

Le second « truc » consiste à nous écraser sous le ridicule, parce que nous avons l'audace d'avoir une « opinion » contraire à celle de M. X..., *plus titré que nous*. Comment ! vous n'êtes qu'un simple docteur en médecine, et vous voudriez aller à l'encontre des opinions de M. O..., agrégé, ou de M. Z..., le brillant professeur.

Devenez d'abord *ce qu'ils sont*, et après nous verrons.

Tout cela, ce sont de fausses sorties ; mais, si communément employées qu'on les a servies dernièrement à M. Brunetière, qui a osé parler SCIENCE, alors qu'il n'est même pas médecin... Horreur !!! Et, quand on est médecin, il faut être agrégé, et, quand on est agrégé, il faut être professeur, et, quand on est professeur, il faut être de l'Institut, et, quand enfin, un membre de l'Académie des sciences ose affirmer sa foi en Dieu et en l'immortalité de l'âme, comme le fit Pasteur, on dit alors qu'il était *âgé* et que le ramollissement explique de telles doctrines. Tels sont les faux-fuyants habituels des matérialistes, mais il suffit de les connaître pour les ramener à leur juste valeur.

Il n'est donc pas toujours juste de dire que *la foi* est une grâce spéciale accordée à quelques natures ; je suis persuadé, d'après ce que j'appellerai mon *évolution* personnelle, que la foi s'acquiert par l'étude, comme tout le reste.

Mais la vaccination matérialiste a cependant une grande importance. Elle permet en effet d'aborder la psychologie et les problèmes de l'âme en se basant sur la physiologie et donne par là même une très grande importance à la doctrine des trois principes de l'homme et de ce qu'on appelle, en histoire de la philosophie, la théorie du *médiateur plastique*.

Cette théorie admet entre le corps physique et l'anatomie, et l'esprit immortel et la psychologie, un principe intermédiaire chargé d'assurer les relations des deux extrêmes et qui relève du domaine de la physiologie.

Ce principe, connu aujourd'hui sous le nom de vie organique, et qui exerce son action exclusivement sur les organes à fibres lisses par l'intermédiaire du nerf grand sympathique, a une existence bien définie, à mon avis, et ne relève en rien des déductions métaphysiques.

Les anciens hermétistes nommaient ce principe

corps formateur ou *corps astral*, et c'est à lui qu'ils attribuent cette conservation et cet entretien des *formes de l'organisme*. Or, je puis dire que l'étude de ce corps astral, que je poursuis depuis bientôt dix ans, m'a permis d'établir une explication très scientifique de ces étranges phénomènes hypnotiques et spirites qui déconcertent tant en ce moment certains professeurs de la Faculté de Paris. Bien plus, un examen sérieux de toutes les théories présentées pour expliquer ces faits me permet d'affirmer que la théorie de l'hermétisme sur la constitution de l'homme, théorie qui n'a pas varié depuis la dix-huitième dynastie égyptienne, c'est-à-dire depuis trente-six siècles, est la seule qui rende compte d'une manière logique et satisfaisante de tous les faits observés. On peut aussi aborder l'étude du problème de la mort et du problème de la survivance de la personnalité au delà de la tombe, et cette étude doit présenter un certain intérêt, puisque beaucoup de « jeunes » contemporains appartenant à la classe intellectuelle préfèrent ces recherches aux chinoiseries de la politique et des luttes de partis.

Une autre fois, je parlerai peut-être de ma voie ésotérique. Pour l'instant, j'ai simplement voulu montrer la route suivie *exotériquement*, de mes convictions matérialistes jusqu'à mes études mystiques actuelles.

# TABLE DES MATIÈRES

### DISPOSITION GÉNÉRALE

| Chap. Ier ⎫ | | Chap. VII ⎫ | |
|---|---|---|---|
| — II ⎬ | **Théorie** | — VIII ⎪ | |
| — III ⎭ | | — IX ⎬ | **Réalisation** |
| Chap. IV ⎫ | | — X ⎪ | |
| — V ⎬ | **Adaptation** | — XI ⎪ | |
| — VI ⎭ | | — XII ⎭ | |

Préface de la 5ᵉ édition. — Préliminaires (page 1).

### CHAPITRE PREMIER (page 7)

La Science de l'Antiquité. — Le visible manifestation de l'invisible. — Définition de la Science occulte.

### CHAPITRE II (page 27)

La méthode dans la Science antique. — L'analogie. — Les trois mondes. — Le Ternaire. — Les opérations théosophiques. — Les lois cycliques.

### CHAPITRE III (page 55)

La Vie Universelle. — Le grand secret du Sanctuaire. — La lumière astrale (force universelle). — L'involution et l'évolution. — L'Homme d'après Pythagore.

## CHAPITRE IV (page 79)

De l'expression des idées. — Les Signes. — Origine du langage. — Les histoires symboliques et leur interprétation. — La Table d'Emeraude d'Hermès et son explication. — Le Telesme. — L'Alchimie. — Explication des textes hermétiques. — La Géométrie qualitative. — Les Noms propres et leur utilité.

## CHAPITRE V (page 117)

De l'expression analytique des idées. — Tableaux analogiques. — La Magie. — Les dix propositions d'Isis dévoilée de H. P. Blavatsky. — Tableau magique du quaternaire d'Agrippa. — L'Astrologie. — Lecture des tableaux analogiques. — Adaptation du Ternaire.

## CHAPITRE VI (page 151)

De l'expression synthétique des idées. — Les Pantacles. — Le Serpent et sa signification. — Méthode d'explication des Pantacles. — La Croix. — Le Triangle. — Le Sceau de Salomon. — La devise de Cagliostro. — (יהוה), — La 21ᵉ clef d'Hermès. — Les 3 langues primitives. — Le Sphinx et sa signification. — Les Pyramides. — Le Pentagramme. — Le Rectangle.

# TROISIÈME PARTIE

ADAPTATION DE LA SCIENCE OCCULTE

Introduction (Page 183)

## CHAPITRE VII (page 189)

La Terre et son histoire secrète. — Vie de la Terre. — Les Races humaines. — Ram. — Initiation des Blancs.

## CHAPITRE VIII (Page 225)

La Race Blanche et la constitution de sa tradition. — La Kabbale. — Les Sephiroth. — Les 22 lettres. — L'Hellénisme. — Pythagore. — Le Christianisme. — Les Arabes. — La tradition orientale.

## CHAPITRE IX (Page 285)

Constitution de l'Homme. — Les Trois Principes. — La Tri-Unité. — Les Sept Principes et leur clef. — Analyse des Trois Principes. — La Nature. — L'Archétype.

## CHAPITRE X (Page 329)

Le Plan Astral et ses habitants (par F.-Ch. Barlet).

## CHAPITRE XI (Page 371)

La Science occulte et la Science contemporaine. — Les Sociétés d'Initiation au xix$^e$ siècle. — Le Martinisme. — Les Maîtres.

## CHAPITRE XII (Page 407)

Bibliographie méthodique. — Sciences occultes.
Appendice. — Ouvrages contemporains. — Hiéroglyphe alchimique de N.-D. de Paris. — Esotérisme du Pater. — Comment je devins mystique.

# ERRATA

| Page | Ligne | Lire : | Au lieu de : |
|---|---|---|---|
| 1 | 7 | *Traité élémentaire* | traité élémentaire |
| 7 | 4 (titre) | « LE » VISIBLE... | LA VISIBLE... |
| 9 | av. dern. | ... du genre humain | ... de l'humanité |
| 13 | 8 | après les mots « à leur gré », fermer les guillemets. | |
| 50 | 19 | 16 = 7 | 16 — 7 |
| 69 | 12 | Bouddhisme dit ésotérique | Boudhisme ésotérique |
| 98 | 16 | *Rituel de la Haute Magie* | Rituel |
| 109 | 18 | pentacle | pantacle |
| 114 | 1 | ן (noun) | ך (raph) |
| » | 5 | ו (vaf) | ז (resch) |
| » | 13 | אוש | ארש |
| » | 16 | הרך | הדר |
| » | 21 | ירך | ירך |
| 117 | 17 | traité | traite |
| » | 19 | incompréhensible | incomprésible |
| 118 | 3 | foule | formule |
| 123 | 50 | Koot-Hoomi | Kout-Houmi |
| 127 | dern. | id. | id. |
| 144 | 12 | Sagittaire | Sagitaire |
| » | 14 | Balance | Balances |
| 145 | 9 | Basile | Bazile |
| » | 32 | *Théosophes* | *Théosopes* |

# ERRATA

| Page | Ligne | Lire : | Au lieu de : |
|---|---|---|---|
| 151 | 3 et 4 | PENTACLES | PANTACLES |
| 152 | 2 | id. | id. |
| 154 | 1 | id. | id. |
| 156 | 22 | id. | id. |
| 157 | 2 | id. | id. |
| 187 | 29 | Malfatti de Montereggio | Malfalti de Monte-regio |
| 199 | 3 | Atlantide | Atlanlide |
| » | 19 | BRASSEUR de Boutbourg | BRASSAN |
| 207 | 20 | Aryens | Arriens |
| 210 | finale | Fabre d'Olivet | Fab. d'Olivet |
| 215 | 23 | Krishnen | Krishen |
| 251 | av. dern. | *Œtolinos* | OEtolinos |
| 257 | 6 | saint Paul | St Paul |
| 267 | 18 | Saint-Yves | saint Yves |
| 283 | 5 | potentialités | otentialités |
| 324 | 19 | Nature | Naturelle |
| 350 | 14 | étranger | étrange |
| 353 | 10 | distinctions | dictinctions |
| 383 | 17 | adéquats | adéquates |
| 389 | 23 | Vedas | Vidâs |